德育视域中高校中华优秀传统文化传承体系研究

程薇 著

中国华侨出版社

·北京·

图书在版编目（CIP）数据

德育视域中高校中华优秀传统文化传承体系研究/程薇著.--北京:中国华侨出版社,2024.12
ISBN 978-7-5113-9427-9

I.K203

中国国家版本馆CIP数据核字第2024ME1223号

德育视域中高校中华优秀传统文化传承体系研究

著　　者：程　薇
责任编辑：张亚娟
封面设计：郭　婷
美术编辑：张　默
经　　销：新华书店
开　　本：710mm×1000mm　1/16开　印张：15.5　字数：371千字
印　　刷：北京四海锦诚印刷技术有限公司
版　　次：2024年12月第1版
印　　次：2024年12月第1印刷
书　　号：ISBN 978-7-5113-9427-9
定　　价：58.00元

中国华侨出版社　北京市朝阳区西坝河东里77号楼底商5号　邮编：100028
发　行　部：（010）88893001　　　传　　真：（010）62707370
网　　　址：http://www.oveaschin.com　　E-mail：oveaschin@sina.com

如果发现印装质量问题，影响阅读，请与印刷厂联系调换。

前言

在全球化背景下，中华优秀传统文化面临着诸多挑战与机遇。高校作为培养国家未来栋梁的摇篮，不仅肩负着知识传授的职责，更肩负着传承和弘扬中华文化的重要使命。德育视域中的中华优秀传统文化传承，既是对文化自信的坚守，也是对社会主义核心价值观的内在支撑。当前，如何在高校教育中有效融入和传承这一文化，成为摆在教育工作者面前的重要课题。德育视域中的中华优秀传统文化传承具有深远的历史意义。中华文化源远流长，蕴含着丰富的思想道德资源。儒家思想中的"仁义礼智信"、道家思想的"无为而治"、佛家思想的"慈悲为怀"均为当代社会提供了宝贵的精神财富。通过在高校德育课程中融入传统文化，不仅能帮助学生建立正确的价值观和世界观，还能增强他们的文化认同感，提升社会责任感与集体主义精神。面对现代教育环境的多元化与复杂性，如何构建适应时代需求的中华优秀传统文化传承体系是关键。高校应结合传统文化的核心要义与当前社会的实际需求，创新传承方式，推动文化在德育中的深度融入。

本书旨在探讨德育视域中高校中华优秀传统文化的传承与发展路径，重点关注如何在现代高等教育体系中有效地融入和传承中华优秀传统文化，以实现对学生的全人教育和价值塑造。随着全球化进程的加速与文化多元化的发展，中华优秀传统文化面临着前所未有的挑战和机遇，而在德育教育中加强这一文化的传承，不仅是文化自信的体现，更是对学生思想道德素质培养的重要举措。本书的主要价值在于系统性地构建了高校中华优秀传统文化的传承体系，从理论到实践，全面分析了德育视域下的传承机遇与挑战，并提出了切实可行的制度设计与实施路径。通过对课程体系、教育体系、实践体系及评价体系的深入探讨，本书为高校在文化传承中提供了具体的操作框架和建设方案。本书的目的在于为高校教育工作者、文化研究者及德育专家提供理论支持与实践指导，推动中华优秀传统文化的现代化传承与创新发展。它适用于教育学、文化学、思想政治教育等相关学科的研究与教学，也为从事中华文化传承与发展的实践工作者提供了宝贵的参考。

本书由宿迁学院程薇著。

作者在写作本书的过程中，借鉴了许多前辈的研究成果，在此表示衷心的感谢。由于本书需要探究的层面比较深，作者对一些相关问题的研究不透彻，加之写作时间仓促，书中难免存在一定的不妥和疏漏之处，恳请前辈、同行以及广大读者斧正。

目 录

导 论 ·· 1

第一章 中华优秀传统文化概述 ·· 19
第一节 文化与中华传统文化 ·· 19
第二节 中华优秀传统文化的精神内核 ································ 27
第三节 中华优秀传统文化的价值作用 ································ 36

第二章 德育视域中高校中华优秀传统文化传承体系建构的机遇与挑战 ······ 48
第一节 德育视域中高校中华优秀传统文化传承体系建构的机遇 ······ 48
第二节 德育视域中高校中华优秀传统文化传承体系建构的挑战 ······ 61

第三章 德育视域中高校中华优秀传统文化传承的整体建构 ·········· 85
第一节 构建原则与目标 ·· 85
第二节 整体实施模式 ·· 92
第三节 德育队伍建设 ·· 98
第四节 监督保障机制 ·· 104

第四章 德育视域中高校中华优秀传统文化传承的教育体系 ········· 113
第一节 中华优秀传统文化融入高校教育管理工作 ·················· 113
第二节 中华优秀传统文化融入高校党团建设 ······················· 121
第三节 中华优秀传统文化融入校园文化活动 ······················· 127
第四节 教育体系的动态调整与反馈机制 ····························· 140

第五章 德育视域中高校中华优秀传统文化传承的课程体系 ········· 142
第一节 中华优秀传统文化德育校本课程 ····························· 142
第二节 中华优秀传统文化德育专题课程 ····························· 148
第三节 中华优秀传统文化德育融合课程 ····························· 156

第四节　中华优秀传统文化德育网络课程 ·················· 160

第六章　德育视域中高校中华优秀传统文化传承的实践体系·········· 167
　　第一节　德育视域中高校中华优秀传统文化传承的实践重要性 ······ 167
　　第二节　中华优秀传统文化德育实践课程 ·················· 173
　　第三节　社会德育实践在中华优秀传统文化传承中的拓展与应用 ······ 194

第七章　德育视域中高校中华优秀传统文化传承的评价体系·········· 206
　　第一节　评价依据 ································ 206
　　第二节　评价目标 ································ 222
　　第三节　评价主体 ································ 228
　　第四节　评价平台 ································ 230
　　第五节　评价体系迭代优化 ··························· 234

结语 ·· 237

参考文献 ·· 239

导 论

文化是推动历史前进的车轮，中华优秀传统文化是中国几千年历史文明的结晶，是中华民族灵魂之所在。在文化强国战略的推动下，为传承和发扬中华优秀传统文化提供了契机，并在某种程度上影响人们的价值观和行为道德规范。因此，我们要深挖中华优秀传统文化的德育要素，充分发挥中华优秀传统文化的德育功能，结合新时代所赋予的新的内涵，以适应时代发展的需要，为中华民族培养德才兼备的社会主义接班人。

一、研究背景与意义

（一）全球化背景下的文化认同危机

全球化进程加速了各国文化之间的交流与融合，然而，伴随而来的文化认同危机也日益加剧。在全球化背景下，西方文化尤其是消费文化与个体主义的影响渗透到世界各地，导致许多国家传统文化的边缘化和弱化。面对这一现象，许多人开始质疑本民族的文化价值观，尤其是年轻一代，更容易受到全球化趋势的影响，逐渐远离传统文化根基。随着时间推移，民族文化特质的模糊和弱化可能会导致国家和民族认同感的下降，甚至引发社会不稳定因素的出现。虽然全球化带来了信息的自由流通和文化的多样性，但实际上，文化趋同现象更加显著。尤其是经济发达国家的主流文化，借助其强大的经济实力和全球媒体影响力，对其他国家和地区的文化产生了深远影响。在这种趋势下，小语种文化、地方特色文化甚至一些古老的文化传统逐渐被全球化浪潮所吞没，无法保持其独立性与特色。

在此背景下，如何在全球化进程中保持文化自信，成为各国文化建设的重要议题。许多国家纷纷采取措施，通过加强文化教育、保护文化遗产和推动本土文化产业发展，来应对文化认同危机的挑战。这一系列努力的背后，反映出对文化根基和身份认同的强烈需求。通过这些手段，国家和民族试图在全球化浪潮中找回自身的文化归属感，并以此提升国民的自豪感与团结意识。与此同时，文化认同危机的背后也折射出全球化的双刃剑效应。尽管全球化为各国提供了更多文化交流与融合的机会，但它同时也引发了文化冲突和身份认同危机。各国在经济上相互依赖的同时，文化上的冲突却难以避免。尤其是在那些文化资源相对薄弱的国家，如何在吸收外来文化的同时，保持自身文化的独特性与独立性，成为亟待解决的问题。

面对这一挑战，许多学者和专家呼吁各国政府加强文化政策的制定与实施，特别是在教育领域，通过加强本土文化教育，培养年轻一代的文化自信与认同感。与此同时，媒体的作用也不容忽视。通过媒体的宣传和推广，可以有效增强公众对本民族文化的理解与认同。通过现代传播手段展示传统文化的魅力，是应对文化认同危机的有效途径之一。文化认同危机不仅仅是某一国家的个别现象，它已成为全球性问题。各国必须在相互尊重的基础上，开展文化交流与合作，共同应对这一全球化带来的文化挑战。通过跨文化对话，各国可以加深对彼此文化的理解，避免文化冲突的激化。同时，这种交流合作也为全球文化多样性的维护提供了契机。

（二）中华优秀传统文化与现代德育改革的契合性

中华优秀传统文化具有深厚的历史积淀和独特的文化魅力，其内涵丰富，涵盖了中华民族的核心价值观念，如仁爱、诚信、忠义、礼仪、孝道等，这些价值观念在几千年的历史进程中形成了稳定的思想体系，对个人品德修养、社会和谐以及国家治理产生了深远影响。中华优秀传统文化不仅是民族精神的体现，更是促进社会发展的重要精神资源。与此同时，现代德育改革逐渐向多元化和个性化方向发展，强调以人为本、注重学生的全面发展与道德实践能力的提升。德育内容更加注重与现实社会需求相结合，强调培养学生的社会责任感和实践能力，重视对学生核心素养的塑造。改革趋势表明，德育不再局限于传统的灌输式教育，而是更多地通过互动与实践激发学生的自主性和创新性。二者之间有着高度的契合性。中华优秀传统文化所蕴含的伦理道德观念与现代德育的价值追求在本质上是一致的，传统文化中的人文关怀、社会责任感和道德修养正是现代德育所强调的核心内容。将中华优秀传统文化融入德育改革，不仅能够丰富德育的内涵，还能增强学生对民族文化的认同感和使命感，为德育的创新发展提供了重要支撑。

中华优秀传统文化中的社会规范和行为准则，与现代德育的要求高度契合。传统文化强调"礼"的重要性，要求个人在社会交往中遵循礼仪规范，尊重他人、遵守规则。这些准则在今天的社会依然具有指导意义。在现代德育改革中，社会规则教育和公共道德培养是重要的组成部分，如何通过教育引导学生在公共生活中遵守秩序、尊重规则，是现代德育亟待解决的问题。而传统文化中的礼仪教育正好为这一领域提供了丰富的资源，可以通过将传统文化中的礼仪内容融入现代德育中，帮助学生更好地理解和实践社会规范。中华优秀传统文化中的家庭教育理念与现代德育中的家校合作理念也存在契合之处。传统文化非常重视家庭教育，强调父母对子女道德品质的培养。儒家经典《孝经》就明确指出"百善孝为先"，孝道作为家庭教育中的核心内容，对现代社会家庭教育仍然具有重要启示。现代德育改革中，家校合作逐渐成为一个重要的议题，通过家庭和学校的紧密合作，共同促进学生的道德发展，已经成为教育的必然趋势。将传统文化中的家庭教育理念与现代家校合作模式相结合，可以更好地推动德育目标的实现。

中华传统文化中"天人合一"的理念为现代德育中的生态道德教育提供了重要的思想资源。随着环境问题日益严峻，现代德育改革中逐渐引入了生态道德教育，旨在培养学生的环保意识和生态责任感。中华传统文化一直提倡人与自然的和谐共处，强调自然界与人类社会是不可分割的整体。这一理念在当代具有极大的现实意义，将其融入现代德育中，可以帮助学生树立正确的生态观念，增强他们的环保意识和社会责任感。同时，中华传统文化中的集体主义精神与现代德育中提倡的团队合作精神高度契合。中国传统文化崇尚"天下为公""大同社会"的理想，强调集体利益高于个人利益。这一精神在现代德育中得到了继承和发展，尤其是在团队合作、集体意识培养等方面，传统文化中的集体主义精神为现代德育提供了丰富的思想资源。在现代社会中，个人的成功往往离不开集体的支持和团队的协作，将传统文化中的集体精神融入现代德育，有助于培养学生的团队意识和合作能力。

中华优秀传统文化中的"因材施教"思想与现代德育改革中的个性化教育理念具有高度契合性。孔子提出的"因材施教"主张，在教育过程中要根据学生的个性特点，采取不同的教育方法。这一理念在现代教育中得到了进一步发展，尤其是在德育方面，现代教育越来越强调尊重学生的个体差异，注重根据不同学生的成长需求实施个性化的德育方案。将传统文化中的因材施教理念与现代德育改革结合，可以更好地实现学生个体的道德发展目标。中华传统文化中丰富的思想体系和道德规范，为现代德育改革提供了深厚的文化底蕴和实践经验。通过将这些优秀传统文化与现代德育相结合，可以在德育目标的实现上取得更大的成效。这不仅有助于弘扬中华优秀传统文化，增强学生的文化自信，也有利于推动现代德育体系的创新与发展。在全球化的背景下，现代德育改革应更加注重与本土文化的融合，通过吸收和借鉴传统文化中的精华，为学生的道德发展提供更为丰富的教育资源。

（三）高校德育与中华优秀传统文化传承的辩证关系

高校德育与中华优秀传统文化传承之间存在着相互促进、共同发展的辩证关系。两者在教育实践中相辅相成，既能够推动学生道德素养的提升，又有助于传统文化的持续传承与创新。德育作为高校教育的重要组成部分，承担着塑造学生道德品质、培养社会责任感的重任。而中华优秀传统文化则为德育提供了丰富的思想资源和道德规范。在这一过程中，传统文化的传承为高校德育注入了深厚的文化底蕴，使其具备了更强的教育感召力和文化影响力。通过将传统文化中的道德观念和价值体系融入德育，高校能够更好地引导学生树立正确的价值观，进而促进其全面发展。德育的实施也反过来推动了中华优秀传统文化的传承和弘扬。在全球化和多元文化的冲击下，中华优秀传统文化面临着传承的危机。然而，高校作为知识传播和文化传承的重要阵地，能够通过德育教育帮助学生理解、认同并继承传统文化。通过在德育课程中融入儒家、道家、佛家等传统思想，学生不仅能够学习传统文化的精髓，还能在实践中践行这些文化理念，从而实现文化的代际传递。这种传承过程，不仅是知识的传递，更是价值观和道德体系的延续。

高校德育与中华优秀传统文化传承的辩证关系也体现在对当代社会问题的回应上。现代社会的发展带来了许多新的道德挑战，如个人主义、物质主义的抬头，社会责任感的缺失等。在这种背景下，德育不仅要关注学生的个体道德修养，更要结合传统文化的价值观，帮助学生应对这些道德困境。例如，儒家思想中的"仁义礼智信"可以为现代德育提供解决道德困境的指导，帮助学生在复杂的社会环境中找到行为的准则和道德的方向。通过将传统文化中的道德观念与现代社会需求相结合，高校德育能够更具针对性地解决现实问题。与此同时，中华优秀传统文化在传承过程中，也需要高校德育的创新和发展。传统文化虽有其永恒的价值，但在现代社会中，如何使其焕发新的生命力，成为传承中的关键问题。高校德育可以通过现代教育方法的创新，将传统文化与现代社会需求相结合，使传统文化更加贴近学生的生活。例如，通过课堂讨论、案例分析、社会实践等多种形式，将传统文化的精髓融入学生的实际学习和生活中，使其能够在现实生活中践行传统道德理念。这种创新不仅增强了学生对传统文化的理解和认同，也使德育更加生动、有趣、富有实效。

高校德育在推进中华优秀传统文化传承的过程中，必须始终坚持批判继承的原则。传统文化并非全然完美，其中不乏与现代价值观相悖的成分。例如，一些传统文化中的性别观念、等级观念可能不适应现代社会的发展需求。在传承过程中，德育需要对传统文化进行合理筛选，保留其中的精华，摒弃糟粕。通过这种批判性的继承方式，高校德育不仅能够推动传统文化的现代化转型，也能为学生提供符合时代需求的道德教育。高校德育与中华优秀传统文化传承的辩证关系，还表现在培养学生的文化自信上。许多学生受到西方文化的冲击，逐渐对本民族文化产生疏离感。德育通过引导学生认识中华传统文化的独特性和价值，有助于增强学生的文化自信心，使其能够在多元文化的环境中坚定自己的文化立场。通过德育教育，学生不仅能够学习传统文化中的知识，更能从中汲取精神力量，树立起对本民族文化的自豪感和归属感。

高校德育通过传承中华优秀传统文化，不仅是为了培养学生的个人道德修养，更是为了塑造具有社会责任感和文化使命感的公民。在传承传统文化的过程中，学生能够逐渐意识到自己作为中华文化继承者的责任，进而更加积极地参与到社会实践中去，为传承和弘扬中华文化贡献力量。这种文化使命感的培养，有助于将个人的道德追求与社会的整体利益相结合，从而实现个人价值和社会价值的统一。德育与中华优秀传统文化传承的辩证关系还体现在对未来发展的影响上。随着社会的不断进步，高校德育和传统文化的传承模式也需要与时俱进。通过在德育中融入中华优秀传统文化，既可以帮助学生理解历史、传承文化，又可以为社会的未来发展提供道德支持和文化基础。正是在这种辩证关系的推动下，高校德育和传统文化传承能够不断适应时代的变化，走向更加广阔的发展前景。

二、国内外研究现状综述

（一）德育理论的发展

德育理论的发展有着悠久的历史，它伴随着人类社会文明进步的步伐，不断演进和丰富。早期的德育理论可以追溯到古希腊、古罗马以及中国的先秦时期，彼时的德育理论更多侧重于个体道德品质的培养和社会伦理规范的传递。在中国，儒家思想对德育的发展产生了深远影响，孔子的"仁爱"思想和《大学》中提出的"修身齐家治国平天下"成为古代德育的核心理念。而西方则以柏拉图、亚里士多德等为代表，强调个人道德修养与国家治理的有机结合。随着时代的变迁，德育理论进入了近现代阶段，开始注重从心理学、教育学、社会学等多学科角度进行深入研究。19世纪末，随着工业化和城市化进程的加快，社会道德问题日益突出，德育理论也开始发生转变，逐渐摆脱传统的宗教和伦理道德的束缚，转而关注社会实践和公民教育。在西方，杜威的实用主义教育思想对德育理论的发展起到了重要作用，他强调通过实际生活中的体验和活动来培养学生的道德判断力和责任感。在中国，五四运动时期提出了"德智体"三育并重的思想，这一理念对德育在现代教育体系中的定位产生了深远影响。

进入20世纪后期，德育理论继续发展，并逐渐趋向多元化和全球化。20世纪60年代后，随着社会变革和文化多样性的增加，德育不再仅仅是个体的道德培养，更成为了社会和国家的一个重要议题。美国教育家科尔伯格的"道德发展理论"强调道德认知的发展阶段，提出道德教育应随着个体的认知发展阶段进行调整，注重培养学生的自主道德判断能力。这一理论对全球德育研究产生了广泛影响。而在中国，改革开放后，德育理论经历了深刻的变革，特别是随着社会经济的快速发展，德育逐渐从传统的道德教化向综合素质教育过渡，强调个体全面发展和社会责任感的培养。当前，德育研究的一个重要趋势是多学科的交叉与融合。随着信息化、全球化的发展，德育不仅需要关注学生个体的品德发展，还要应对复杂多变的社会环境所带来的挑战。全球范围内关于公民教育、环境道德、全球伦理等问题的研究逐渐成为德育理论的重要组成部分。例如，公民教育不仅是传统道德教育的延伸，还与现代社会中民主、法治、平等等核心价值紧密相关。在这一背景下，德育理论不仅局限于道德规范的传递，还强调培养学生的社会责任感、批判性思维以及全球意识。

与此同时，德育理论在当前的研究中也逐步与文化传承、价值观教育相结合。在中国，随着国家日益重视中华优秀传统文化的传承与发展，德育的一个重要任务便是将优秀传统文化的核心价值融入现代教育体系之中。研究者们探索如何将中华优秀传统文化中的伦理道德、价值观念与当代社会发展相适应，从而推动德育理论的创新发展。此外，随着信息化时代的到来，网络道德教育也成为德育理论研究的重要方向之一。面对虚拟环境中出现的伦理道德问题，德育如何通过创新手段有效引导学生树立正确的价值观和行为规范，是当前德育研究中的热点问题。全球视野下的德育理论也在不断更新，尤其是在全球化背景下，跨文化德育研究备受关注。如何在全球文化交流的背景下，构建适应不同文化背景的德育理论，并在尊重多样性的基础上培养共同的道德规范，成为许多教育工作者和研究者的关注焦点。例如，跨文化德育不仅仅是传递某一文化的道德观念，而是通过对多元文化的理解和尊重，培养学生的全球公民意识和国际责任感。

（二）中华优秀传统文化传承探索

中华优秀传统文化的传承探索不仅是文化发展的重要任务，也是时代赋予教育的重要使命。在这一过程中，如何创新传承方式成为研究的关键问题。以互联网、虚拟现实和人工智能为代表的新兴技术，可以将传统文化以更加生动的形式呈现给大众。例如，近年来，数字化博物馆和线上文化展览越来越受到欢迎，这些技术不仅打破了时空的限制，让更多人有机会接触到传统文化瑰宝，还通过互动体验激发了大众对文化传承的兴趣。通过这些科技手段，传统文化的传播范围大大扩展，特别是对于年轻一代，他们可以通过网络平台更便捷地学习和体验传统文化的魅力。此外，中华传统文化的传承还需要依托社区和家庭的支持。家庭作为社会的基本单元，是文化传承的重要场所。通过家风传承、节日文化等方式，传统文化可以在日常生活中得以保留与延续。例如，每逢春节、端午等传统节日，家庭中的长辈会通过讲述故事、组织传统活动等方式，将文化的内涵传递给下一代。这种家庭文化的传承方式，不仅有助于保持传统节日的仪式感，还能让年轻一代在潜移默化中感受到中华文化的深厚底蕴。

通过组织传统文化主题的活动，如书法、国画、武术等比赛和展示，不仅可以让人们在实践中加深对传统文化的理解，还能增强社会对传统文化的认同感。这种实践性的传承方式，更加注重参与者的亲身体验，使文化的传递不仅仅是知识的灌输，更是情感与价值的共鸣。这种方式特别适合当代年轻人，因为它不仅满足了他们的好奇心和探索欲，还能通过体验加深对传统文化的认同。政府政策的支持和引导在中华优秀传统文化的传承中也起到了至关重要的作用。近年来，国家出台了一系列支持传统文化保护与传承的政策，旨在通过法律保障、财政支持和制度建设，推动传统文化的复兴。例如，文化遗产保护法的实施，不仅确保了物质文化遗产的有效保护，还为非物质文化遗产的传承提供了制度保障。此外，各级政府通过举办文化节、组织传统文化活动以及资助文化研究项目等措施，进一步促进了传统文化的传承与发展。

中华传统文化的传承不仅仅局限于国内，还在国际舞台上得到了广泛推广与传播。随着中国综合国力的提升和国际影响力的增强，越来越多的外国人对中华文化表现出浓厚的兴趣。孔子学院的设立就是一个典型的例子，它通过在世界各地推广汉语教学和中华文化，成功将中华优秀传统文化传播到了全球。这种跨文化的传播，不仅增强了国际社会对中国文化的理解，也有助于提升中华文化在全球范围内的影响力。传统文化中的许多思想虽然具有深刻的历史价值，但在今天的社会背景下，如何赋予它们新的内涵，成为文化传承中的一大课题。例如，儒家的"仁"字在今天不仅意味着人与人之间的关爱，还可以延伸为对自然的关爱和对全球问题的关注。通过这种创新性解读，传统文化不仅能够在现代社会中继续发挥作用，还能为当代社会的发展提供新的道德指引。

（三）高校中华优秀传统文化传承的实践案例

1. 北京大学——开设传统文化课程体系

北京大学通过开设系统化的传统文化课程体系，为学生深入理解中华优秀传统文化提供了全面的平台。首先，这些课程不仅仅是对传统文化的简单介绍，而是从系统的角度全面讲解儒家、道家等思想体系。具体来说，北大推出了《儒家思想与中国文化》《道家哲学与人生智慧》等课程，帮助学生深入了解这些思想的核心内容以及它们对中国历史、社会发展的深远影响。通过这些课程，学生可以不仅停留在浅层的文化感知上，而是通过系统化学习，培养对传统文化的深度理解和批判性思考。北京大学还特别重视通过课堂讨论与研究的形式，激发学生对传统文化的批判性继承意识。这些课程不仅让学生接触到经典文本，还通过深入的课堂讨论和专题研究，鼓励学生在掌握基础知识的同时，思考这些文化思想在现代社会中的意义。例如，在《儒家思想与中国文化》课程中，教师会引导学生结合现代社会问题，探讨儒家思想的当代价值，从而帮助学生在思维碰撞中提高对传统文化的理解深度。这种教学模式打破了传统的单向知识传递方式，使学生在主动思考和质疑中，更好地理解和传承中华优秀传统文化。

北京大学成立的"国学研究中心"也为学生和学者提供了一个专门的研究平台。该研究中心的设立，旨在通过学术研究推动传统文化的深度探索与现代化创新。在这一平台上，不仅有经验丰富的教授和学者带领学生进行学术研究，学校还邀请国内外知名的文化学者参与研讨会和讲座。通过这些学术活动，学生能够接触到最新的研究成果和前沿的学术观点，从而在传统文化的学习过程中，提升自身的学术水平和研究能力。此外，北京大学在传统文化教育的过程中，注重培养学生的文化自信与责任感。通过对《道家哲学与人生智慧》课程的学习，学生能够领会道家思想中的自然观、无为而治等理念，并结合个人成长与社会发展，理解这些思想如何在现代生活中帮助个体获得心灵的平静与自我调节能力。这种以经典哲学为基础的课程设计，使学生在学习过程中不仅获取知识，还能在道德与精神层面获得启发，进而增强对中华文化的认同感与自信心。

国学研究中心的设立也为传统文化的传承与创新提供了广阔的平台。研究中心不仅局限于学术研究，还积极推动传统文化的现代化应用。例如，中心定期举办的文化论坛、经典阅读会等活动，吸引了校内外学生和学者的广泛参与。通过这些活动，传统文化不仅仅停留在课堂中，还通过实践和交流，走进了学生的日常生活。这种跨学科、跨文化的互动方式，让学生更深入地感受到传统文化的当代活力，并激发他们在日常生活中践行传统文化的价值观。北京大学还特别强调通过国际交流推广中华优秀传统文化。学校通过与海外大学合作，开展了系列国际学术交流活动，推动儒家、道家等中国文化的国际传播。这种国际化的视野，使北大的学生不仅在国内学习传统文化，还能通过与国际学者的交流，了解世界对中华文化的评价与研究现状。通过这些国际交流，学生的视野得到了极大的拓展，他们不仅成为传统文化的学习者，更是文化传播的使者，帮助中华文化在全球范围内得以推广与传承。

北大的课程体系还注重将传统文化与现代教育相结合，积极推动教学方式的创新。为适应现代教育的需求，北大不断探索如何将多媒体技术、在线教育等现代手段融入传统文化的教学之中。例如，部分课程已开发了线上学习平台，学生可以通过数字化资源进行自主学习和讨论。这种现代化的教学方式，不仅提高了学习效率，也让更多学生有机会接触到丰富的传统文化资源，推动了中华优秀传统文化在现代社会的普及与发展。

2. 清华大学——设立"传统文化创新与传承基地"

清华大学通过设立"传统文化创新与传承基地"，为学生提供了一个深入体验和实践中华优秀传统文化的综合平台。这一基地的设立旨在为学生创造一个多样化的文化学习空间，通过亲身实践来掌握传统文化技艺。书法、篆刻、古琴等技艺的培训班和讲座定期举办，学生不仅可以在课堂上学习理论知识，还能通过实际操作加深对这些传统技艺的理解。这种理论与实践相结合的学习模式，让学生在动手中感受到传统文化的精髓，提升了学习的趣味性和效果。基地还注重通过文化交流与研讨活动，为学生提供与专家、学者对话的机会。清华大学邀请了众多传统文化领域的知名学者和非物质文化遗产传承人，定期举办讲座和研讨会。这些活动为学生提供了深入了解传统文化背景与内涵的渠道，帮助他们在思想碰撞中加深对中华文化的认知与理解。例如，篆刻技艺不仅是一门古老的艺术形式，还蕴含着丰富的文化历史，而通过与专家的直接交流，学生能够深入了解篆刻背后的文化意义。这些研讨活动不仅提高了学生的理论素养，还增强了他们对传统文化的责任感，激发了他们传承文化的积极性。

清华大学的"传统文化创新与传承基地"不仅局限于传统文化的原貌传承，还积极推动文化的创新与现代化。通过结合现代科技手段，基地探索出了一条将传统文化与当代需求相结合的创新路径。比如，古琴音乐会不仅仅局限于传统的形式演奏，还结合了现代的音频处理技术，创造出全新的音乐体验。这种跨领域的创新实践，不仅丰富了传统文化的表现形式，还增强了其在现代社会中的吸引力。这种现代化的文化传播方式，不仅让传统技艺走出了历史的局限性，还吸引了更多年轻人对传统文化产生兴趣，推动了文化的现代传承。清华大学"传统文化创新与传承基地"还注重国际文化交流，积极推动中华优秀传统文化走向世界。基地通过组织国际文化交流活动，邀请国外的学生和学者参与传统文化的学习与实践。例如，外国学生可以参与书法或古琴培训课程，亲身体验中华文化的独特魅力。这种跨文化交流活动不仅传播了中华优秀传统文化，还促进了不同文化之间的相互理解与尊重。同时，清华大学通过与国外知名大学的合作，推动了传统文化的国际化发展，增强了中华文化在全球范围内的影响力。

  基地的活动形式多样化,尤其注重通过创新活动激发学生对传统文化的兴趣。除了一般的文化讲座和培训班外,基地还组织了各种文化竞赛、艺术展览等丰富多彩的活动。例如,书法比赛、篆刻作品展等活动不仅吸引了校内外众多学生参与,还为优秀作品的创作者提供了展示才华的平台。这种通过比赛、展览等方式的活动,不仅增强了传统文化的传播效果,还激发学生对文化创新的探索欲望,使传统文化在当代校园生活中焕发出新的活力。同时,基地还通过组织传统文化主题的社会实践活动,让学生将课堂上学到的知识与社会实践结合。例如,基地组织学生走访历史文化遗址,参观古建筑和文化遗产保护项目,让他们在亲身体验中更加深刻地理解传统文化的历史意义。这些社会实践活动帮助学生将传统文化的理论知识转化为实践经验,并在实际操作中提高他们的文化认同感与使命感。这种实践性的学习方式,不仅增强了学生对传统文化的情感认同,还培养了他们的责任意识,为未来的文化传承工作奠定了坚实的基础。

  清华大学"传统文化创新与传承基地"还强调多学科交叉,通过将传统文化与现代学科结合,推动文化的创新发展。例如,基地与清华的设计学院、信息技术学院等多学科联动,探索如何将传统文化元素融入现代设计和信息技术中。这种跨学科的合作,不仅为传统文化注入了新的活力,还推动了文化的创新与产业化发展。例如,学生将篆刻技艺与现代 3D 打印技术结合,创造出全新的文化创意产品,这不仅拓宽了传统文化的应用范围,还为其开辟了现代市场。这种结合现代科技与设计的创新实践,为传统文化的传承与发展开辟了全新的路径。

  3. 复旦大学——推动国学社团发展

  复旦大学通过大力支持传统文化社团,如"复旦国学社",推动了中华优秀传统文化在校园中的广泛传承。首先,复旦国学社以其丰富的活动内容和多样化的形式,吸引了众多学生的参与,成为学生接触传统文化的重要渠道。国学社定期组织国学讲座,邀请国内外知名学者和专家为学生讲解儒家、道家等经典文化思想,使学生在课外有机会深入学习中华文化的精髓。这些讲座不仅帮助学生拓宽知识视野,还在潜移默化中增强了他们对传统文化的兴趣与认同。学生能够亲身体验中华传统诗词的美感和韵律,感受诗人们在字里行间所传达的情感与思想。这种活动形式不仅让学生从诵读中加深对古诗词的理解,还帮助他们在实践中体会到传统文化的情感共鸣。朗诵会的参与者不仅限于国学社的成员,复旦大学的广大学生群体都被吸引到这一文化活动中来,诗词朗诵成为校园中弘扬传统文化的重要桥梁。

国学社组织的国学辩论赛也为学生提供了一个互动学习和实践传统文化的舞台。通过辩论赛，学生不仅学习到了儒家、法家、道家等不同思想流派的核心观点，还在辩论过程中加深了对文化内涵的理解。辩论赛的形式打破了传统课堂教学的单向模式，学生在辩论中不仅是知识的接受者，更是文化思想的思考者和传播者。通过这种互动性强的活动形式，学生能够锻炼思辨能力的同时，进一步深化对传统文化的认知和思考。复旦国学社的活动形式多样化，不仅涵盖学术讲座、朗诵会和辩论赛，还通过各种专题工作坊和文化节等方式，进一步推动了传统文化的普及。例如，社团定期举办的书法、篆刻和古琴等文化艺术体验活动，帮助学生在实际操作中感受到中华传统艺术的魅力。这些活动不仅让学生接触到传统技艺，还通过动手实践，使他们在体验中培养对文化的亲近感和认同感。尤其是书法和篆刻，这些技艺不仅考验学生的耐心与专注，还让他们在一笔一划中领悟到传统文化的精髓。

复旦大学不仅仅是通过社团活动推动传统文化的传承，还在整个校园文化氛围中融入了传统文化的元素。例如，学校定期举办的"中华传统文化周"活动，将传统文化与现代生活相结合，吸引了大批学生的参与。国学社作为这一活动的主要组织者之一，通过各种展览、工作坊和体验课程，将国学经典与当代校园文化紧密相连。这种大型文化活动不仅为国学社提供了展示平台，还将传统文化融入学生的日常生活中，进一步增强了文化的影响力。同时，复旦国学社还注重与其他高校和文化机构的合作，推动传统文化在更大范围内的传播。通过与国内外多所大学的国学社团和文化组织开展联合活动，国学社为学生提供了更多的文化交流机会。例如，复旦国学社曾与北京大学、南京大学等高校的国学社团联合举办了多场跨校国学论坛和比赛。这种跨校合作，不仅扩大了活动的影响力，还为学生们提供了一个跨文化交流的平台，让他们在更广阔的视野中理解和传播中华文化。

国学社的成功不仅得益于丰富的活动形式，还在于其培养了学生对传统文化的自发性传承意识。社团成员在活动组织和参与中，不仅是传统文化的学习者，更是文化传承的实践者。通过这种自下而上的文化传播方式，学生们主动承担起了文化传承的责任，他们通过自己的努力，将传统文化带入校园生活的方方面面。无论是通过学术讨论还是文化体验，国学社为学生提供了一个自由表达和传播中华文化的平台，激发了他们对传统文化的认同感与责任感。与此同时，复旦国学社在推动校园文化建设的过程中，也充分发挥了传统文化在塑造学生价值观方面的作用。通过对国学经典的学习，学生们不仅仅是学习文化知识，更是通过文化的熏陶，培养了道德修养与人文素养。儒家思想中的"仁义礼智信"等社会主义核心价值观在活动中被广泛传播，帮助学生在现代社会中树立正确的价值观念和行为准则。这种文化与思想的双重传递，使得国学社不仅是一个文化社团，更是一个帮助学生塑造道德品质和提升人文素养的平台。

4. 武汉大学——举办传统文化节

武汉大学每年举办的"传统文化节"已经成为校园内广受欢迎的标志性活动，为传承中华优秀传统文化搭建了重要的平台。文化节期间学校组织了丰富多彩的传统节日活动，涵盖了如春节联欢、端午节包粽子比赛和诗词大赛等，这些活动不仅吸引了大量学生参与，还通过趣味性和互动性，使学生在轻松的氛围中深入接触中华文化。传统文化节的举办，让学生在体验和参与中理解中华文化的丰富内涵，不仅仅停留在表面的节日庆祝上，而是在活动中深入感受传统文化的历史和价值。文化节活动的设计注重与传统文化内涵的结合，通过细致的活动安排，使学生在参与时能够更加深入地理解中华文化。例如，在端午节包粽子比赛中，学生们不仅仅是体验制作粽子的乐趣，还可以通过讲解和展示，了解这一传统节日背后的文化故事和习俗传统。类似的活动在诗词大赛中也得到了充分体现，参赛者不仅要背诵和书写古诗词，还通过对诗词意境的解读和表达，进一步深化了对中国古典文学的理解。这些活动不仅激发了学生们的文化兴趣，还通过趣味性和教育性相结合的方式，推动了传统文化在校园中的传播。

武汉大学通过"传统文化节"有效地将文化传承与校园生活紧密结合，增强了学生对中华文化的亲近感与归属感。每当文化节期间，校园内到处充满了传统文化的氛围，不论是食堂的传统美食展示，还是图书馆的经典书籍展览，学生们在日常生活中随处可见中华文化的影子。这种沉浸式的文化体验，使学生在不经意间对传统文化产生了亲近感，并在参与和互动中逐渐加深了对中华优秀传统文化的认同感。这种文化节的模式打破了传统课堂学习的局限，将文化传承融入学生的日常生活中，使文化的传递更加自然、贴近实际。武汉大学的"传统文化节"还积极借助新媒体和现代技术手段，扩大了文化节的影响力。通过网络直播、社交媒体宣传和线上互动，文化节的活动不仅限于线下参与，更多学生和校外观众也可以通过互联网参与其中。例如，诗词大赛的决赛通过校园网络进行直播，吸引了大量观众在线观看并投票支持参赛选手。这种线上线下相结合的活动形式，不仅提高了文化节的参与度，还让更多的学生有机会接触和了解中华优秀传统文化，推动了文化的广泛传播。

武汉大学的"传统文化节"不仅是一项娱乐活动，更是学生进行文化体验与学习的重要平台。学校在文化节期间组织了多场文化讲座和传统技艺展示，例如书法、剪纸、茶艺等传统艺术的展示和互动活动，学生们在近距离观察和动手实践中，感受到了传统技艺的魅力。这些活动不仅传递了中华文化的技艺精髓，还培养了学生的审美能力和文化鉴赏力，提升了他们对中华文化的认同感和自豪感。通过这些深层次的文化活动，学生们不仅能够从感官上体验到传统文化的美，还能够从思想上更好地理解传统文化的价值与意义。武汉大学的"传统文化节"还促进了不同文化之间的交流与融合，体现了文化包容的精神。文化节期间，学校不仅组织了中华传统文化的展示，还邀请了来自世界各地的留学生共同参与，让他们体验中国的传统节日和文化特色。这种跨文化的交流活动，不仅促进了中外学生之间的互动和理解，还通过文化节这一平台，向世界展示了中华文化的魅力。留学生们通过参加这些活动，不仅加深了对中国文化的理解和喜爱，也成为中华文化的传播者，将中国文化的精髓带回自己的国家。

武汉大学通过"传统文化节"增强了学生的文化自信心，使他们在全球化的背景下更加坚定了对中华文化的认同。面对多元文化的冲击，传统文化节的举办为学生提供了一个重新认识和体验中华文化的机会，增强了他们对本民族文化的自豪感。在文化节的各类活动中，学生们不仅是参与者，也是文化的传播者和传承者，他们通过自己的实际行动，将传统文化融入现代生活中，推动了文化的延续和创新。

5. 南京大学——设立传统文化创新研究项目

南京大学通过设立"中华传统文化与现代社会创新研究"项目，积极推动学生将传统文化与现代科技相结合，探索其在当代社会中的创新应用。这一项目的设立不仅是为了继承和传播传统文化，更是为了寻找将传统文化融入现代生活的新途径。学生们通过参与项目，深入研究如何将古典诗词、书法等传统文化元素与当代艺术、科技融合，激发出传统文化在新时代的活力。例如，有些学生将古典诗词与现代视觉艺术相结合，通过数字化设计和动画形式，展示传统文化的美感与深度，使其更加贴近年轻一代的审美。同时，南京大学的这个项目还特别鼓励学生借助先进的科技手段，如虚拟现实（VR）和增强现实（AR）技术，来展示和传播传统文化遗产。通过这些技术，学生们可以创建虚拟博物馆或文化遗址复原项目，让观众能够身临其境地体验中华文化的历史和艺术。例如，学生利用VR技术复原了部分失传的古建筑，使得现代观众能够通过虚拟漫游的方式，体验到千年前的建筑风貌和历史文化氛围。这种现代科技与传统文化的结合，不仅增强了观众的体验感，还为文化遗产保护提供了新的思路和可能性。

"中华传统文化与现代社会创新研究"项目也积极探索传统文化在现代社会需求中的应用，推动其与当代生活的紧密结合。比如，一些学生将传统文化的哲学思想，如儒家思想中的"仁爱"理念，与现代社会的公共政策和管理实践相结合，探讨如何将这些古老的智慧融入当代社会治理中。这样的研究不仅推动了对传统文化的重新认识，还为现代社会提供了宝贵的精神资源和解决方案，增强了传统文化的现代适应性和实用性。南京大学的这个创新项目不仅限于学术研究层面，还注重将研究成果应用于实际生活中。学生们通过项目的支持，不仅进行理论探讨，还通过实际操作，将传统文化与现代设计、产品开发相结合。例如，有学生将传统的青花瓷元素与现代家居设计融合，设计出了既具传统韵味又符合现代审美的家居产品。这种方式不仅让传统文化融入了现代生活，还为文化创意产业的发展提供了新的灵感和素材，推动了文化的产业化和市场化。该项目还大力支持跨学科合作，鼓励学生将不同学科的知识和方法融入传统文化的创新应用中。比如，文学、历史、艺术等人文学科的学生与计算机、工程等理工科学生合作，共同开发了多个文化科技结合的创新项目。通过这样的跨学科合作，学生不仅能在各自的专业领域内深入探讨传统文化的价值，还能通过不同学科的碰撞，创造出更多具有现实意义的创新应用。这种合作模式不仅为学生提供了广阔的研究空间，还推动了传统文化与现代科技的深度融合。

南京大学通过该项目培养了学生对传统文化的责任感与传承意识。项目通过各种讲座、研讨会和工作坊等形式，不断提升学生对传统文化的认知和兴趣。例如，学校邀请国内外著名学者、艺术家和文化传承人来校讲授传统文化与现代创新的课程，帮助学生从不同的视角理解文化传承的意义和重要性。这些活动不仅为学生提供了理论上的指导，还激发了他们深入参与文化创新的积极性，让他们认识到在全球化背景下，保护和传承中华文化的责任。南京大学通过该项目组织了多场国际论坛和文化交流活动,让学生能够与世界各地的学者、学生进行交流,共同探讨传统文化的国际传播与创新应用。通过这种国际化的视野,学生不仅能够将自己的研究成果展示给世界,还能吸收和借鉴其他国家和文化的创新经验,为中华文化的国际传播提供更多可能性。这种全球视角的融入,不仅扩大了项目的影响力,还为中华文化的世界性传播提供了新的思路。

南京大学的"中华传统文化与现代社会创新研究"项目通过校内外的合作,进一步推动了传统文化的传播与应用。学校与地方政府、文化机构以及企业合作,开展了多个实践项目,将学生的研究成果付诸实际应用。例如,项目组与当地的文创企业合作,将学生设计的产品推向市场,帮助学生将理论转化为现实成果。这种产学研结合的模式,不仅增强了学生的实践能力,还为传统文化的现代化发展提供了新的动力。

6. 中国人民大学——组织传统文化社会实践活动

中国人民大学通过组织学生参与传统文化社会实践活动,有效推动了传统文化的广泛传播。这些活动不仅让学生在理论学习之外深入接触文化遗产,还通过亲身体验的方式加深了对中华优秀传统文化的理解。学校定期安排学生赴各地的历史文化名城,如西安、洛阳等文化底蕴深厚的城市,进行实地调研,让他们能够直接接触到古代遗迹、文物保护和文化传承的实际状况。这些社会实践活动,不仅拓宽了学生的视野,还让他们在亲身观察中感受到传统文化的魅力与重要性。学生们走访了多个非物质文化遗产项目所在地,如苏州的刺绣、扬州的漆器等地,了解这些传统技艺的现状和传承模式。在与非遗传承人的互动中,学生不仅了解到这些技艺背后的文化内涵,还通过动手实践体验了部分技艺的制作过程。这种沉浸式的体验不仅让学生更深入地理解了传统文化,还激发了他们对文化传承的责任感,促使他们意识到文化保护与传承的重要性和紧迫性。

中国人民大学在组织这些社会实践活动时,特别注重将学术研究与实践结合,让学生在调研过程中进行深入的文化分析和学术探讨。学生们不仅参观文化遗址,还会结合课堂上学到的理论知识,对调研对象进行系统分析与思考。例如,在参观历史文化名城时,学生们不仅要了解城市的历史与发展,还会对古建筑的保护与利用、文化遗产的商业化运作等问题展开讨论和研究。这种学术与实践相结合的方式,不仅加深了学生对传统文化的理解,还培养了他们的批判性思维和问题解决能力。中国人民大学的传统文化社会实践活动还特别强调文化保护意识的培养。学校通过组织学生参与文化遗产保护项目的实际工作,让他们亲身体验到文化保护的困难与挑战。例如,学生们参与到文化遗址的修复工作中,帮助整理、修缮部分历史建筑,或是参与非遗传承项目的推广工作,通过这些实践,他们切身感受到了文化遗产保护工作的重要性和复杂性。这种亲身参与的经历,让学生不仅在理论上理解文化保护的意义,更在实际行动中感受到自己在文化传承中的责任与义务。

在与当地文化工作者、非遗传承人以及普通百姓的互动中,学生们能够更加真实地感受到传统文化与当代社会的关联,以及文化在日常生活中的重要地位。例如,在调研过程中,学生们与地方艺人一同制作传统手工艺品,与当地居民共同庆祝传统节日,这些活动拉近了他们与传统文化的距离,也让他们在日常生活的场景中体验到了传统文化的生命力。中国人民大学还通过这些社会实践活动,推动了学生们在传统文化保护和传承领域的学术研究。学校鼓励学生在调研基础上撰写研究报告或学术论文,分析传统文化在现代社会中的作用与挑战。例如,一些学生针对非物质文化遗产的保护机制展开深入研究,提出了相关政策建议,或是在文化传播领域进行创新尝试,探讨如何通过现代媒介更好地传播传统文化。这些研究成果不仅推动了学术进步,还对文化遗产保护政策的制定和实施提供了实质性的建议与参考。

中国人民大学的传统文化社会实践活动也促进了文化交流与合作。学校不仅组织学生赴国内多个文化遗产地进行调研,还与国际知名的文化保护组织合作,开展跨文化的传统文化交流项目。例如,学生们与国外的文化遗产保护专家共同讨论文化遗产保护的国际经验与案例,分享彼此在文化传承中的做法与经验。这种跨文化的交流与合作,不仅扩展了学生的国际视野,也让他们更深刻地理解了传统文化在全球范围内的价值与影响力。通过这些实践活动,中国人民大学有效地增强了学生对传统文化的认同感和责任感,培养了他们成为文化保护和传承的积极参与者与推动者。这种结合学术研究与社会实践的模式,为学生提供了一个全方位了解和接触传统文化的机会,使他们不仅在理论上理解中华优秀传统文化的内涵,更在实践中体会到文化传承的重要意义。学生们通过亲身参与文化调研和保护工作,不仅提升了个人的文化素养,也为社会的文化传承贡献了自己的力量。

高校在中华优秀传统文化的传承中发挥着重要作用,通过多种形式的实践案例展现了创新与发展。一些高校将传统文化融入校园文化建设中，设立了专门的传统文化节、文化讲堂等活动平台，吸引学生广泛参与。例如，部分高校开设了"国学讲座""书法社团"等文化社团活动，以多样的形式促进学生对传统文化的理解与认同。同时，很多高校将中华优秀传统文化内容纳入课程体系，通过必修和选修课程，帮助学生系统学习儒家、道家等经典思想，使传统文化在教育中得到广泛传播。此外，校园里的传统文化展示空间，如孔子文化展、非遗文化展览等，也为学生提供了近距离接触和感受传统文化的机会。一些高校还通过与地方文化遗产合作，将地方优秀传统文化纳入课程和实践活动中，进一步促进文化的传承和创新发展。

第一章 中华优秀传统文化概述

中华优秀传统文化是中华民族在几千年历史发展中形成的思想、智慧和精神的结晶。它涵盖了丰富的哲学、伦理、艺术和社会制度等方面的内容，体现了中华民族特有的价值观和人文精神。这一文化体系不仅包括儒、释、道等经典思想，还包括礼仪、文学、艺术等广泛领域，展现了独特的民族特质与创造力。中华优秀传统文化历经时代变迁，仍在现代社会中发挥着重要作用，为当代中国的文化发展提供了丰富的精神滋养与价值导向。

第一节 文化与中华传统文化

文化是人类社会长期发展中积累的物质和精神财富的总和，反映了社会的价值观和生活方式。中华传统文化则是中华民族在数千年历史进程中形成的独特文化体系，它涵盖了哲学、伦理、艺术、制度等多个方面，展现了深厚的历史底蕴与独特的民族精神。作为中华文化的核心，中华传统文化不仅传承了古老的智慧，还在现代社会中继续发挥着重要的思想和精神引领作用。

一、文化

（一）文化的定义

文化的定义具有多样性，不同学科和领域对其有着不同的解释。有人认为，文化是人类社会长期发展过程中积累的物质和精神财富；也有人将其视为一个社会的价值体系、行为规范和思维方式的总和。在本文中，我们选定的文化定义更偏重于精神层面的阐释，即文化是一个社会在历史发展过程中形成的思想观念、艺术表现形式以及伦理道德规范的集合。它不仅是人类生活方式的体现，更是思想传承和社会发展的动力源泉，塑造着社会的整体面貌和个体的精神世界。

（二）文化的类型

从不同的角度来看，文化可以被划分为多种类型。

1. 时间角度上的文化分类

（1）原始文化：指人类早期社会形成的文化，包括狩猎、采集等生活方式以及图腾崇拜等信仰体系。其特点是简单、原始，常以口头传承为主。

（2）古代文化：指古代社会产生的文化形态，通常与文字的出现和文明的兴起相关，如古埃及、古中国的文化。它注重宗教、礼仪、道德等方面。

（3）近代文化：近代文化始于文艺复兴和工业革命之后，强调科学理性、工业发展、启蒙思想和民主精神的形成。

（4）现代文化：现代文化伴随着信息化、全球化进程的推进，强调多元化、创新性和全球视野，涉及网络文化、数字化生活等新兴领域。

2. 空间角度上的文化分类

（1）东方文化：主要指亚洲地区的文化，尤其是中华文化、印度文化、伊斯兰文化等，强调集体主义、家庭观念和传统礼仪。

（2）西方文化：以欧洲和北美地区为代表，起源于古希腊、罗马文明，强调个人主义、科学理性和民主法治。

（3）海洋文化：发源于海洋区域，强调冒险精神、开放性与贸易交流，如地中海文化、日本文化等，海洋文化中常见商业和探险精神。

（4）大陆文化：形成于大陆内部区域，如欧亚大陆的文化，其特点是稳定、深厚，注重农业、定居生活和社会等级的维持。

3. 社会层面上的文化分类

（1）贵族文化：由社会上层贵族群体创造和传承，往往具有较高的艺术和审美标准，如欧洲的宫廷礼仪、古代中国的文人士大夫文化。

（2）平民文化：由普通百姓所创造，主要通过口传或日常生活中的实践传承，反映了大众的价值观与生活经验。

（3）官方文化：由国家或政府机构主导的文化形式，通常通过政策、制度来推广和规范，如国家节庆、法定礼仪。

（4）民间文化：来源于社会基层，流传于民间，包括民俗、口头文学、民间艺术等，具有较强的地方特色与生活气息。

（5）主流文化：主导社会价值观和规范的文化，被社会大多数人接受与认可，通常由国家、教育和媒体推广。

（6）边缘文化：处于社会主流之外的文化形式，往往反映少数群体的生活方式和价值观，如少数民族文化、亚文化等。

4. 社会功用上的文化分类

（1）名号文化：体现个人或组织的身份、地位和荣誉，主要体现在名称、称号、徽标等方面，如宗族的家训、学校的校训。

（2）礼仪文化：指社会中礼节、仪式、规范等方面的文化，包括婚礼、葬礼、节庆等场合的传统行为规范和礼仪。

（3）制度文化：由社会或组织制定的规章制度所体现的文化，如法律制度、宗教戒律和组织管理制度。

（4）服饰文化：以服装、饰品等体现的文化形式，反映不同历史时期、社会阶层的审美观、身份象征和文化符号。

（5）校园文化：特指学校内的文化氛围和价值观念体系，包括学校的学风、校风、校规和学生群体的行为规范。

（6）企业文化：企业在长期发展中形成的独特精神、价值观和行为准则，反映企业的经营理念、管理风格和员工凝聚力。

（三）文化的功能

1. 文化的认同功能

文化为个人和群体提供了身份认同的基础，帮助人们找到归属感和自我定位。每个社会群体都有其特定的文化特征，通过语言、宗教、风俗、习惯等文化要素，个人可以认识到自己是特定文化群体的一员。这种认同感使得个人能够在复杂的社会关系中找到精神上的安慰和心理上的归属。例如，传统节日、服饰、习俗等，都有助于增强一个民族的团结和文化认同感。

2. 文化的教育功能

文化通过知识、信仰、道德和艺术等形式，将社会的价值观、传统和规范传递给个体，帮助他们学习如何在社会中生存和互动。教育功能体现在家庭、学校和社会的各个方面，文化通过代际传承，使得一个社会主义核心价值观、伦观念和行为准则得以持续。例如，儒家文化中的"仁义礼智信"通过家庭和教育体系广泛传播，塑造了中国社会的道德规范和行为标准。

3. 文化的规范功能

文化在社会中扮演着行为规范的角色，它通过风俗习惯、法律、道德准则等，调节社会成员的行为，维系社会秩序。文化中的礼仪、法律和道德体系等，帮助人们区分对错、善恶，指导他们的日常行为，防止社会混乱。例如，在许多文化中，尊重长辈和邻里之间的互助被视为基本的道德规范，这有助于维护社区的和谐和稳定。

4. 文化的传承功能

文化是通过教育、语言、艺术等方式代代相传的。它承载了人类社会的历史记忆和智慧，帮助后代了解过去的生活方式、思想和成就。通过对文化的传承，社会能够不断继承并创新已有的思想和技术。例如，经典的文学作品、历史建筑、传统音乐等文化遗产，都通过传承成为一个社会记忆的永久部分。

5. 文化的创新功能

文化不仅是一种传承，更是一种创新的源泉。随着时代的发展，文化不断吸收新思想、新技术，推动社会进步。创新功能体现在文学、艺术、科技等各个领域，通过文化的不断发展，社会能够解决新问题，适应新环境。比如，文化创意产业就是通过创新将传统文化与现代市场需求结合，创造出具有经济价值和时代特色的文化产品。

6. 文化的娱乐功能

通过音乐、电影、戏剧、文学等艺术形式，文化满足了人们的精神需求，丰富了他们的日常生活。娱乐功能不仅能够带来快乐和放松，还能通过寓教于乐的方式传播知识和道德观念。例如，戏剧和电影不仅是娱乐形式，还能通过故事情节和人物塑造，传递社会价值观。

7. 文化的社会整合功能

文化通过共同的价值观、传统习俗和社会仪式，将个体和社会联系在一起，促进社会的团结与和谐。通过文化的整合功能，社会成员能够分享共同的价值体系，形成相互信任和合作的基础。传统节日、婚礼、丧礼等社会仪式，不仅是个人的重要时刻，也是社会成员加强联系和共同认同的机会。这种功能在社会发生重大变化或危机时尤为重要，文化能够提供社会成员之间的凝聚力。

8. 文化的调节功能

文化具有调节社会冲突和减少紧张的作用。通过习俗、礼仪和法律，文化为个体之间的关系设定了框架，提供了冲突解决的方式。文化中的宽容、理解和妥协的价值观，能够帮助社会在面对矛盾和冲突时找到和平的解决路径。例如，许多文化中通过调解、尊重长者或权威来解决家庭或社会矛盾，避免了冲突的升级。

9. 文化的经济功能

文化具有经济价值，它不仅是社会精神财富的一部分，也是重要的经济资源。文化产业如影视、出版、旅游等，已经成为全球经济中的重要支柱。通过文化创意和商业运作，文化产品能够转化为经济利益，推动社会经济的发展。例如，文化遗产和旅游业的结合，不仅保护了传统文化，还创造了大量的就业机会和经济收入。

10. 文化的传播功能

文化通过语言、文字、艺术、科技等媒介进行传播，扩展其影响力。文化传播不仅限于本民族、本区域，还随着全球化的进程，跨越国界，形成了全球范围内的文化交流和融合。现代技术，特别是互联网和新媒体的出现，极大地加速了文化的传播，使得不同文化之间的相互影响和互鉴成为可能。例如，电影、音乐、社交媒体平台都成为文化传播的重要载体，推动了世界范围内的文化互动。

二、传统文化

（一）传统文化的内涵

传统文化的内涵涵盖了一个民族长期积累的精神财富与物质成果，包括哲学思想、伦理道德、社会规范、艺术形式、风俗习惯等方面。它不仅反映了人类对自然和社会的认知与处理方式，还体现了一个社会在历史发展中的价值观念和行为准则。传统文化通过历史传承和社会实践，对现代社会产生着深远的影响，塑造着人们的思想、行为模式以及群体认同感。理解和继承传统文化，有助于增强文化自信和社会凝聚力，同时为当代社会的发展提供宝贵的智慧与借鉴。

（二）传统文化的内容

1. 哲学思想

传统文化中的哲学思想涵盖了诸如儒家、道家、佛家等多种学派，它们对世界观、人生观和价值观的思考构成了传统文化的核心。例如，儒家的"仁义礼智信"和道家的"道法自然"理念深刻影响了中国人的思想方式。

2. 伦理道德

传统文化中的伦理道德规范，如孝悌、忠诚、节俭等，指导着个人在家庭、社会中的行为。这些道德规范不仅为个人行为提供了指导，也为维持社会秩序奠定了基础。

3. 艺术形式

传统文化中的艺术表现形式丰富多样，包括书法、绘画、音乐、舞蹈、建筑等。这些艺术形式不仅是美的创造和表现，也承载了深厚的文化价值与历史记忆。

4. 社会规范

传统文化还包含了各类社会规范，如礼仪制度、家庭结构、婚丧嫁娶等。它们通过长期的社会实践逐步形成，并规范了社会成员的行为模式，维系了社会的稳定与和谐。

5. 风俗习惯

传统节日、祭祀礼仪、饮食文化等风俗习惯也是传统文化的重要组成部分，这些习俗不仅反映了人们的生活方式，也展示了地域文化的多样性与独特性。

三、中华传统文化

（一）中华传统文化的内涵

中华传统文化包括哲学思想、伦理道德、社会制度、艺术文化等多方面，它以儒家、道家、佛家等思想为核心，强调仁义礼智信、道法自然、因果报应等价值观，形成了独特的精神体系。中华传统文化在长期的历史演变中，积淀了深厚的文化基因，通过家族传承、社会规范和宗教信仰等方式影响着人们的行为和思想。它不仅体现了中华民族对天地自然、社会人伦的理解，也为现代社会的发展提供了文化自信与价值参考。

（二）中华传统文化的分类

1. 思想文化

中华传统文化的思想体系源远流长，主要体现在儒家、道家、墨家、法家等诸子百家的学说中。儒家思想注重"仁、义、礼、智、信"等伦理道德原则，强调人与人之间的和谐关系；道家思想则倡导"无为而治"，推崇自然与自我调节的理念；墨家主张兼爱非攻，提倡平等和团结；法家则以法治为核心，强调权威和纪律。这些思想文化奠定了中华传统文化的道德规范和社会行为准则。

2. 艺术文化

艺术是中华传统文化的重要组成部分，涵盖了文学、书法、绘画、戏剧、音乐、舞蹈等多个领域。中国古代的诗词、散文以其优美的语言和深刻的情感著称，体现了中华民族对自然和人生的独特感悟。书法和绘画作为中国传统艺术的代表，以其独特的笔墨技巧和意境表达，成为文化传承的重要载体；戏剧如京剧、昆曲等，结合了表演、唱腔、音乐和服饰等多种元素，展示了丰富的历史和社会生活。

3. 礼仪文化

礼仪在中华传统文化中占据了重要地位，作为维系社会秩序和家庭和睦的重要工具，礼仪规范涵盖了社会生活的各个方面。中国古代的礼仪体系非常完善，从个人行为、家庭关系到国家典章，都有严格的礼仪规定。比如，婚丧嫁娶、节日庆典等场合都需要遵循特定的礼仪，表现出对长者的尊敬、对亲人的关爱以及对社会秩序的遵守。这些礼仪文化通过代代相传，成为中华文化的象征之一。

4. 传统技艺与工艺

中华传统技艺与工艺包括手工艺品、建筑、医药等方面，如中医、陶瓷、丝绸、刺绣、剪纸等。这些技艺不仅是劳动智慧的结晶，还体现了中华民族对自然的理解与利用。例如，中医理论基于阴阳五行学说，讲究天人合一，通过自然疗法调节身体；而传统建筑如故宫、长城，则代表了中国古代建筑的辉煌成就。这些技艺不仅是中华民族的宝贵财富，还成为世界文化遗产的重要组成部分。

5. 历史文化

中华历史文化源远流长，从先秦至今经历了多次朝代更迭。历史文化不仅记录了中华民族的奋斗历程，也形成了独特的历史观和价值观。中华文化重视历史传承，注重从历史中汲取智慧和经验，形成了独具特色的"以史为鉴"的文化传统。这种对历史的重视和反思，不仅有助于民族的文化认同，也为后代提供了宝贵的文化遗产。

四、中国共产党人关于中华优秀传统文化的思想

（一）中华优秀传统文化的继承与弘扬

中国共产党始终高度重视中华优秀传统文化的继承与弘扬，认为这是增强民族凝聚力、实现国家繁荣的重要途径。党强调，中华优秀传统文化是中华民族独特的精神标识，是在五千年文明发展中形成的宝贵遗产。习近平总书记多次指出，中华优秀传统文化是我们党文化自信的重要源泉，要把优秀传统文化与中国特色社会主义相结合，实现文化的创造性转化和创新性发展。

（二）中华优秀传统文化与社会主义核心价值观的融合

中国共产党认为，中华优秀传统文化与社会主义核心价值观之间存在深刻的契合点，二者可以相互融合、相得益彰。社会主义核心价值观中的"富强、民主、文明、和谐"与传统文化中的"天下为公""和而不同"等理念高度一致。党倡导将传统文化中的"仁爱、诚信、正义"等核心思想与社会主义核心价值观相结合，形成新时代中国特色社会主义的文化基础。

（三）中华优秀传统文化在道德建设中的重要作用

党高度重视中华优秀传统文化在提升国民道德素质、加强社会道德建设中的作用。习近平总书记强调，要从中华优秀传统文化中汲取思想智慧，推动社会主义道德建设。儒家"仁义礼智信"、道家"天人合一"、佛家"慈悲为怀"等传统伦理道德观念为现代社会的道德建设提供了丰富的思想资源。通过弘扬这些传统价值观，可以有效提升国民的思想道德素质，促进社会风气的改善。

（四）中华优秀传统文化与民族复兴的关系

实现中华民族伟大复兴，离不开对中华优秀传统文化的深刻理解和有力弘扬。中华优秀传统文化中蕴含的民族精神、爱国情怀和进取意识，是中华民族自强不息、奋发图强的动力源泉。习近平总书记指出，中华民族伟大复兴不仅是经济的复兴，也是文化的复兴。在推动经济发展的同时，必须弘扬中华优秀传统文化，以增强民族的文化认同感和自豪感，助力中华民族实现伟大复兴的"中国梦"。

(五)中华优秀传统文化的国际传播与文化自信

中国共产党注重中华优秀传统文化的国际传播,将其视为提升中国软实力和文化影响力的重要手段。习近平总书记提出,要推动中华文化走向世界,增强国际社会对中国文化的理解和认同。党通过孔子学院、文化交流活动等方式,积极传播中华优秀传统文化,展现中国文化的独特魅力,提升国家文化软实力。同时,党倡导增强文化自信,强调中华优秀传统文化是实现这一目标的重要基础,文化自信是更基础、更广泛、更深厚的自信。

第二节 中华优秀传统文化的精神内核

中华优秀传统文化的精神内核深深植根于儒、道、释等哲学思想中,强调和谐、仁爱与自我修养。首先,儒家思想倡导的仁义礼智成为人际关系的基石,培养个体的道德责任感。道家则强调自然法则与个体和谐共处,倡导简朴与内心平和。释家思想注重内心的觉悟与智慧的追求,强调解脱与自我超越。这些思想共同构成了中华文化的精神支柱,塑造了国人的价值观与生活方式,影响着社会的方方面面。

一、中华优秀传统文化的精神内核

(一)思想理念

中华优秀传统文化的精神内核蕴含着丰富的思想理念,这些理念在历史的长河中不断积淀,成为中华民族独特的精神财富。首先,儒家思想中的"仁义礼智信"强调人与人之间的和谐关系和道德约束。这种强调人伦道德的思想不仅塑造了个人行为的准则,也影响了社会的运行和国家治理,为社会的安定与发展奠定了基础。同时,儒家倡导的"修身齐家治国平天下"的思想,鼓励个人修养与社会责任的统一,强调了个人与集体、国家的紧密联系。道家思想中的"道法自然"体现了人与自然的和谐相处的理念。道家主张顺应自然,遵循自然规律,强调通过内心的平和与自我调节来达到个人与世界的平衡。这一理念不仅在个人修养方面具有深远的影响,也为现代社会提供了关于人与环境和谐共处的重要启示,尤其在生态文明建设和可持续发展领域具有现实意义。

墨家思想中的"兼爱非攻"提倡大爱无疆、反对战争，主张和平与平等。这种强调社会公平、追求普遍爱的思想为中国古代的社会改革提供了理论依据，并对后世产生了重要影响。墨家的这种兼爱精神不仅反映了古代中国对人类共同命运的深刻思考，也为当今全球化时代下的和平发展提供了宝贵的思想资源。法家思想则侧重于以法治国，强调通过法律制度来维持社会秩序。法家主张"法不阿贵，绳不挠曲"，认为只有通过严明的法律才能确保社会的公平正义。这种重视法治的思想理念深刻影响了中国古代的政治实践，并成为现代社会法治建设的重要思想源泉。

（二）人文精神

中华优秀传统文化中，深厚的人文精神构成了其重要的精神内核。这种精神源于对个体价值、社会责任和人类共同命运的深刻关怀。首先，儒家思想高度重视人的道德修养和社会责任，提倡"仁者爱人"的理念，强调人在社会中的角色和作用。儒家人文精神中的"仁义礼智信"不仅是个人道德的修养要求，更是社会和谐稳定的基石。通过个人的修身齐家，最终达到治国平天下的理想，反映了对个人与社会、国家之间紧密联系的深刻理解。这种人文关怀不仅涵盖了个体的成长与发展，也延展至家庭、社会，甚至整个国家和天下，体现了儒家人文精神的广博与深远。道家思想中的"天人合一"也展现了人文精神的重要维度。道家强调人与自然的和谐相处，提倡顺应自然规律，以达内心的宁静与生活的简朴。道家的人文精神更多关注个体内心的安宁，认为通过追求与自然和谐共生，可以达到心灵的超然与自在。这种人文精神深深影响了中国人的生活方式和价值观，不仅为个体提供了自我调节的智慧，也为人与自然的可持续发展提供了文化指导。这种精神在当今全球环境保护、生态文明建设中，具有极为重要的现实意义。

墨家思想的"兼爱非攻"则体现了对社会公平与大爱的执着追求。墨子主张爱无差等，强调不分亲疏贵贱的广泛爱与平等关怀，这一人文精神反映了对人类普遍价值的重视和对社会不公现象的批判。墨家不仅关心个体的命运，更关注整个社会的公平与正义，提倡通过大爱来消除人类之间的隔阂与冲突。这种人文精神在现代社会尤其具有时代意义，呼唤人们在全球化背景下，以更加宽广的胸怀应对日益复杂的国际关系和社会问题。此外，法家的"依法治国"思想在中华文化中也展现了特有的人文精神维度。法家主张社会秩序的建立应以法律为基础，强调法律面前人人平等的原则。这种人文精神体现在对社会公平的追求上，通过严明的法律来约束人的行为，确保社会的稳定与发展。法家的人文精神注重规则与秩序，强调个体行为必须在法律框架内进行，这种思想不仅影响了中国古代的政治制度，也对现代社会的法治建设提供了宝贵的思想资源。

中华优秀传统文化中的人文精神还体现在对知识的崇敬和对自我完善的追求中。中国古代的"学而优则仕"理念强调通过学习来提升自我，进而为社会贡献力量，这种重视知识和学习的精神不仅鼓励了个人的成长，也推动了整个社会的进步。这种求知与自我超越的精神一直延续到现代，成为中国人对教育的高度重视和对知识分子的尊重的根本原因。

（三）道德规范

儒家思想中的道德观念强调"仁、义、礼、智、信"五常，要求人们在日常生活中遵循这些原则。仁是核心，强调爱人和宽容，义指公正和正直，礼代表行为规范和社会秩序，智则是智慧和判断力，信是诚实守信。这些道德规范不仅是个体修身的准则，也是维系社会和谐的重要保障。儒家通过"修身齐家治国平天下"的伦理秩序，将个人道德与社会责任紧密结合，使道德规范成为社会运行的重要基石。道家思想则从另一个角度看待道德规范，提倡自然无为的行为准则，强调顺应自然、追求内心的和谐与安宁。道家的"无为而治"主张减少人为的干预，让自然规律和社会自我调节发挥作用。道德在道家的思想中表现为对自然规律的尊重和对个体内心平衡的追求。这种道德观念鼓励人们减少欲望，注重内心的宁静与外在的和谐。道家的道德规范不仅在古代中国社会中发挥了重要作用，还对当代社会的生态文明建设和人与自然的和谐相处提供了深刻的哲学启示。

墨家主张人人平等，不分亲疏贵贱，强调普遍的爱和社会公平。兼爱强调对所有人一视同仁，非攻则反对战争与暴力，提倡通过和平手段解决冲突。墨家的道德规范不仅关心个体的行为规范，更关注整个社会的公平正义。这种强调大爱和反对战争的道德观念在当时的社会背景下具有革命性意义，对后世的和平思想和社会改革提供了重要的理论支持。法家则以法律作为道德规范的主要体现，强调以法治国。法家主张道德应通过法律制度来加以约束，认为只有通过严格的法律制度，才能确保社会的稳定与发展。法家强调法律面前人人平等，反对特权和不公正行为。法家的道德观念更注重制度层面的规范，通过法治来维持社会秩序和保障公平正义。这种道德规范对于中国古代的国家治理具有深远的影响，成为现代法治社会建设的重要思想资源。

在中华文化的传统中，道德规范不仅限于个人与社会之间的关系，还涵盖了人与自然、人与世界的关系。传统文化中的"天人合一"思想强调人与自然和谐共处，这不仅是一种哲学理念，也是一种道德要求。人们被要求尊重自然规律，善待环境，避免对自然的过度开发和破坏。这种人与自然的道德观念对于当今全球生态环境的保护和可持续发展具有重要的现实意义。

二、中华优秀传统文化的基本特征

（一）强调整体利益

中华优秀传统文化的一个重要特征就是强调整体利益，这种思想贯穿了中国几千年的历史与文化发展进程。儒家思想中"家国同构"的理念将个人利益与国家、社会的利益紧密相连。儒家提倡"修身齐家治国平天下"，认为个人的道德修养最终应该服务于家庭和国家的繁荣稳定。个人的行为不仅仅关乎自身，而是与整个社会、国家的命运息息相关。通过强调个体与整体之间的有机联系，儒家文化培育了强烈的社会责任感和集体意识，这为中国古代社会的稳定和长治久安提供了重要的思想基础。道家思想虽然倡导"无为而治"，但同样包含了对整体利益的重视。道家强调顺应自然、与天地和谐共处的思想，这种理念同样体现了对整体的尊重与保护。道家认为，社会中的各个个体和自然环境都是相互依存的，任何破坏整体和谐的行为都会导致不良的后果。由此可见，道家通过关注个体与自然的平衡关系，进一步强化了对整体利益的关注，强调个体行为应以不损害集体为前提。这种思想在现代社会中对生态保护和可持续发展具有重要的启发意义。

墨子主张"大同"思想，提倡人人平等，主张各个阶层、各个群体都应追求社会的共同利益而非个人的私利。墨家对"兼爱"的提倡强调个人在社会中的责任与义务，主张通过相互合作、相互支持来实现整个社会的繁荣与和谐。墨家的这种思想不仅反映了对社会整体利益的追求，也为后世的社会治理提供了重要的理论依据。整体利益的强调使得个人利益得到规制，个人通过为集体贡献来实现自身价值。法家在强调法律制度和社会秩序时，同样注重整体利益。法家认为，法律是维系社会整体利益的工具，个人的行为必须在法律的框架内进行，违背法律就意味着损害整体利益。法家的"以法治国"不仅是为了约束个人行为，更是为了保证国家和社会的整体利益能够得到维护。通过法律来规范和保障集体的利益，法家思想为中国古代的政治制度提供了坚实的基础，形成了注重集体利益高于个人利益的社会氛围。

从历史发展的角度看，中华文化在处理个人与集体、局部与整体之间的关系时，一直以来都强调整体利益的优先性。无论是儒家的家国观念，还是道家的自然和谐论，或是墨家的大同思想和法家的法治观念，都在各自的文化体系中反映了对整体利益的高度重视。这种文化传统不仅促成了中国历史上社会的长治久安，也为当代中国的社会发展提供了重要的文化依据。随着全球化和现代化进程的加快，中华传统文化中强调整体利益的思想不仅在中国内部具有重要价值，也为世界的可持续发展和全球治理提供了重要的启发。现代社会中的许多问题，例如环境保护、资源分配、社会公平等，都需要以整体利益为核心的理念来加以解决。中华优秀传统文化中注重整体利益的特质为应对全球性挑战提供了有力的思想支持。

（二）追求和谐统一

中华优秀传统文化的核心特征之一是追求和谐统一，这一理念贯穿了中国古代哲学、伦理学和社会思想。儒家思想通过强调"中庸之道"来展现对和谐的追求。儒家主张"和而不同"，提倡在社会关系中保持平衡与和谐，同时尊重个体差异。无论是家庭关系、社会交往还是国家治理，儒家都强调通过协调与包容来实现整体的和谐。中庸思想引导个人在行为和思想上避免极端，追求折中和适度，从而达到人与人、人与社会的和谐统一。这种思想不仅塑造了中国人的道德观念，也深刻影响了社会的和谐发展。道家认为，万物应顺应自然规律，人与自然应当在相互尊重与平衡中共存。道家强调"无为而治"，即不干涉自然和社会的正常运行，倡导顺其自然，从而达到人与自然、人与社会的和谐状态。道家的这一思想尤其突出人与自然之间的和谐统一，认为人的行为若背离自然规律，必将遭受反噬。如今，这一思想在全球的生态保护和可持续发展中具有极大的现实意义，为现代人重新思考人与自然的关系提供了文化上的启发。

墨子提倡大爱和平等，主张消除人类之间的差异与矛盾，实现共同的利益与和平。墨家不仅关注个体与社会的和谐，还致力于推动国与国之间的和谐相处，主张通过相互合作和宽容来化解冲突，避免战争。墨家的这一思想强调人与人之间的和谐统一，并通过提倡"非攻"理念，追求更广泛的世界和平。这种对和谐的追求在现代社会国际关系中仍具有重要的参考价值。同时，法家虽然强调"以法治国"，但在本质上也是为了实现社会整体的和谐与统一。法家认为，法律是维护社会秩序的重要工具，通过严格的法律制度可以确保社会的稳定和公平。法家强调个人行为必须在法律框架内进行，从而保障社会整体的和谐与稳定。法家的这种理念体现了通过法治来调节个人与社会、个体与国家之间的关系，最终实现社会的和谐统一。法家为中国古代的国家治理奠定了重要的理论基础，这一思想在现代社会的法治建设中依然具有重要的意义。

无论是儒家提倡的"礼乐文化"还是道家的"天人合一"，都反映了对宇宙和自然的整体和谐观念。儒家的"礼乐"文化强调社会等级和秩序，通过礼仪制度来维系社会的和谐与稳定；道家的"天人合一"则通过强调人与自然的相互依存，来追求天地之间的和谐共生。这种对宇宙整体和谐的理解不仅影响了中国古代的哲学思考，也深深根植于中国人的世界观和价值观中，成为中华文化的一部分。追求和谐统一的思想，不仅仅是对人与人、人与自然关系的要求，也涵盖了政治、经济、文化等多个领域。中华文化中的和谐理念促使人们在面对冲突与分歧时，寻求通过协商、调解和包容来化解矛盾，而非采取对立或极端的方式。这一文化特质帮助中国在几千年的历史中维护了社会的长期稳定和文明的持续发展。

（三）注重经世致用

中华优秀传统文化的一个显著特征是注重经世致用，即强调知识与实践相结合，为社会实际问题提供解决方案。这一思想首先在儒家思想中得到充分体现。儒家强调"学而优则仕"，认为学习的最终目的是为社会服务，通过官职来实现知识的应用。孔子提倡的"修身齐家治国平天下"就是要求个人通过不断提高道德修养，最终为国家的治理和社会的安定贡献力量。儒家文化中的"经世"思想不仅重视理论知识，更强调将理论应用于社会治理和现实生活中，服务于民众的福祉。同时，墨家的思想也鲜明地体现了"经世致用"的理念。墨子反对空谈，强调实用与功利，他主张通过实践来验证真理，并要求知识为社会的实际需求服务。墨家主张"兼爱"和"非攻",这不仅是一种理论,更是他所倡导的对社会问题的解决方案。墨子通过自己的学说与实践,推动社会变革和改革,强调知识应为大众带来实实在在的利益。墨家的思想代表了古代中国重视实际功效的文化传统,这种理念为后世的实践导向型学术提供了重要启发。

道家思想虽然崇尚自然无为,但也包含了对实际问题的独特解读和应用。老子主张"道法自然",强调人与自然的和谐共处,这一理念在实践中体现为人与自然之间的共生关系。道家的"无为而治"并非消极放任自流,而是强调顺应自然规律,以最少的干预达到最佳的治理效果。这一思想对古代的农业生产、生态保护等领域产生了重要影响。在现代社会,随着环境问题的日益严峻,道家的"经世致用"思想在生态保护、可持续发展等方面得到了广泛认可和应用。法家强调依法治国,主张通过法律制度来实现社会的秩序和稳定。韩非子认为,治国理政必须依靠法律,而法律应当适应社会的实际情况,以实现最大的治理效果。法家的经世致用思想体现在其对现实问题的强烈关注,强调通过制度化的管理手段来解决社会中的各种矛盾与问题。这种强调实践的思想为中国古代社会的法治建设奠定了基础,也为现代社会的法治发展提供了历史借鉴。

中国古代的四大发明——指南针、火药、造纸术和印刷术,都是通过实践探索和实际需求推动发展的成果。古代学者不仅关注理论的创新,更注重其在现实生活中的应用价值。无论是医学、农业、建筑,还是天文、地理等领域,中国古代的科技成就都体现了"经世致用"的文化特质,强调知识的实用性和对社会的贡献。这种重视实用的精神推动了中国古代科技的不断进步,也为世界文明做出了卓越贡献。中国古代的科举制度正是这一思想的具体体现,科举不仅考查考生的学术才能,更关注其对社会问题的认知和解决能力。通过科举选拔出的官员,不仅要具备高尚的道德品质,还要有实际治理社会的才能和方法。科举制度的设置,使得有志于经世致用的学者能够通过实际行动为国家和社会作出贡献,从而实现知识与实践的高度统一。

(四)重视伦理规范

中华优秀传统文化的一个核心特征是对伦理规范的高度重视,这种重视体现在社会的各个层面。儒家思想将伦理规范视为社会和谐的重要基础,提出了"仁、义、礼、智、信"的伦理体系。孔子强调"仁者爱人",主张通过仁爱、正义来约束个人行为，维护社会的秩序和稳定。礼作为伦理规范的重要组成部分，不仅规定了个人在社会中的行为准则，也为社会等级秩序提供了保障。儒家通过将伦理规范内化为个体的道德责任，使个人与社会之间形成了紧密的伦理联系，确保了社会的有序运转。不仅如此，道家虽然主张顺应自然、无为而治，但同样包含了对伦理规范的关注。道家强调人与自然、人与人之间的和谐关系，这种和谐本质上也是一种伦理规范。道家认为，人类不应过度干预自然或彼此，遵循自然法则才能实现真正的和谐。道家的伦理观念在生态文明和环境保护方面具有现实意义，强调人与自然的共存是一种伦理责任，这种责任要求人类在发展经济的同时注重对环境的保护与尊重，维护整体的和谐与平衡。

墨子提倡平等、无差别的爱，反对狭隘的亲疏观念，认为所有人都应当享有平等的伦理待遇。墨家的伦理观不仅强调个人之间的平等爱与责任，也主张通过伦理规范来消除社会矛盾，避免战争与暴力。墨子的伦理观念体现了对社会公平和正义的追求，特别是在面对社会不公时，通过伦理规范的调整可以实现更广泛的社会和谐。法家虽然以法律为主要治理工具，但在法家思想中，伦理规范同样起到了重要作用。法家强调通过严格的法律制度来确保社会的公正与秩序，这种法律的背后，实质上是对伦理规范的另一种形式化体现。法律不仅是对个人行为的约束，也是确保整个社会遵循公平正义原则的伦理规范。法家认为，个人的行为必须在法律和道德的框架内进行，任何违反伦理规范的行为都必须受到惩戒。这种通过法律形式体现伦理规范的做法，使法家在古代社会治理中发挥了重要的作用，并对现代法治社会的建设提供了有力的理论支持。

从中华文化的整体来看，伦理规范不仅仅局限于家庭内部的道德要求，还扩展至社会治理、人与自然的关系等多个领域。中华文化中的"家国同构"思想强调，家庭中的伦理关系是社会伦理的缩影，孝道作为家庭伦理的核心不仅塑造了家庭成员之间的关系，也成为国家治理的道德基础。个人的伦理责任不仅体现在对家庭成员的关怀与孝敬，还体现在对国家的忠诚与社会的贡献。这种重视伦理规范的文化传统，使得中国社会长期保持了相对稳定的社会结构，伦理规范成为社会运转的基本准则。中华文化中的伦理规范不仅具有约束性，还具有激励性。通过鼓励个人追求道德上的完善，伦理规范在中华文化中扮演了引导个体行为的积极角色。古代的君子之道、圣贤之学无不体现了对个人道德修养的重视，这种追求道德完善的文化氛围，激励了无数代人通过自律与修身来实现个人价值与社会责任的统一。伦理规范因此不仅是对个人行为的外在约束，也是实现自我提升和社会贡献的内在驱动力。

（五）崇尚理想人格

儒家思想高度重视个人的道德修养和人格培养，孔子提出的"君子"理想正是儒家对理想人格的具体体现。君子不仅要具备仁义礼智信等道德品质，还需在生活中践行这些价值，以身作则、修身养性。孔子强调"君子坦荡荡，小人长戚戚"，要求人们追求高尚的道德情操和正直的行为方式。这种对理想人格的崇尚不仅是个人自我修养的目标，也是对社会伦理和道德秩序的维系。老子的"圣人"形象是道家对理想人格的诠释，圣人不追求名利权势，而是顺应自然，保持内心的宁静与淡泊。道家认为，理想人格的最高境界在于无为而治，即通过与自然和谐共存来实现内心的自由与超脱。这种对内心平和、超然物外的追求，使得道家理想人格与儒家的外在行为规范相辅相成，共同构成了中国古代对理想人格的多元化理解。道家思想的这种人格理想，影响了无数后人对个人内在精神境界的追求，尤其在现代社会的快速发展中，道家的理想人格依然具有重要的现实意义。

墨家的理想人格则体现在其对社会责任和公正公平的高度追求上。墨子提倡"兼爱非攻"，强调理想人格应超越个人利益，追求更广泛的社会公正和人类幸福。墨子的"义士"形象是他对理想人格的具体表达，义士不仅要在道德上坚守正义，还需积极为社会弱势群体发声，追求平等与公正。墨家对理想人格的这种崇尚在当时的社会背景下具有强烈的革命性，鼓励人们以广泛的爱与社会责任感为出发点，实践道德理想，为社会的和谐与公平奋斗。法家的理想人格是"治国者"，即能够严明法律、维护社会秩序的人。韩非子强调，理想的人格应该具备冷静、理智的品质，能够无私地执行法律和规章制度，确保社会的公平和正义。法家虽然强调外在的法律约束，但对理想人格的追求在于治理者要摒弃个人私欲，严格依照法律行事，以实现社会的稳定与和谐。法家对理想人格的这种要求在古代中国的国家治理中起到了重要作用，并在现代社会的法治建设中继续发挥影响。

中华文化对理想人格的崇尚还表现在对"修齐治平"这一人生目标的追求上。无论是儒家的"君子"还是道家的"圣人"，最终都要求个人能够通过自我修养达到服务社会、造福人民的境界。个人的人格修养并不是封闭的，而是与家庭、社会、国家相连的。通过修身养性，个人能够在家国的层面上实现自身的价值，这种对理想人格的追求既是个人成就的体现，也是对社会贡献的升华。理想人格成为中国古代社会政治、伦理、文化等多方面的核心。科举制度作为选拔人才的重要途径，不仅考查考生的学术才能，还注重其道德修养。通过科举进入仕途的学者，必须具备高尚的品德和为社会服务的精神。这种强调人格与才能并重的教育制度，体现了中国古代对理想人格的持续追求和重视。现代社会中的教育理念仍然受到了这一传统的深刻影响，要求学生在学业成绩之外，更要具备良好的品德和社会责任感。

第三节　中华优秀传统文化的价值作用

中华优秀传统文化在当代社会发挥着重要的价值作用，首先，它为人们提供了道德规范和行为准则，帮助个人建立良好的价值观。其次，这些文化元素促进了社会的和谐发展，增强了人们的凝聚力与认同感。此外，传统文化的传承与发展，为创新提供了丰富的资源，激励着现代文化创意产业的繁荣。最后，通过文化教育，优秀传统文化培养了青年一代的责任感与使命感，为国家的可持续发展注入了精神动力。

一、中华优秀传统文化的历史作用

（一）中华文明的核心内核

中华优秀传统文化是中华文明的核心内核，贯穿了整个中华民族的发展进程。首先，中华文明之所以能够在数千年中历经磨难而不断延续，离不开其内在文化力量的支持。儒家思想作为文化的主流，提出了"仁、义、礼、智、信"等道德规范，这些价值观不仅塑造了个人行为的准则，也为社会制度的形成提供了基础保障。儒家所倡导的"家国同构"理念，将个人、家庭与国家紧密联系在一起，使得中华文明在面对外来冲击时能够保持强大的凝聚力和向心力。道家思想则为中华文明提供了另一种重要的内核，它强调"天人合一"的理念，提倡人与自然的和谐共处。老子的"道法自然"不仅影响了古代的哲学思维，还渗透进了社会生活的各个层面。道家思想在塑造中国人的生活态度上起到了至关重要的作用，强调顺应自然、无为而治，使得中华文明在发展中注重平衡与调和。这种哲学观念帮助中国社会在面对复杂局面时，能够保持柔韧而不失稳健，形成了独特的文化特质。

墨子的思想强调对社会公平正义的追求，主张爱无差别、反对战争，这种思想在中国古代的动荡时期起到了平衡社会利益的作用。而法家则通过法律的严格实施来维系社会秩序，强调权力和责任的明确界定。法家思想为中华文明的政治体制提供了坚实的理论依据，使得社会能够在制度化的框架下实现有序治理。中华优秀传统文化中的伦理道德思想也为社会的稳定与发展提供了基础。孝道文化在儒家思想的倡导下成为社会伦理的重要组成部分，强调对长辈的尊敬和对家庭的责任感。这种文化规范深深植根于中国人的内心世界，形成了代际传承和社会道德规范的核心内容。在这种伦理观念的引导下，家庭关系被视为社会关系的缩影，使得社会结构稳定且具备持久的生命力。中华文明通过这种独特的家庭文化体系，不仅维持了内部的和谐，也为外部的国家治理提供了借鉴。

中华文明的内核还体现在其高度包容和吸收外来文化的能力上。在几千年的发展历程中，中华文化多次与外来文明接触，如佛教的传入和本土化便是典型例子。佛教在传入中国后与本土的儒道文化相融合，形成了具有中国特色的宗教文化形态。这种包容性使得中华文明不仅能够抵御外部冲击，还能通过吸收新元素而不断丰富和完善自身。这种文化上的开放与包容为中华文明的长期发展提供了源源不断的动力，使其在全球文明体系中占据重要地位。中华优秀传统文化的核心内核还在于其强调知识与实践的结合。古代中国通过"经世致用"的思想，将文化与实际生活紧密结合，重视学以致用。这种理念不仅体现在教育制度如科举考试中，也体现在科技、农业、医学等领域的不断创新与进步。四大发明的产生，正是这种实践精神的结晶，推动了全球历史进程的发展。中华文明的内核始终强调通过知识的应用来推动社会进步，这种务实的文化特质为世界文明的繁荣做出了巨大贡献。

（二）世界文明的独特贡献

中华优秀传统文化在世界文明史上做出了独特且深远的贡献，影响了全球多个领域的发展。中国古代的"四大发明"——指南针、火药、造纸术和印刷术，不仅推动了中国历史的进步，也为世界文明的发展提供了重要的技术支持。指南针的发明为航海探索和地理发现提供了关键工具，火药改变了战争的模式，造纸术和印刷术则极大推动知识的传播。这些科技成果成为中西文化交流的重要媒介，促进了东西方文明的互动和融合，也为欧洲的文艺复兴提供了技术基础。中华文化对世界的另一大贡献体现在哲学思想和伦理观念的传播上。儒家思想中的"仁义礼智信"道德规范，以及"修身齐家治国平天下"的伦理体系，不仅塑造了中国的社会结构，也为东亚和东南亚地区的国家治理提供了范式。儒家思想中的重视家庭、社会和国家的和谐统一观念，对日本、韩国、越南等国家产生了深远影响。儒家的伦理思想成为这些国家社会行为和文化制度的重要依据，帮助它们在历史发展中形成了各自的文化特色。

老子的"道法自然"理念影响了后世许多国家的哲学和文化思潮。道家强调的顺应自然、无为而治的思想，对西方的环保理念和生态哲学产生了启发作用。在当代全球气候危机日益严峻的背景下，道家思想中的生态智慧受到越来越多的关注和重视。世界范围内的环保行动中，越来越多的人认识到人与自然和谐相处的重要性，这正是道家思想对世界文明的一种独特贡献。墨子提倡的"兼爱非攻"思想主张通过广泛的爱与和平解决社会冲突，这种理念为后世的和平运动和人权运动提供了思想依据。墨家对平等与公正的追求，突破了血缘和阶级的限制，成为全球道德伦理发展的重要参考。在今天，墨子的"非攻"思想被视为反战和平思想的重要源泉，在国际社会追求和平共处的过程中具有重要的借鉴意义。

韩非子的法治思想，强调通过法律手段维持社会秩序，为现代法治社会建设提供了早期的理论基础。法家要求个人行为在法律框架内进行，这与现代法治国家的基本原则相契合。法家的治国理念不仅在中国历史上具有重要意义，也为世界其他国家的法治建设提供了参考，尤其是在东亚地区，法家的法律思想对政治制度的构建产生了持久的影响。不仅如此，中华文化对世界的贡献还体现在饮食文化、医学、艺术和建筑等领域。中国的茶文化、丝绸之路、汉字书法等，均成为世界文明的重要组成部分。中国传统医学中的针灸和草药疗法，作为独特的医疗体系，在全球范围内获得了广泛的应用。无论是在医学、艺术还是建筑领域，中华文化的创新和精髓不断融入世界文明的洪流，成为人类共同的文化遗产。

在中国历史上，曾多次出现不同文化、宗教和民族的融合现象，例如佛教传入中国并与本土的儒道文化结合，形成了具有中国特色的佛教思想体系。这种文化上的包容性，不仅促进了中华文明的自身发展，也为世界其他文明提供了相互学习和交流的模式。中国的丝绸之路不仅是一条贸易路线，更是一条文化交流的桥梁，连接了东西方不同文明，促进了人类的共同进步。

二、中华优秀传统文化的时代价值

（一）实现中华民族伟大复兴的精神支撑

中华文化中所蕴含的自强不息、厚德载物的精神，是推动民族复兴的内在动力。在几千年的历史长河中，中华民族经历了无数风雨考验，但始终保持着旺盛的生命力，正是因为优秀传统文化中所强调的坚韧不拔、勇于进取的精神一直激励着中华儿女。无论是面对外来侵略，还是经历国内的动荡变迁，中华民族始终能够在困难中挺立，并在一次次挑战中涅槃重生，这背后离不开优秀传统文化的精神支持。同时，儒家文化中提倡的家国情怀和责任意识，也为实现中华民族伟大复兴提供了重要的道德引领。儒家"修身齐家治国平天下"的理念，强调个体修养与国家命运的紧密联系，将个人奋斗与国家富强结合在一起，形成了强大的集体意识和爱国情怀。这种文化特质至今依然深深影响着当代中国人的思想与行为，成为推动国家发展的重要精神动力。

道家文化中所倡导的"天人合一"思想为现代中国的可持续发展提供了重要的哲学指导。道家强调的顺应自然、尊重自然的理念，正契合了当今世界对环境保护和可持续发展的迫切需求。中华优秀传统文化中所蕴含的这些智慧，为中国在现代化进程中处理经济发展与环境保护的关系提供了有力支持，使中华民族的复兴具备了可持续性与长远发展的基础。中华传统文化中的兼容并蓄、包容开放的精神，为中国融入全球化时代创造了有利条件。在实现伟大复兴的过程中，中国不仅要站在世界舞台的中心，还需要与世界各国进行广泛的交流与合作。中华文化的包容性使其能够吸收外来文明的精华，与其他文化相互交融，形成了独具特色的文化体系。这种包容开放的态度，不仅有助于增强国家的文化自信，还为中国与世界其他国家共同构建人类命运共同体奠定了文化基础。中华文化所倡导的和平、和谐与共赢理念，正是当今世界急需的价值观。

中华优秀传统文化中的民族精神和集体主义观念，激发了中华民族强大的凝聚力。在复兴的道路上，团结是最为重要的力量源泉。中华文化中的"天下大同""协和万邦"等理念，强调了人际和谐、社会和谐以及国家和谐的重要性。这种集体主义观念使得中华民族在面对外部压力时，能够迅速凝聚成强大的合力，共同应对挑战。这种精神不仅在历史上帮助中华民族渡过难关，在今天的复兴进程中同样扮演着重要角色,确保中华民族在全球化的竞争中始终保持团结和前进的动力。

(二) 推进中国式现代化建设的文明底蕴

中华优秀传统文化为推进中国式现代化建设提供了深厚的文明底蕴。儒家思想中的"以人为本"理念为现代化建设中的人本发展提供了核心思想支撑。儒家强调"民为邦本",认为国家的繁荣与发展离不开人民的幸福与福祉。这种"以人为本"的理念深深影响了中国的现代化路径,使其在经济快速发展的同时,始终把改善民生、提升人民生活质量作为重要目标。这一思想不仅体现在国家的发展战略中,也贯穿于各项政策的制定与实施中,确保现代化进程中的每一步都关注到人的全面发展与社会的共同进步。道家思想中的"天人合一"理念为生态文明建设提供了重要的哲学基础。在中国式现代化的过程中,如何处理好经济发展与环境保护的关系,是一个重要的课题。道家强调顺应自然、尊重自然的思想,倡导人与自然的和谐共存,这为当今中国的绿色发展理念提供了深厚的文化支持。在现代化建设中,中国注重通过可持续发展路径,避免走西方工业化过程中"先污染后治理"的老路。这种注重生态与发展的平衡,体现了中华文化中对自然规律的尊重与智慧,为全球生态文明建设贡献了中国经验和智慧。

墨子主张通过广泛的爱来实现社会的和谐与稳定,强调人人平等、共享社会资源。这种平等和大爱的观念为现代化中的社会公平与正义提供了思想依据。在中国式现代化进程中,国家积极推动共同富裕,通过精准扶贫、缩小城乡差距等举措,确保发展成果惠及所有人群。这种包容性发展模式,不仅是对中国传统思想的继承,也是对当代社会公平正义的回应。韩非子的"以法治国"理念强调通过法律制度来维持社会的秩序与稳定。现代化建设需要健全的法律制度和高效的治理能力,法家的法治观念与当代法治社会的建设目标高度契合。中国在推进现代化的过程中,始终坚持依法治国,建立健全法律体系,推动社会的有序发展与国家的长治久安。法家思想中的重法治、重秩序,为中国现代治理体系的完善提供了重要的文化资源,确保在经济快速增长的同时,社会也能保持高度的稳定和公平。

中华文化历来强调包容与共存,尊重不同文化和思想的差异。这种文化多样性观念为中国在全球化进程中构建现代化提供了重要的文化底蕴。中国式现代化并非简单地照搬西方模式，而是融合了自身的文化传统与现实国情，形成了具有中国特色的发展路径。这种对外来文化的包容与创新，使中国能够在与世界其他文明的交流中，不断吸收优秀的文化成果，并在全球化浪潮中保持自身的文化独立性与自信心。此外，中华传统文化中的集体主义和责任意识为中国式现代化建设提供了社会凝聚力。儒家"修齐治平"的家国情怀深刻影响了中国社会的集体意识，个人的奋斗不仅是为了个人的成功，更是为了国家的繁荣与社会的和谐。这种强烈的社会责任感使得现代化过程中，个人与国家、社会之间形成了紧密的联系。每一个个体都通过自身的努力为国家的现代化贡献力量，同时国家也为个人的发展提供保障。这种相互依存的关系是中国式现代化能够在短时间内取得巨大成就的关键所在。

（三）进一步全面深化改革的文化根基

中华优秀传统文化为进一步全面深化改革提供了坚实的文化根基，确保改革的顺利推进和可持续性。儒家思想中的"中庸之道"提供了改革中平衡与稳健推进的哲学指导。中庸强调在面对复杂问题时不偏不倚，主张稳步前进、审慎决策。这一思想在中国的改革进程中体现为注重协调各方利益，避免激进的变革路径，确保社会稳定与发展。改革需要审时度势，而中庸思想正是为全面深化改革提供了智慧，使得中国能够在复杂的国际环境和多样化的社会需求中，找到一条平衡与进步的道路。儒家思想中强调的"修身齐家治国平天下"理念为深化改革中的国家治理和社会建设提供了道德指引。儒家主张个体道德修养与国家治理紧密相连，要求通过提升个体的道德水平来推动社会进步。这一思想在改革中表现为对治理者的高道德要求和对廉政建设的重视。通过廉政反腐和干部队伍建设，改革能够更加有力地推动社会公平与正义。儒家文化中的责任意识和集体利益观念，帮助塑造了国家与民众的良好互动，为改革的深入推进提供了道德基础和政治支持。

道家思想中的"无为而治"理念也为全面深化改革提供了重要的哲学支撑。道家提倡顺应自然、减少人为干预，这为改革中的政府职能转变和简政放权提供了文化依据。现代社会中，如何通过简政放权、减少行政干预、释放市场活力，成为改革的重要内容。道家"无为而治"的思想正契合了这一改革方向，强调通过减少过度干预让市场和社会自我调节，从而实现更大的发展潜力。这种思想在中国的改革中得以实践，推动了经济结构的优化和市场机制的完善。此外，墨家所倡导的"兼爱非攻"思想为改革中的社会公平和弱势群体保护提供了思想基础。墨子主张通过广泛的爱和社会责任感来解决社会矛盾，强调关注弱势群体的需求。这一思想对深化改革中的社会福利、医疗、教育等领域的制度建设提供了重要参考。在改革过程中，如何确保经济发展成果惠及所有人群，尤其是缩小城乡差距、缩小贫富差距，成为改革的核心任务之一。墨家思想中的"兼爱"理念为社会政策的制定和实施提供了文化支持，使改革更加注重包容性和公平性。

韩非子强调通过法律来治理国家，确保社会秩序的稳定和公平。在全面深化改革过程中，法治是改革得以顺利推进的根本保障。通过完善法律体系，确保各项改革政策能够依法执行，法治思想成为保障改革成果的重要文化基础。法家思想强调法律面前人人平等，这与当代社会法治精神相吻合，为推进改革中权力运行的规范化和透明化提供了有力支持，确保改革在法治轨道上稳步前进。中华优秀传统文化中的"以人为本"理念在改革中得到了广泛体现。无论是儒家提倡的"仁政"思想，还是墨家"兼爱"理念，均强调以人民的福祉为核心。中国的全面深化改革过程中，一切改革措施都围绕着提高人民的生活质量、提升社会的幸福感展开。这种以人为本的理念确保了改革不仅是为了追求经济增长，更是为了满足人民对美好生活的向往。通过不断改善民生、推动社会公平，中华传统文化中的民本思想在改革进程中发挥了不可替代的作用。中国自古以来注重兼容并蓄，吸收外来文化和思想，并将其融入自身发展过程中。这种文化包容性使得中国在改革开放的进程中，能够有效借鉴全球经验，学习其他国家的发展模式，同时结合自身的国情，形成了独特的改革路径。这种开放性和包容性为中国的深化改革提供了灵活性与创新能力，确保在全球化的背景下，改革能够保持独立性和创造力。

（四）坚定文化自信的突出优势

中华优秀传统文化在坚定文化自信方面展现了独特的优势，为当代中国提供了强大的精神支撑。中华文化历史悠久、博大精深，积淀了几千年的文明成果，使得中华民族拥有深厚的文化底蕴。自古以来，中华文化通过儒家、道家、墨家、法家等思想体系的共同发展，形成了独具特色的哲学体系和伦理道德规范。这种深厚的文化传承不仅丰富了中华民族的精神世界，也为今天的文化自信提供了坚实的根基。中华文化的持续性和独特性，使中国在全球文化格局中拥有不可替代的地位。中华优秀传统文化所蕴含的思想智慧，为现代社会提供了解决现实问题的重要思想资源。无论是儒家的"仁义礼智信"，还是道家的"天人合一"，这些思想在今天依然具有强大的现实意义。它们不仅为个人的道德修养提供了方向，也为国家的治理和社会的发展指引了路径。通过传统文化的智慧，中国能够在面对现代化进程中的复杂挑战时，找到适合自身的发展道路，这正是文化自信的重要体现之一。中华文化中的智慧为社会提供了持续的思想支持，增强了民族在全球化进程中的文化认同感。

中国自古以来就注重吸收外来文化，通过与其他文明的交流不断丰富自身的文化内容。从汉唐时期的丝绸之路，到近现代的改革开放，中国始终保持着开放的心态，与世界各国共享文化成果。这种包容性使得中华文化在全球化背景下，既能保有自身的独特性，又能兼容并蓄，不断焕发出新的活力。正是这种文化上的包容与开放，使得中国能够在全球文化竞争中保持自信，推动中华文化在国际舞台上获得更多的认可与尊重。中华优秀传统文化强调的集体主义和社会责任感，为当代中国社会的团结与和谐提供了重要的文化基础。儒家提倡的"修齐治平"思想，将个人修养与国家发展紧密联系在一起，强调个人责任与社会福祉的统一。这种集体意识和社会责任感，使得中国在推动经济发展的同时，能够保持社会的和谐与稳定。通过传承和发扬这种文化价值观，现代中国在全球化和现代化的进程中，展现出强大的凝聚力和发展动力，为文化自信奠定了坚实的基础。

法家思想中的"依法治国"理念，也为中国文化自信的构建提供了制度保障。法家强调通过法律来维持社会的秩序与公正，这一思想为现代中国的法治建设提供了重要的理论支持。在当代社会，法治已成为社会公平正义的重要保障，中国通过健全的法律体系，确保社会的稳定与和谐。这种法治观念不仅是国家治理的重要支柱，也成为增强文化自信的重要内容之一。通过法治建设，中国展示了现代国家治理的先进性，增强了国际社会对中国文化的认同和尊重。中国自古以来就强调"经世致用"，注重将学术知识应用于实践。这种务实创新的精神促使中华民族在科技、农业、医学等领域不断取得突破。从四大发明到今天的高科技创新，中华文化始终以务实创新的态度面对世界。这种源于传统文化的创新精神，不仅推动了中国的现代化进程，也增强了中华民族的文化自信，使得中国在全球创新领域占据了重要地位。

三、中华优秀传统文化的德育价值

（一）德育资源价值

中华优秀传统文化蕴含着丰富的德育资源，对当代德育工作具有重要的价值和意义。儒家思想中的"仁义礼智信"构成了德育的重要伦理框架，提供了德育内容的社会主义核心价值观。仁义礼智信强调人与人之间的和谐相处，培养学生的道德品质和社会责任感。这种道德观念不仅帮助学生在日常生活中建立正确的价值观，也为学校的德育工作提供了具体的行为准则和教育目标，使得德育更具实践性和指导性。中华文化中"修身齐家治国平天下"的理念为德育工作提供了长远的教育目标。儒家认为，道德修养不仅关乎个人的成长，更是关系到家庭和社会的和谐。通过道德教育，学生不仅能够提升自我修养，还能承担起对家庭、社会乃至国家的责任。这一思想在德育工作中得到了广泛应用，培养学生成为具有社会责任感、家庭责任感和国家使命感的合格公民，使得德育目标更加全面、立体。

道家思想中所提倡的"天人合一"也为德育资源提供了新的维度。这一思想在现代德育中，能够帮助学生树立生态伦理观念，培养其环保意识和可持续发展的责任感。在全球气候变化和环境问题日益严峻的背景下，道家生态思想为学校德育内容的拓展提供了深刻的哲学基础，使得德育工作更具时代意义。墨子提倡通过广泛的爱与和平来实现社会和谐，这种理念不仅适用于历史上的社会治理，也对现代德育工作具有重要的启示意义。通过教育学生"兼爱"与"非攻"的理念，学校可以培养学生的和平意识、宽容精神和全球视野，帮助他们在多元文化背景下与他人和谐共处。这种理念为当代德育工作提供了国际化的视角，培养具有宽广胸怀和博爱精神的新一代。

法家思想中"依法治国"的理念也为德育工作提供了制度化的德育资源。法家强调通过法律来规范行为，维持社会的公平与正义，这与现代社会法治教育的需求高度一致。在德育工作中，学校可以借鉴法家"以法治人"的思想，通过法治教育帮助学生树立法治观念，培养其尊重法律、遵守法律的意识。这一理念不仅使德育工作具有了更强的操作性，也为构建法治社会培养了具备法律意识的公民。中华优秀传统文化中提倡的集体主义和责任感也为德育价值提供了深厚的文化基础。儒家所强调的"先天下之忧而忧，后天下之乐而乐"的集体主义精神，培养了个人为集体、为国家服务的使命感。学校可以通过传承这种集体主义精神，引导学生树立正确的价值观和人生观，将个人的发展与国家的命运紧密相连。这种德育资源不仅帮助学生理解个体与集体、个人与国家的关系，还为塑造其社会责任感提供了深厚的文化支持。

（二）德育模式价值

儒家主张通过长期的教化和潜移默化的影响来培养人的道德品质，强调"有教无类"，即每个人都应接受道德教育。这种通过榜样示范、环境熏陶的德育模式，为当代学校教育中的德育工作提供了科学的途径。通过言传身教，学生可以在日常生活中逐渐内化道德规范，形成健全的道德观念和价值判断能力。儒家认为道德修养应当从自身做起，个人的自我修炼和自我提高是德育的根本。在当代教育中，这种从个体出发，强调自我约束和自我提升的模式，帮助学生形成自我管理能力和责任意识。通过引导学生从内在修炼自身的道德品质，德育工作不仅可以帮助学生树立正确的价值观，还可以增强其自律意识和自我调节能力，使学生能够在未来生活中具备更强的道德应对能力。

道家主张不强求，不过分干预，这种德育观念启发了现代教育中的个性化德育模式。在当代教育体系中，尊重学生个体的差异性、因材施教成为德育的重要原则。道家思想提醒我们，德育工作应根据学生的不同性格、兴趣和发展阶段进行个性化引导，避免一刀切的教育模式。通过个性化的德育方式，教育者可以更有效地培养学生的道德意识，帮助他们在适应社会的过程中找到适合自己的道德行为方式。墨家思想中的"兼爱"理念则为德育模式的包容性和普遍性提供了重要参考。墨子主张无差别地爱人，强调每个人都应该得到公平对待。这种包容性为当代德育提供了"德育平等"的观念，即每个学生都应当在教育中享有同等的道德成长机会。无论是性别、地域、家庭背景，教育者都应一视同仁地对待每个学生，给予其平等的教育资源和道德培养机会。墨家的这一思想为当代德育中的公平性问题提供了深刻的启示，使得德育工作更具包容性和公正性。

法家强调法律的威慑力，通过明确的规则和奖惩制度来维护社会秩序。现代德育可以借鉴这一思想，在德育过程中注重规则教育和制度建设。通过设立清晰的行为准则，学生能够明确道德底线，遵守学校的规章制度，培养法治意识。法家的这一模式提醒我们，德育不仅需要通过情感的培养和思想的教化，还应通过制度化的规范手段来约束学生的行为，使其养成遵纪守法的意识。中华优秀传统文化中的集体主义思想同样为当代德育模式提供了集体教育的思路。儒家文化强调个体与集体的和谐统一，主张个人应当为集体、为社会做出贡献。在当代德育中，集体教育模式通过集体活动、团队合作等形式，培养学生的集体意识和社会责任感。学生能够认识到个人发展与集体利益的紧密联系，学会如何在集体中发挥作用、承担责任。这种集体主义的德育模式，不仅增强了学生的合作能力，也为社会培养了有担当的公民。

（三）德育经验价值

中华优秀传统文化积累了丰富的德育经验，这些经验在当代德育工作中仍然具有重要的借鉴意义。儒家文化中"润物细无声"的德育经验强调通过潜移默化的方式影响学生的道德成长。孔子主张"因材施教"，认为每个学生都有其独特的道德发展路径，教师应根据学生的特点进行个性化引导。这一经验在当代德育中启示我们，德育不应局限于课堂说教，而应通过日常生活中的言传身教、榜样示范，逐步培养学生的道德意识和行为习惯。这种长期的、渐进的德育方式能够帮助学生在无形中内化道德观念，提升道德素质。古代中国，家庭被视为德育的第一课堂，孝道文化贯穿于家庭生活的各个方面，家长的言行对孩子的道德教育起到了关键作用。这种"家教"与"学校德育"相结合的模式提醒现代教育工作者，在德育工作中应充分发挥家庭的作用，通过家校合作，共同引导学生树立正确的道德观念。家庭作为学生成长环境的重要部分，其德育功能不仅是传统经验的延续，也在现代教育中扮演着不可替代的角色。

儒家强调道德修养与实际行动相结合，要求学生在学习道德知识的同时，积极践行道德行为。这一经验在当代德育中具有重要的启发意义，现代学校教育不仅应向学生传授道德知识，还应通过社会实践、公益活动等形式，让学生将所学的道德理念转化为实际行动。通过实践，学生能够更加深刻地理解道德观念，并将其内化为长期的行为习惯。儒家经验中的"知行合一"理念为现代德育实践提供了有效的操作路径，确保德育的实效性。道家思想中的"无为而治"理念为德育的自然性与宽容性提供了有益经验。道家主张顺应个体的天性，尊重学生的自然发展过程，避免过度干预和强制性教育。这种"因势利导"的德育经验启发我们，在当代德育工作中，应更多关注学生的个体差异，尊重其独特的成长规律。

过度的压制和灌输式的道德教育可能适得其反，而通过宽容、耐心引导，学生在相对自由的环境中更容易形成自主的道德意识。这种尊重学生个性发展、减少外界干预的经验，为当代教育中的个性化德育提供了宝贵的思想参考。

墨子提倡平等相待、广泛的爱与合作，这种经验对现代德育具有重要的借鉴意义。在当今的多元化社会背景下，如何培养学生的平等意识、包容精神，如何让学生具备全球视野和广泛的社会责任感，成为德育工作的重要课题。墨家经验中的"兼爱"理念为解决这一问题提供了有益思路，通过引导学生学会尊重他人、关心社会，现代德育能够培养出具有博爱精神和社会责任感的公民。法家所倡导的"法治教育"经验为现代德育工作中的纪律规范和规则意识提供了启示。法家强调通过法律和制度来规范个人行为，维持社会秩序。这一经验提醒我们，德育不仅要关注学生的道德修养，还应通过制度化的规则教育，培养学生的法律意识和纪律观念。在现代德育中，学校可以通过设立明确的行为准则、奖惩制度，引导学生遵守纪律、尊重规则。这种"以法育德"的经验使德育工作更加有序化、制度化，为培养守法公民提供了有效的路径。

第二章 德育视域中高校中华优秀传统文化传承体系建构的机遇与挑战

德育视域中高校中华优秀传统文化传承体系的建构既面临着宝贵的机遇，也伴随着诸多挑战。随着国家对传统文化传承的重视，高校拥有政策支持和丰富的资源，能够将优秀传统文化融入德育教育，培养学生的文化自信。然而，现代社会的多元化和全球化趋势使学生的价值观多样化，给传统文化的传承带来了一定的冲击和挑战。如何在保持文化本质的同时创新传承方式，成为构建这一体系的关键课题。

第一节 德育视域中高校中华优秀传统文化传承体系建构的机遇

德育视域中高校中华优秀传统文化传承体系建构迎来了重要的机遇。随着国家对文化传承的高度重视，高校在政策支持和资源配置方面得到有力保障，能够系统性地推进传统文化融入教育。此外，信息化时代的到来为文化传播提供了更多创新手段，使得传统文化在高校德育中的渗透更加多样化和高效化。与此同时，新时代的学生对民族文化的认同感逐渐增强，也为传承体系的构建提供了良好的社会基础。

一、文化强国的战略政策

（一）政策支持下的文化传承发展契机

文化强国的战略政策为高校中华优秀传统文化的传承提供了前所未有的发展契机。近年来，国家出台了一系列政策文件，明确要求高校将中华优秀传统文化纳入教学体系，并为此提供了强有力的政策支持。诸如《中华优秀传统文化传承发展工程实施方案》等政策文件，为高校设定了明确的文化传承方向，鼓励高校在课程设计、教学实践中融入传统文化元素。这些政策的出台不仅为高校提供了具体的行动指南，还从战略层面上确保了中华文化在高等教育中的延续和发展。国家政策的支持不仅体现在文化传承的指导方向上，还在资源和资金的配置上给予了极大支持。高校在传统文化传承体系的建设中，面临着大量的资源需求，包括师资力量的引进、课程的开发、实践基地的建设等。通过国家的政策扶持，很多高校获得了专项资金支持，得以在校园内开展传统文化相关的教育项目。无论是设立中华文化课程、举办传统文化讲座，还是建设传统文化体验中心，国家的支持为高校落实这些具体举措提供了坚实的物质基础。

国家在鼓励高校传承中华优秀传统文化的过程中，强调结合现代教育理念和技术手段，实现文化的创造性转化与创新性发展。高校在具体的教学实施中，可以充分利用现代化的教学工具，如互联网平台、虚拟现实等科技手段，将传统文化知识以更加直观、互动的方式传授给学生。这种政策支持下的创新路径，为传统文化的传承注入了新的活力，使其在新时代具有了更强的生命力和吸引力。政策的保障不仅局限于高校内部的教学，还体现在高校与社会资源的有效对接上。国家通过政策引导高校与博物馆、文化遗产保护单位等社会机构建立合作机制，搭建起了文化传承与社会服务的桥梁。这种协作模式使得高校的文化传承体系不仅限于课堂教学，而是延伸至更广泛的社会实践，帮助学生在真实的文化场景中深刻理解中华文化的内涵。这种社会资源的整合，也为高校传统文化的教育创造了更加丰富的实践机会。

文化传承是一个长期的过程，需要持续投入和细致规划。国家政策通过设立阶段性目标，确保高校能够有序推进文化传承工作。高校可以根据国家的政策框架，制定自身的文化发展规划，合理分配资源，确保每一阶段的目标都能得到落实。这种有规划、有步骤推进方式，使高校在文化传承中能够形成稳定的体系，确保中华优秀传统文化在高校教育中的深入推广与长效传承。中华优秀传统文化本身蕴含着丰富的德育资源，国家政策支持下的高校文化传承，不仅是知识层面的传授，更是在德育层面上推动学生的品德修养和价值观念的形成。通过将传统文化与德育内容相结合，高校能够在学生中植入爱国主义、责任意识、社会担当等社会主义核心价值观，使文化传承成为德育教育的重要途径。这种德育与文化传承的双向融合，正是在政策推动下得以实现的，为高校德育工作提供了更加深厚的文化基础。

（二）德育与文化传承相结合的教学体系优化

高校在文化强国战略政策的引领下，能够通过构建以德育为核心的传统文化传承体系，实现教学模式的优化。中华优秀传统文化中蕴含的道德观念为高校德育提供了丰富的素材，儒家、道家、法家的思想均能够为当代思想政治教育注入新的活力。将这些传统文化中的道德理念融入德育课程，不仅可以提升学生的道德修养，还能增强他们对中华文化的认同感，帮助学生在更深层次上理解和内化文化精髓。将德育与传统文化传承相结合的教学模式，能够让德育课程更具吸引力和实践性。传统的德育课程往往局限于理论灌输，难以让学生产生深刻共鸣。然而，通过引入中华优秀传统文化中的经典哲学思想，如儒家的"仁义礼智信"、道家的"天人合一"、法家的"依法治国"等，能够使德育课程变得更加丰富多元，促使学生从不同的文化维度思考道德问题，进而在日常生活中自觉践行道德行为。这种多元化的教学内容，能够有效提高学生的参与度和学习兴趣。

德育与文化传承的结合，还能够为高校构建全方位的教育体系提供支持。高校可以将德育理念贯穿于各个学科教学中，通过跨学科的方式促进学生对传统文化的全面理解。例如，在历史课程中，通过学习古代历史事件来体会传统文化中的忠孝仁义；在文学课程中，通过阅读经典作品感悟文化中的道德教化作用。这种将德育融入全校教学体系的方式，能够打破学科之间的壁垒，促进学生在多元文化环境中建立起全面的道德价值观，确保文化传承和德育目标的深度融合。在这种优化的教学体系中，高校还可以通过开展实践活动，进一步促进德育与传统文化传承的融合。仅依靠课堂教学难以实现德育目标的全面达成，而实践活动则为学生提供了将道德理念付诸实践的机会。例如，学校可以组织传统文化节、公益活动、文化遗产保护项目等，通过这些活动引导学生在实际生活中践行所学的传统文化理念。通过实践活动，学生不仅能加深对文化的理解，还能在实践中提升道德修养，形成德育与文化传承相辅相成的良好循环。

德育与文化传承相结合的教学模式，不仅能够培养学生的道德品质，还能增强他们的文化认同感和自信心。随着全球化的发展，许多学生容易受到外来文化的影响，逐渐丧失对自身文化的认同感。通过将中华优秀传统文化融入德育教学，高校能够帮助学生重新认识并珍视中华文化的独特价值。通过学习传统文化中的道德观念，学生可以更好地理解中国文化的深厚底蕴，从而增强文化自信。这种文化自信不仅能使学生在全球化背景下坚定自身文化立场，还能让他们成为中华文化的传播者与实践者。传统文化中强调的道德责任、家国情怀以及社会担当，正是当代社会所需要的社会主义核心价值观。通过这种德育与文化传承的结合，学生在接受高等教育的过程中，不仅能提升学术水平，还能建立起正确的道德价值体系，为未来走向社会奠定坚实的道德基础。

（三）文化软实力提升与国际化交流的机遇

作为培养青年人才的关键场所，高校不仅承担着教育和研究的任务，也承担着推动中华优秀传统文化走向世界的责任。首先，通过与海外教育机构的合作，高校可以将中华文化的精髓传播到全球各地。中外高校之间的学术交流与合作，已成为现代高等教育的重要组成部分。这种合作不仅能够推动科学和技术领域的共同进步，还为文化领域的传播与互动提供了良好的平台，使中华优秀传统文化得以在国际上更加广泛地传播。许多高校已经通过文化交流项目，将中国的传统节日、文化艺术、历史哲学等介绍给海外学子。通过举办国际文化节、文化讲座、学术研讨会等形式，高校不仅可以展示中华文化的丰富内涵，还可以通过直接的互动和体验，让海外学生深入感受中国文化的独特魅力。这种文化传播方式不再局限于语言上的传授，而是通过参与式的活动，让外国学子在体验中感受中国文化的精髓，从而提升中国的文化影响力。

通过为留学生提供丰富多样的文化课程，高校能够让来自世界各地的学生系统学习中国的历史、哲学、艺术、文学等传统文化内容。这些课程不仅有助于留学生更好地理解中国，还能够使他们在未来成为中华文化的传播者与使者。通过与中国的紧密接触，这些学生在回国后不仅会带回中国的文化知识，还会将这种文化传播到更广泛的国际社会中，成为中华文化软实力的重要推动者。高校有必要培养学生具备跨文化交流的能力与全球视野。通过文化强国战略，高校不仅可以推动中国文化的传播，还能够与世界其他国家的文化进行对话和互动。这种国际化的德育体系，不仅有助于培养学生的文化认同感，还能够增强他们在国际交流中的文化自信，使其在多元文化环境中保持对中华文化的坚定信念。这种国际化德育模式，为高校教育质量的提升和学生全球竞争力的增强提供了重要支持。

通过推动中华文化的国际传播，高校可以提升中国文化在国际上的话语权。这种文化软实力的提升，不仅是国家文化强国战略的具体表现，也是中国在国际事务中发挥更大影响力的关键。高校作为人才培养的基地，可以通过培养具备全球视野和文化自信的学生，进一步增强中国在国际舞台上的文化形象和软实力影响力。无论是在文化领域的合作交流，还是在其他国际事务中，拥有文化自信和跨文化理解能力的青年人才，将成为中国在全球事务中不可或缺的桥梁与纽带。文化软实力的提升和国际化交流还为中国文化的创新与发展提供了新的动力。通过与海外教育机构的合作与交流，高校可以吸收世界其他文化的优秀成果，并在此基础上不断创新和丰富自身的文化内容。中华优秀传统文化的传承不仅是静态的，更是动态的发展过程。通过与世界文化的对话与融合，中国文化可以在继承优秀传统的同时，与现代世界接轨，形成具有时代特征的文化新形态。这种文化创新，不仅有助于提升中国文化的全球竞争力，也为全球文化的多样性和繁荣做出贡献。

（四）创新与科技融合的文化传承新路径

在文化强国战略的推动下，科技创新为高校的传统文化传承带来了全新的契机。数字化技术的迅速发展为传统文化的传播与保存提供了强有力的支持。通过将大量古籍、文献和文化资源数字化，高校能够将珍贵的传统文化遗产保存下来，并通过互联网向更广泛的受众进行传播。这不仅突破了传统文化传播的时空限制，还使得学生能够随时随地获取相关文化内容，极大提升了传统文化的可及性和普及度，推动了文化传承的现代化转型。与此同时，虚拟现实技术的应用为传统文化的教学提供了更加生动、立体的学习体验。高校可以通过虚拟现实将学生带入古代文化场景，让他们亲身感受古代生活、建筑、艺术等文化元素的魅力。无论是通过虚拟游览历史遗址，还是通过虚拟重现传统节日庆典，虚拟现实技术不仅增加了学习的互动性，还帮助学生更直观、更深刻地理解传统文化内涵。这种沉浸式的学习方式极大地激发了学生的学习兴趣，使得传统文化的教育变得更加有趣和富有吸引力。

人工智能可以通过大数据分析、智能推荐等技术手段，帮助学生在学习传统文化时，根据其兴趣、学习习惯和知识水平，量身定制个性化的学习方案。例如，智能学习平台可以根据学生的学习进度和兴趣点，推荐相关的文化内容，帮助学生在学习过程中实现更高效、更有针对性文化吸收。这种科技与教育的深度融合，极大地提升了文化教育的效果，为文化传承注入了科技的创新活力。通过运用社交媒体、在线平台、移动应用等现代技术手段，学生能够更加便捷地参与到传统文化活动中。例如，高校可以开发与传统文化相关的互动游戏、线上问答、直播课堂等，鼓励学生通过参与互动活动来学习和传播传统文化。这种科技赋能的文化传承模式，不仅符合现代大学生的学习习惯，还能够通过广泛的互动和参与，提升学生对传统文化的认同感和归属感。

高校可以借助科技平台，与博物馆、文化遗产保护机构等文化机构建立线上互动合作，共同推动传统文化的传承与保护。例如，通过在线展览、数字化博物馆等形式，高校学生不仅能够在线了解和学习传统文化，还可以通过参与文化保护项目，增强自身的文化责任感和使命感。这种高校与社会文化机构的深度合作，不仅丰富了文化传承的路径，还增强了学生对文化传承的参与度和实际体验感。科技与传统文化传承的融合，还为文化的创新与发展提供了广阔的空间。通过科技手段，高校能够将传统文化与现代艺术、科技产品等进行有机结合，创造出具有时代特色的文化表达方式。例如，将传统的书法、绘画、民间艺术等与数字艺术、动画等现代艺术形式相结合，能够帮助传统文化在现代社会中焕发出新的生命力。这种创新性的文化表达方式，不仅能够吸引更多年轻人关注和参与到文化传承中来，还能够使传统文化在现代社会的传播过程中更加贴近当代人的审美和兴趣。

科技赋能的文化传承模式，还能够为国际文化传播提供新的契机。通过数字化技术、虚拟现实等手段，高校能够将中华优秀传统文化更加高效地传播到全球各地。无论是通过线上文化课程，还是通过数字化的文化体验，全球的学生和文化爱好者都可以更加便捷地接触和了解中华文化。这不仅有助于提升中国文化的国际影响力，也为高校在文化传承过程中推动文化软实力建设提供了强有力的技术支持。

（五）培养文化传承人才的广阔空间

文化强国战略的实施为高校培养文化传承人才提供了前所未有的广阔空间。高校在这一过程中，借助国家政策的支持，可以设立相关的专业和课程，专门培养那些既拥有深厚传统文化知识，又掌握现代传播手段的复合型人才。这种人才的培养不仅有助于提升中国文化的软实力，还能够为中华优秀传统文化的进一步传承和创新提供源源不断的智力支持。通过这些专业课程的设置，高校在文化强国战略的推进中起到了至关重要的作用，为社会输送了大批具备文化传承能力的高素质人才。高校通过搭建创新性的传承平台，可以更好地挖掘和培养文化传承人才。例如，在传统文化的教学中，除了理论知识的讲授，高校还可以结合实践，开设诸如非物质文化遗产保护、传统艺术创新等方向的课程。通过这样的课程安排，学生不仅能深入了解传统文化的精髓，还能在实践中掌握如何将这些传统文化在现代社会中进行创新性转化与传播。这种结合理论与实践的教育模式，为高校在培养文化传承人才方面开辟了更加广阔的空间，使得学生能够在多元化的学习中增强自身的文化修养和应用能力。

随着现代传播技术的不断发展，高校可以借助数字技术、人工智能和互联网平台等现代工具，培养学生在文化传承中的应用能力。这不仅为传统文化的传播提供了新的载体，也为文化传承人才的培养提供了更加丰富的学习资源。通过掌握数字化传播手段，学生能够将传统文化内容更有效地传递给受众，尤其是在全球化背景下，这类具备跨文化传播能力的人才将成为推动中华优秀传统文化走向国际舞台的重要力量。现代科技与传统文化结合的教学模式，极大拓宽了文化传承人才的成长空间，使他们能够在更加广阔的文化平台上发挥作用。高校还可以借助与文化机构、企业、政府部门等多方合作，共同为文化传承人才提供实习和就业机会。通过这样的合作机制，学生在校期间就能参与到实际的文化项目中，从而积累丰富的实践经验。这不仅有助于学生在毕业后顺利进入文化领域工作，也为他们在文化产业中发挥创造力奠定了坚实的基础。通过这种人才培养体系，高校为文化强国战略的实施提供了强大的智力支持，使得更多的优秀文化传承人才得以涌现，推动中华文化在更广泛的领域中获得应用和弘扬。

通过设立专项基金、提供科研项目等多种形式，国家为高校在文化传承方面的研究与教育提供了广阔的政策保障。高校可以通过这些支持，进一步深化文化传承人才的培养方案，不仅关注传统文化知识的传授，还注重培养学生的创新能力和跨领域合作能力。这样的人才培养模式，使得学生不仅能在传统文化领域中发挥作用，还能在文化产业、国际文化交流等多个领域中大展拳脚，推动文化的多样性发展和跨领域应用。高校还可以通过举办各种文化交流活动和比赛，发现并培养更多具有文化传承潜力的学生。通过组织传统文化比赛、文化创意大赛、艺术展示等活动，学生能够在实践中展示自己的文化才能，并通过这种方式获得更多的文化传承机会。这不仅为学生提供了展示自我的平台，还激发了更多学生对传统文化的兴趣和热情。高校能够挖掘更多具备文化传承意识和能力的学生，为国家文化传承储备更多的后备力量。

二、协同育人的现实需求

（一）高校与社会力量的协同合作

文化传承不仅是高校的职责所在，社会各界的力量同样不可或缺。博物馆、文化遗产保护机构、社区文化组织等社会机构可以成为高校传承中华优秀传统文化的重要合作伙伴。通过这些机构与高校的协同合作，学生不仅能够在课堂上学习到传统文化知识，还能通过丰富的实践项目、文化活动以及展览等方式加深对传统文化的理解与体验。这种社会与高校的合作模式，不仅扩展了文化教育的场域，也为高校的德育内容注入了更加丰富多彩的元素，使得学生的文化教育不再仅仅局限于书本，而是深入到实际生活与社会中。博物馆中保存的历史文物、文化遗产保护机构对非物质文化遗产的传承和修复技术，都是高校难以单独拥有的宝贵资源。通过与这些机构的合作，高校可以组织学生参观博物馆、参与文化遗产保护项目，让学生在接触真实历史遗存和文化传承的过程中，亲身体验传统文化的魅力。这种深度的合作为学生的学习提供了实践的平台，使得中华优秀传统文化的教育内容更加具体和生动。

许多社区在日常生活中仍然保留着丰富的传统文化活动，例如节庆习俗、民间工艺等。这些活态文化资源为高校传承中华文化提供了鲜活的素材。通过与社区文化组织合作，高校可以组织学生深入社区，参与到传统文化活动中，体验节日庆典、参与非遗技艺的传习。这种从社区中汲取文化养分的方式，不仅能让学生切身体会到传统文化的生命力和传承方式，还能增强他们对本土文化的归属感和认同感。这种协同合作的模式还能够推动高校与社会在文化传承方面的双向互动。高校不仅通过社会力量丰富了自身的文化教育内容，同时也能够将校园中系统化、理论化的文化知识反哺给社会。通过组织讲座、文化展示等活动，学生可以将所学的传统文化知识向社会传播，推动社区文化教育的发展。这种互动模式，不仅让高校在文化传承中发挥了教育作用，也使社会成为文化传播的共同推动者，形成了全社会共同传承中华优秀传统文化的良好局面。

通过参与社会文化项目，学生可以更加深入地理解文化保护的重要性，并在实践中提高自身的动手能力和组织协调能力。特别是在非物质文化遗产的保护和传承过程中，学生能够亲身参与到文化修复、文化推广等工作中，切实感受到文化传承的责任感。这种实践与理论相结合的教育模式，有助于学生将德育内容内化为自己的价值观，增强他们在社会中的道德担当和文化传承意识。每个社会机构在文化传承上有着不同的侧重点和特色。通过与不同类型的社会机构合作，高校能够为学生提供更加丰富多样的学习内容。例如，博物馆注重历史物证的展示与解读，文化遗产保护机构则强调非遗的活态传承，而社区文化组织更注重文化的日常应用与实践。多元化的文化传承途径使得学生可以从不同的角度认识、学习中华优秀传统文化，丰富了他们的文化体验，也提升了文化教育的实效性。

（二）高校与家庭教育的协同发展

高校如果能够与家庭紧密协同，共同开展德育工作，不仅可以加深学生对中华优秀传统文化的认知，还能有效提升其道德素养。家庭作为学生最初的教育环境，对学生价值观和文化认同的塑造起到了至关重要的作用。高校通过与家庭合作，可以将学校中传授的传统文化知识延展到家庭生活中，使学生在家庭中也能感受到中华文化的熏陶，从而增强文化认同感。这种校内外联动的方式，使得德育工作不再局限于校园，更加立体化、多维度影响学生的文化传承与道德成长。高校可以通过定期组织文化讲座、家庭文化日等活动，邀请家长与学生共同参与。这不仅能让家长更好地理解高校的德育目标，还能为家长提供学习和传承中华优秀传统文化的机会。通过这样的合作，家长在家庭生活中可以更有意识地引导学生理解和实践文化理念，从而在日常生活中建立起良好的文化传承氛围。学生在校内学习的文化知识与家中的文化实践相互配合，将有助于深化对文化的理解和内化，促进学生全面发展。

通过制定一系列家庭文化学习计划，高校可以引导家长和学生共同完成文化传承任务。例如，设计家庭亲子阅读中国古典文学作品的任务，或者参与传统手工艺制作活动。这些学习项目不仅可以增进家长与学生之间的情感联系，还可以通过家庭共同参与的方式，将传统文化融入家庭生活的每个细节。学生在家庭中的文化体验，将与高校的德育教育形成良性互动，帮助他们在不同的生活场景中感受到中华文化的博大精深，进而培养起更加牢固的文化归属感。高校与家庭教育的协同发展能够有效弥补家庭教育中可能存在的文化传承不足。随着社会的发展，许多家庭在日常教育中可能更多关注学业成绩，而忽视了文化与道德教育的重视程度。高校可以通过系统化的德育课程和文化活动，为家长提供正确的文化教育引导，帮助家庭在文化传承方面承担更多的责任。家长通过参与高校组织的德育活动，可以了解到如何在日常生活中更好地培养学生的文化认知和道德素养，从而在家庭中发挥更加积极的文化教育作用。

这种家庭与学校的协同育人，不仅为学生提供了多重文化教育资源，还为高校德育工作的开展创造了更为广阔的空间。在传统文化的传承过程中，家庭生活中的文化氛围、价值观念和道德教育，能够与学校的教育内容形成有效互补，促使学生在多元环境下接触、学习和实践中华优秀传统文化。学生通过在校内学习到的知识，回到家庭后在生活中进一步践行和巩固，形成一个完整的文化传承闭环。这种多维度的协同育人模式，能够更好地帮助学生在日常生活中深入理解文化内涵，并在家庭与学校的双重作用下实现德育目标。家庭与高校的协同合作，还能够增强德育教育的长效性与持续性。学生在高校的学习时间毕竟有限，但家庭的教育是伴随其一生的。通过培养家长在家庭生活中的文化传承意识，高校实际上为学生未来的长期发展奠定了基础。家长在家庭中对传统文化的尊重和实践，能够让学生在离开校园后，继续保持对中华文化的热爱和认同感，形成良好的文化认知与道德修养。这种长期的文化影响力，将有助于学生在未来的人生道路上，继续践行传统文化中的社会主义核心价值观，成为中华文化的传承者与践行者。

（三）学科之间的协同融合

在高校推动中华优秀传统文化的传承过程中，学科之间的协同融合至关重要。首先，将传统文化内容融入不同学科的教学中，有助于丰富学生的文化认知。例如，通过学习古代诗词和散文，学生可以感受到中国文字的美感与思想深度；学生可以通过了解中华文明的发展脉络，加深对传统文化的时代背景和历史演变的理解。这种跨学科的文化教育，不仅能帮助学生在不同领域中更好地理解文化的内涵，还能增强他们的文化认同感和自豪感。与此同时，哲学与传统文化的结合也是学科协同的重要方面。哲学课程中的儒家、道家、法家思想，蕴含了深厚的文化智慧和道德教化内容。通过将这些哲学思想引入课堂教学，学生能够更加系统地学习传统文化中的核心理念，形成更加深刻的道德认知和思辨能力。这种学科协同的教育方式，可以让学生在哲学的理论框架下，感受到中华文化思想的博大精深，进而增强文化自信。

艺术学科的参与也为中华优秀传统文化的传承提供了新的维度。通过艺术课程中的传统绘画、书法、音乐等内容，学生能够在感性层面上体会到中华文化的独特艺术魅力。艺术不仅是一种文化的表现形式，更是文化传承的重要载体。将艺术教育与德育相结合，能够激发学生的创造力，提升他们对中华文化的认同与热爱。这种跨学科的协同，不仅能丰富文化传承的手段，还能为学生提供更加多元的学习体验。学科之间的协同融合，不仅仅是简单的知识叠加，而是通过整合不同学科的优势，构建出一个完整的德育体系。通过这种多维度的教育，学生能够从文学、历史、哲学、艺术等多种角度，深入理解中华优秀传统文化的丰富内涵，形成全面的文化认知。这种跨学科的教育模式，有助于提升学生的综合素养，推动文化传承与多元知识教育的有机结合，为培养具备深厚文化素养的新时代人才奠定基础。

（四）校企合作的协同育人

通过与文化产业、传媒企业等建立合作机制，学生能够更好地将课堂上学习的中华优秀传统文化知识与实际产业需求相结合。这样的校企合作，不仅能够帮助学生掌握现代文化产业中的实践技能，还能让他们在真实的工作场景中学会如何将传统文化进行创造性转化和创新性发展。这种与企业的合作关系，为学生的学习提供了宝贵的实践平台，使得他们在文化传承的同时也具备了现代产业所需的能力和素养。企业的参与为高校的文化教育提供了更多的资源支持。文化产业和传媒企业拥有丰富的实践经验和专业设施，能够为学生提供更为具体和实际的学习机会。例如，通过参与企业的项目开发，学生可以学习如何将传统文化元素融入现代影视作品、广告设计或文化产品中。这种真实的工作体验，不仅使学生对传统文化的理解更加深入，还让他们看到文化与商业价值的结合点，从而为文化的广泛传播和应用提供了新的思路。

企业的参与能够帮助高校了解当下文化产业的发展趋势和人才需求，从而调整和优化课程设置，确保学生的学习内容紧贴实际行业需求。这种合作使得文化传承人才的培养不再是单纯的学术训练，而是具备了更加实际的应用导向，推动学生将学术知识转化为社会效益。通过这样的培养模式，学生不仅能够在文化领域中发挥作用,还能在更广泛的社会领域中推动中华优秀传统文化的传承与创新。校企合作有助于实现文化与产业的双向发展。高校通过培养具备传统文化知识和现代传播技能的复合型人才,为企业提供了更多高素质的专业人才;而企业则通过与高校的合作,获得了更多优秀的创意和文化资源,从而推动企业自身的发展。中华优秀传统文化不仅得到了更广泛传播与应用,还通过产业的创新发展焕发出新的生命力,实现了文化与产业的相互促进与共同繁荣。

(五)国际化与本土化的协同推进

随着全球化的不断深入,国际文化交流的频率和深度逐步增加,高校在传承中华优秀传统文化的过程中,能够通过国际合作有效推动其对外传播。首先,通过与国外高校、文化机构的合作,高校可以搭建起国际化的文化交流平台,将中华传统文化介绍给更多的海外受众。通过这样的跨文化合作,学生不仅能够拓宽自己的全球视野,还能将中华文化的精髓通过各种形式传播到世界各地。这种文化传播不仅加强了中国文化在全球范围内的影响力,还为学生提供了更多的国际化学习机会。同时,在推动国际化文化交流的过程中,高校可以充分结合本土化的文化教学,确保中华文化的核心价值不被削弱。通过扎实的本土文化教育,学生可以对中华文化有更为深刻理解和认同,从而在与国外文化的对话中保持自信和独立性。高校可以通过开设与传统文化相关的课程和实践活动,帮助学生在全球化语境中理解并传播中华文化。这种本土化与国际化相结合的教学模式,既确保了文化的传承深度,又增强了文化的自信心,使学生在国际交流中能更加有效地传播中国文化。

国际化与本土化的协同推进,还能帮助高校培养具备跨文化沟通能力的文化传播人才。通过国际文化交流项目,学生不仅能够学习到不同文化的精髓,还能学会如何在不同的文化环境中灵活运用中华文化资源。这种双向互动的学习模式,不仅提升了学生的跨文化理解力,还让他们学会如何在多元文化背景下传播中华优秀传统文化。高校通过这种协同育人模式,能够为国家培养出一批既具备国际视野,又具有深厚文化根基的高素质人才。中华文化的传播不仅限于国内的教学,还通过与国际机构的合作,广泛传播到海外。这种文化的全球推广,不仅增加了中国文化在世界范围内的认知度,也提升了中国在国际文化领域的影响力。通过国际化的交流与合作,高校在文化传播中的作用日益重要,成为增强中国文化软实力的重要推动力。

三、未来发展的广阔前景

随着全球化进程的不断推进，中华优秀传统文化在国际舞台上的影响力日益增强。高校作为文化传承与创新的重要载体，在这一过程中扮演着不可或缺的角色。未来，随着国际化和全球文化交流的不断深化，高校将迎来更加广阔的发展前景，为中华优秀传统文化的全球传播和发展提供了重要契机。全球化背景下，中华优秀传统文化的国际影响力逐步提升，越来越多的国家和地区对中国文化展现出浓厚兴趣。随着中国的综合国力不断增强，世界对中国的关注不再仅仅局限于经济和政治领域，中华文化的独特魅力也逐渐被世界所认可和接受。高校可以借助这一有利形势，通过设立国际文化交流项目，向全球展示中华优秀传统文化的深厚底蕴和独特价值。例如，国际学术会议、文化节等活动为高校提供了平台，向世界传递中华文化中的哲学思想、文学经典和艺术瑰宝。这不仅促进了文化的交流与互动，也有助于提升中国在全球文化领域的软实力。

随着留学生规模的不断扩大，高校成为了中华文化国际传播的重要桥梁。越来越多的外国学生来到中国留学，为中华优秀传统文化的传播提供了天然的契机。高校可以通过将中华文化课程融入留学生的教育体系中，让更多外国学生在学习中文的同时，深入了解中华文化的核心价值观。通过丰富的文化体验活动，如书法、武术、茶艺等传统技艺的学习与体验，增强留学生对中华文化的兴趣和认同感，使他们成为中华文化传播的使者。与此同时，中国高校也可以通过海外办学、学术合作等方式，将中华文化带到更多的国际校园，进一步扩大其国际影响力。信息化技术的发展为中华优秀传统文化的全球传播提供了前所未有的机遇。互联网技术的普及打破了地域和时间的限制，为文化的跨国传播提供了更加便利的渠道。高校可以利用现代信息技术，通过在线课程、虚拟展览、社交媒体等多种形式，将中华文化传播到全球各个角落。例如，利用慕课（MOOC）平台，开设中华文化相关的课程，让全球的学习者都能轻松接触到中华传统文化的精髓；通过数字化展览，让更多人能够"走进"中国的博物馆、历史遗迹，感受中华文化的辉煌与厚重。这种信息化手段不仅降低了传播成本，还大大提高了传播的覆盖面和影响力。

与西方主流文化相比，中华文化所蕴含的儒家思想、和合理念、天人合一的哲学观念，具有强大的吸引力，特别是在当今强调多元化与可持续发展的全球背景下，中华文化的包容性与和谐思想愈发显示出其普世价值。高校可以通过推动跨文化研究和对话，促进中华文化与其他文化体系的相互借鉴与融合，从而推动中华优秀传统文化在全球语境下的创新性转化。通过文化间的对话和合作，中华文化不仅能够保持其独特性，还能吸收其他文化的精华，焕发新的生机。同时，高校在促进中华优秀传统文化的国际化发展中，肩负着培养具备全球视野和跨文化沟通能力的学生的责任。未来的发展要求高校在课程设置和教学模式上进行创新，培养学生不仅能够深刻理解中华文化的内涵，还能具备跨文化的交流能力和国际化的视野。通过组织国际交流项目、设立海外实习基地等方式，帮助学生在实践中提升跨文化能力，成为中华文化的传播者和传承者。

随着"一带一路"倡议的持续推进，高校可以积极参与文化外交，推动中华文化在沿线国家和地区的传播与发展。"一带一路"沿线国家拥有丰富的文化资源和历史传统，与中华文化有着深厚的历史渊源。高校可以通过文化交流项目，推动中华优秀传统文化与沿线国家的文化交流与合作，深化彼此的文化理解，促进文明互鉴。例如，开展孔子学院合作项目、组织文化交流访问团等形式，既可以增强中国与"一带一路"国家之间的文化纽带，又可以为中华文化的创新与发展提供新的灵感和素材。

第二节 德育视域中高校中华优秀传统文化传承体系建构的挑战

在德育视域中，高校中华优秀传统文化传承体系的建构面临多重挑战。全球化背景下，西方文化的强势影响使得部分学生对中华传统文化的认同感逐渐削弱，文化传承面临阻力。高校在传承方式上仍存在形式单一、内容浅显的问题，未能有效激发学生的深层兴趣与思考。信息化时代的碎片化传播方式使传统文化的核心价值和思想内涵在传播过程中容易被简化甚至误读，进一步增加了传承的困难。

一、复杂多变的外部环境

(一) 全球化带来的文化冲击

全球化进程的加速带来了各国文化的频繁交流与碰撞,特别是西方文化在全球范围内的广泛传播,给中华优秀传统文化的传承造成了不小的冲击。作为全球化的参与者,现代高校学生在日常学习和生活中不可避免地受到西方文化的影响。西方的生活方式、价值观念以及流行文化通过各种渠道渗透进来,对学生的思维方式和生活态度产生了潜移默化的影响,这无形中削弱了他们对本土文化的认同感,给中华优秀传统文化的传承带来了前所未有的挑战。西方文化的强势传播使得高校学生在文化认同上出现了矛盾与分化。西方文化尤其是以个人主义、自由主义为核心的价值观,凭借其自由、开放的特质,吸引了大量年轻人。与此同时,中华传统文化强调的集体主义、家庭观念以及礼仪规范,在某种程度上被视为"过时"或"拘束",不符合当代年轻人的审美和生活方式。这种文化上的差异让部分学生在面对多元文化时,难以深刻理解中华优秀传统文化的内涵,甚至产生排斥心理。这种现象反映了全球化背景下,文化碰撞带来的认同危机,使得高校在进行传统文化传承时,必须更加重视学生的文化自觉与文化自信的培养。

西方流行文化通过多种媒介形式渗透到学生的日常生活中,进一步加剧了传统文化传承的困难。好莱坞电影、欧美音乐、电子游戏以及社交媒体上的西方文化符号,借助信息技术的便捷传播,几乎随时随地影响着学生的文化消费习惯。在这样的环境中,传统的中华文化表现形式显得较为"古老"和"沉闷",无法与现代化、快节奏的西方文化形成有力的竞争。这种文化消费的偏移,使得年轻一代逐渐远离中华传统文化的核心价值,难以产生深刻的文化认同。这一趋势对高校而言是一个严峻的挑战,如何通过创新的教学方式和文化活动,让中华文化重新焕发活力,成为学生生活的一部分,是当前亟待解决的问题。同时,全球化不仅带来了文化的交流与融合,也使得一些西方文化的负面影响在高校学生中蔓延。西方的消费主义、享乐主义以及一些极端的个人主义思想,容易与中华传统文化所强调的节俭、责任和集体意识产生冲突。这种思想上的对立,使得部分学生在面对传统文化的教育时,产生了逆反心理,认为传统文化过于保守和不符合时代精神。长此以往,学生可能在思想上更加疏远中华优秀传统文化的核心价值观,从而阻碍了文化的有效传承。

面对全球化带来的文化冲击，高校在传承中华优秀传统文化时，必须更加注重学生的文化认同感和文化自信心的培养。首先，高校应加强对中华传统文化的系统性教育，不仅要教授历史和知识，更要帮助学生理解传统文化背后的精神内涵和时代价值。例如，通过课程设置，将儒家思想、道家智慧等中华文化精髓与现代社会问题相结合，让学生感受到传统文化在当代仍然具有现实意义和指导价值。通过这种深入的文化教学，高校可以帮助学生在多元文化的冲击下，找到自身文化的立足点，增强对中华文化的认同感和自豪感。此外，高校可以通过创新的文化传承形式，使中华优秀传统文化在年轻群体中更具吸引力。例如，通过将传统文化与现代科技相结合，利用虚拟现实、增强现实等技术手段，创造沉浸式的文化体验，帮助学生更直观地感受传统文化的魅力。同时，学校可以利用新媒体平台，制作富有创意的传统文化内容，通过短视频、直播等形式，吸引更多学生的关注，让中华文化在他们的日常生活中占据更重要的位置。

（二）数字化和信息化的冲击

信息技术的迅猛发展彻底改变了教育的方式，尤其是数字化和信息化手段的广泛应用，为文化的传播和教育提供了极大便利。然而，随着数字技术渗透进高校教育系统，文化传承也面临了前所未有的复杂性挑战。高校的学生通过互联网接触到海量信息，虽然这些信息传播速度快、覆盖面广，但内容往往偏向于浅显、表层化，缺乏深度和文化内涵，与中华优秀传统文化所要求的深度思考和历史沉淀形成了鲜明对比。这种现象对高校在德育视域下的文化传承体系构建带来了巨大的挑战。现代学生通过智能设备获取信息时，往往依赖于社交媒体、短视频、新闻摘要等渠道，接触到的内容通常是碎片化和速食化的。这样的获取方式导致学生缺乏对深层次文化内容的系统性理解，尤其是在中华传统文化的传承中，经典著作、哲学思想和历史沉淀需要经过长期的积累和深入的解读，而碎片化的阅读习惯让学生很难投入足够的时间和精力去深入理解和领会这些内容的精髓。这种阅读方式使得学生对文化的认识停留在表面，削弱了他们对中华文化的深层次认同感和情感共鸣。

在信息化的环境中，信息的传递往往追求简洁、直接和即时满足，这与中华传统文化中的深思熟虑、耐心积淀形成了鲜明的对比。例如，中华传统文化中的经典著作，如《论语》《道德经》以及《史记》等，需要学生在阅读时投入大量时间和思考，才能领会其深刻内涵和哲理。而快餐文化的兴起，使得学生更倾向于选择快速消费的文化产品，如短视频、娱乐节目等，这些文化产品往往以娱乐性为主，缺乏对学生思想深度的引导和启发。这种文化消费习惯的变化，给高校在推进中华优秀传统文化的传承过程中带来了极大的挑战，尤其是在激发学生对传统文化的学习热情方面。同时，数字化手段虽然为文化传播提供了广阔的平台，但也使得文化传承的过程更加复杂。互联网技术的发展，尤其是自媒体、短视频平台的兴起，使得每个人都可以成为信息的传播者。虽然这种开放性为文化的多样性传播提供了机会，但也带来了信息质量的参差不齐和文化内涵的稀释。例如，许多有关中华传统文化的内容在传播过程中，容易被简化为娱乐性、感官刺激为主的内容，文化的核心价值和思想内涵往往被忽略。这种现象不仅影响了文化的深度传承，还可能误导学生对中华传统文化的理解，甚至产生错误的文化认知。

信息化技术的发展还带来了一种"过度依赖"的问题，学生习惯于通过网络获取信息，逐渐丧失了自主思考和深入探究的能力。中华传统文化的学习需要通过反思、体悟来进行，而现代学生往往因为过度依赖技术手段，缺乏主动学习的动力和探究深刻文化内涵的兴趣。这使得高校在德育过程中，面临着如何通过创新的方式引导学生回归思考、感悟传统文化精髓的挑战。为应对这些挑战，高校在构建德育视域下的中华优秀传统文化传承体系时，必须积极应对信息化和数字化带来的冲击。首先，高校应通过创新教育模式，充分利用现代信息技术的优势，如线上课堂、虚拟现实、互动式教学等手段，将中华优秀传统文化融入到现代学生的生活和学习中去。通过数字化平台的合理运用，高校可以将深厚的传统文化内容通过趣味性和互动性强的方式呈现出来，增强学生的参与感和学习兴趣。在快餐文化盛行的背景下，学校应通过德育教育，培养学生对中华文化的敬畏感和责任感，帮助他们认识到中华优秀传统文化的独特魅力和深厚价值，避免过度依赖浅显的、表层的文化消费。同时，学校可以组织学生参与传统文化的深度学习和实践活动，通过亲身体验，增强对中华文化的感知力和理解力。

（三）多元价值观的冲突与挑战

现代社会中的多元价值观呈现出复杂多样的特点，高校学生在这一环境中面临着各种思想和观念的碰撞。这种现象在全球化的加速和信息技术的飞速发展背景下变得愈加明显，学生们不仅接触到来自不同文化背景的价值观念，还不断受到西方自由主义、功利主义等思潮的影响。在这样的多元价值体系中，如何引导学生坚守中华优秀传统文化的价值观，成为高校德育教育中的一个重要且艰巨的任务。多元价值观的普遍存在让部分学生在文化认同上产生了困惑和迷茫。与中华优秀传统文化提倡的集体主义、责任意识和道德修养不同，现代社会中的许多价值观，如个性自由、功利主义和消费主义，往往更契合当代年轻人追求自我表达、即时满足的需求。个性自由强调个体的独立性和自主性，而忽视了集体和社会责任，这与中华传统文化中的家国情怀、群体意识形成了明显的对立。这种矛盾使得部分学生在追求个性自由的同时，逐渐淡化了对中华文化核心价值观的认同。这种价值观的冲突不仅使得学生在文化自觉上陷入困境，也为德育教育的有效性带来了挑战。

功利主义主张通过追求个人利益的最大化来衡量行为的价值，这与中华传统文化中的道德修养、仁义礼智信等核心理念相背离。在现代高校中，部分学生在选择学业、职业和生活路径时，更倾向于追求个人的物质利益和成功，而忽视了社会责任和集体利益的承担。这种价值观念的盛行削弱了学生对中华传统文化中"修身齐家治国平天下"的深刻理解，进而影响了学生在德育中的道德认知和责任感的培养。与此同时，面对多元价值观的冲击，高校德育教育面临着如何帮助学生在多元文化中寻找正确方向的难题。现代社会的开放性和信息化使得学生有机会接触各种思想流派和文化观念，这虽然丰富了他们的视野，但也增加了价值选择的复杂性。高校在德育过程中，需要引导学生理解并尊重不同文化背景和价值观的同时，坚定中华优秀传统文化的核心价值观。这不仅要求教师在课程设计中要注重对中华文化内涵的深刻讲解，还需要通过具体的实践活动帮助学生体验传统文化的魅力。例如，通过组织国学讲座、文化节等活动，让学生亲身感受中华文化的精神内核，培养他们对本土文化的认同感。

高校德育还需要在多元价值观冲突中构建学生的批判性思维能力。面对多元文化的冲击，学生需要具备辨别和选择价值观的能力。德育教育不仅要教授中华传统文化的知识，更要帮助学生建立判断和反思的能力，使其能够在面对各种价值观时，做出符合中华优秀传统文化精神的判断。通过批判性思维的培养，学生可以更加理性地看待现代社会中的各种价值观念，从而在复杂多变的环境中坚守中华文化的价值体系。此外，德育教育还应帮助学生理解和实践中华优秀传统文化中的核心价值观，如仁爱、忠义、诚信、礼仪等。这些价值观在现代社会中依然具有重要的现实意义。高校可以通过社会实践、志愿活动等形式，引导学生在实际行动中践行这些传统文化中的道德理念。通过这种方式，学生不仅能够加深对传统文化的理解，也能够在实践中形成道德责任感和社会担当精神。这种体验式的德育教育能够帮助学生在多元价值观的冲击下，建立起牢固的中华文化认同。

二、快速发展的新技术

（一）技术与传统文化教学的融合难题

新技术的迅速发展，特别是人工智能、虚拟现实等技术的应用，为教育领域带来了新的机遇与革新。然而，在高校的德育视域下，如何将这些先进技术与中华优秀传统文化教学内容有机融合，成为了一个复杂而紧迫的难题。传统文化注重历史积淀和人文内涵，而新技术则追求高效性和即时性，这两者之间的差异给文化传承的方式带来了前所未有的挑战。传统文化教学本质上依赖于沉淀和深入理解，而新技术的应用往往倾向于即时呈现和快速反馈。这种差异在教学中容易导致浅层次的文化体验取代深层次的文化认知。例如，虚拟现实技术虽然可以让学生在虚拟环境中体验到古代建筑、服饰和场景的还原，但这些视觉冲击往往无法完全传递出文化背后深厚的历史背景和价值理念。因此，在技术与传统文化教学的融合中，如何避免技术工具的表面化使用，进而确保文化的精神内核得以传递，是亟待解决的难题。

虽然人工智能等技术可以通过个性化学习路径和智能推荐，帮助学生更高效地学习中华传统文化，但这种学习方式的"技术主导"可能削弱学生在文化学习过程中的主动性和反思性。传统文化的学习，尤其是诸如儒家、道家思想，强调通过思考、体悟和实践来内化道德和价值观。新技术的介入如果不加以适当引导，可能让学生过于依赖技术手段，而忽视了深度阅读、讨论和独立思考的重要性。高校需要在技术的应用过程中，确保学生不仅是被动的知识接收者，更是积极的文化参与者，通过反思和讨论来加深对传统文化的理解。同时，新技术在文化教学中的应用还面临一个关键问题，即如何平衡技术的娱乐性与传统文化的严肃性。虚拟现实、增强现实和游戏化教学等技术手段，尽管能够提高学生的兴趣和参与度，但如果处理不当，容易使文化教学变得过于娱乐化，失去应有的严肃性和深度。例如，使用虚拟现实展示古代历史场景时，学生可能更注重视觉效果和娱乐体验，而忽视了文化中的伦理道德和哲学思想。这种"娱乐至上"的倾向可能在潜移默化中削弱学生对中华优秀传统文化的尊重和敬畏。因此，如何通过合理设计，将新技术与文化内涵相结合，既保持教学的趣味性，又不失文化的深度，是高校必须应对的重要挑战。

技术的发展虽然为传统文化教学提供了创新的形式，但它也在无形中加剧了师资力量与教学内容的挑战。新技术的运用要求教师不仅具备扎实的传统文化知识，还要掌握一定的技术技能，能够灵活运用人工智能、虚拟现实等技术工具。而当前，许多高校的教师队伍在这方面还存在技术能力的不足，特别是如何通过技术有效呈现传统文化的精神内核，仍然需要进一步的探索和培训。因此，高校不仅要在教学中引入新技术，还需要投入更多的资源培养具备技术素养的教师队伍，确保新技术与文化教学的深度融合。为了应对这些问题，高校在新技术与传统文化教学的融合过程中，可以采取多层次、多维度的解决策略。首先，技术应被视为辅助工具，而非文化教学的主导。高校应在课程设计中，确保传统文化的核心理念和精神内涵仍然是教学的重点，并通过适度使用技术手段来提升学生的学习体验，而不是让技术本身主导教学过程。其次，高校可以通过组织文化活动、设立研讨课程等方式，激发学生对传统文化的兴趣和思考。新技术可以为这些活动提供支持，但最终目的是引导学生在实践中体悟文化的价值。高校还应加强师资力量的培训，确保教师不仅能传递中华优秀传统文化的知识，还能够有效利用新技术进行教学。技术培训和文化素养提升应当并行，使教师既能够掌握现代教育工具，又不失传统文化的深刻理解和教学能力。

（二）技术对文化学习方式的冲击

随着新技术的迅速发展，学生获取知识的方式和学习习惯也发生了深刻变化。移动设备、社交媒体和在线平台的普及，使得学生可以随时随地接触到海量的信息资源。这种便捷性虽然极大地拓宽了信息获取的渠道，但也带来了学习的碎片化和浅层次化的问题。特别是对于中华优秀传统文化这类需要深入理解和体验的学科，依赖于新技术所形成的浅表学习方式，难以让学生真正掌握其中的精髓与价值。这种现象为高校在德育教育中的文化传承工作带来了严峻挑战。新技术带来的信息碎片化现象，使得学生对文化学习缺乏系统性与深度。通过社交媒体和短视频平台，学生能够快速浏览与中华传统文化相关的内容，但这些内容往往以片段、简化和娱乐化的形式呈现。这种学习方式使学生难以全面理解传统文化的背景、内涵和历史积淀。例如，学生可能通过网络接触到一些关于孔子、儒家思想的简短解说，但这些信息很可能被过度简化，甚至失去了核心的思想深度，无法引导学生深入思考。这种碎片化的学习方式，虽然让学生看似接触了文化内容，实际上却削弱了他们对传统文化的深层次认知。

在线平台和社交媒体的普遍应用，使得学生的学习习惯趋于浅层化。中华优秀传统文化的学习，不仅需要阅读和理解经典著作，更需要反复的思考、感悟与讨论。然而，新技术主导下的学习环境鼓励学生快速获取信息，强调效率和即时性，而忽视了深入学习和思考的过程。在线平台的"短平快"信息传播方式，往往导致学生在学习中华文化时，只注重表面知识的记忆，缺乏对文化背后深刻思想的探究。例如，传统文化中的伦理道德、哲学思想和礼仪规范，往往需要通过长期的积累与反思才能内化为个人的价值观，而新技术环境中的快速学习模式难以支持这种长期的文化修养。许多学生习惯于通过移动设备和在线平台进行学习，这种"随时随地"的学习方式虽然灵活，却容易导致学习内容的浅尝辄止。中华优秀传统文化的学习，往往要求学生在深度思考和持久积累中逐步领悟其内在价值，但碎片化的学习让学生难以沉下心来进行深度思考。对于《论语》《道德经》等经典文本的学习，单纯依赖网络上的简短解说或概述，学生往往无法真正理解其中复杂的思想逻辑和伦理观念。这种学习方式不仅削弱了对文化的理解深度，也影响了学生对中华传统文化的情感认同。

面对这种新技术对文化学习方式的冲击，高校在德育教育中需要重新审视和设计文化传承的教学模式。首先，高校应当意识到，传统文化的学习需要系统性与结构化。虽然新技术提供了便捷的获取知识的途径，但这并不能替代系统性的学习过程。高校可以通过课程设计，将中华优秀传统文化的核心内容进行结构化安排，引导学生从基础知识到深层次理解，逐步加深对文化的认知与认同。例如，可以通过分阶段的课程安排，让学生逐步了解儒家、道家、法家等思想体系的演变与影响，而不仅仅停留在表面知识的获取。高校应注重在教学中引入深入的讨论和反思环节，帮助学生跳脱出浅层学习模式。中华优秀传统文化的精髓在于思考与实践的结合，单靠记忆和简单的知识传授难以达到德育教育的目的。因此，高校可以通过案例分析、文化研讨等方式，激发学生的思考和交流，让学生不仅关注文化的表面现象，更深入理解其背后的思想逻辑和价值观。例如，在讨论《论语》时，不仅要让学生理解孔子的言论，还要通过现代社会的案例分析，探讨这些思想在当代的应用和启示，帮助学生将传统文化内化为个人的价值观念。

高校可以利用新技术的优势，为文化学习提供辅助，但不能让技术主导整个学习过程。例如，虚拟现实技术可以帮助学生身临其境地体验传统文化的历史场景，但这种体验必须与深度学习结合，才能发挥其真正的价值。高校可以通过将技术作为工具，辅助学生更好地理解复杂的文化内容，而不是让学生仅仅停留在技术带来的视觉和感官体验上。例如，利用虚拟现实展示古代的生活场景后，结合文化背景的深入讲解和讨论，帮助学生理解场景背后的历史与文化价值。

（三）技术带来的文化同质化风险

新技术的快速发展，在全球范围内加速了信息的传播与文化的交融。然而，这种全球化带来的便利也伴随着文化同质化的风险。通过技术手段传播的文化信息，往往倾向于迎合全球大众的审美和娱乐需求，主流的流行文化和西方娱乐文化在这种背景下更容易占据主导地位。与之相比，中华优秀传统文化所独具的价值观、审美观可能在这种技术主导的传播环境中受到忽视。这为高校在传承中华文化的过程中，如何应对技术冲击、保持文化多样性和独特性带来了重要的挑战。新技术的普及，特别是社交媒体和流媒体平台的全球化传播，使得西方流行文化和娱乐产品迅速占据了全球市场。无论是电影、音乐还是网络娱乐形式，这些内容往往更具娱乐性和商业性，契合了大众的消费心理。因此，全球年轻人接触到的文化信息逐渐趋向一致，尤其是受到西方文化影响较大的娱乐和消费文化。相比之下，中华优秀传统文化中的儒家思想、道德理念、哲学观念和审美形式等深厚的文化内涵，因其不具备直接的娱乐性和商业吸引力，在技术主导的传播环境中更难被学生广泛接受和认同。这种全球文化的趋同，削弱了中华文化在年轻群体中的影响力，使得文化多样性面临着进一步流失的风险。

技术的广泛应用和文化传播的全球化趋势，使得中华传统文化的独特性难以在信息洪流中得到有效展现。许多基于新技术的文化传播平台，往往通过算法推荐迎合用户的即时需求和兴趣，而这些平台的设计原则更多地基于娱乐和流量驱动，传统文化的传播在这样的平台上往往处于边缘化的状态。即使一些中华传统文化的内容能够通过技术手段传播，这些内容也常常被简化、碎片化或娱乐化。

例如，某些传统文化在被传播时可能被过度简化为短视频或娱乐元素，而失去了其深层的历史背景、哲学思想和文化价值，这使得受众对中华文化的理解变得浅薄和片面，难以全面展现文化的精髓。此外，全球化背景下的文化同质化现象也削弱了高校在传承中华优秀传统文化方面的作用。在技术主导的传播环境中，学生的文化消费习惯和兴趣趋向于与全球流行文化同步，这使得高校在开展传统文化教育时面临较大的阻力。许多高校的学生更倾向于追随全球的潮流文化，尤其是通过技术手段获取的西方娱乐和流行文化占据了他们的注意力，而中华传统文化往往因为其内涵复杂、学习门槛较高，难以与这些流行文化竞争。面对这种文化同质化的冲击，高校在传承中华文化时需要通过创新的教育方式，重新激发学生对传统文化的兴趣和认同。

为应对这些挑战，高校必须在文化传承过程中采取创新的教学方法，确保中华优秀传统文化在技术发展的背景下仍然能够被有效传承。高校应当利用新技术的优势，通过更具创新性和互动性的方式传递中华文化的精髓。例如，虚拟现实技术可以用于再现中华传统文化的历史场景和文化遗址，让学生在沉浸式的体验中感受到文化的真实魅力。同时，高校可以开发数字化的传统文化学习平台，结合现代学生的学习习惯，提供具有深度和层次的文化课程，确保学生在使用技术手段时能够接触到中华文化的完整体系。高校需要在教学中强调中华文化的独特性与深刻性，并通过课程设计培养学生对本土文化的自豪感与认同感。传统文化的独特性不应被技术的娱乐化趋势所削弱，而是应通过深入的教学、探讨和实践活动使学生真正理解其文化内涵。例如，高校可以组织学生参与传统文化的实际体验活动，如书法、国画、茶艺等，结合课堂教学，帮助学生在实践中体会文化的独特价值和魅力。高校还应加强对学生的文化批判性思维和审美素养的培养，帮助他们在面对全球文化同质化的冲击时，能够清醒地认知不同文化的价值，并坚定对中华优秀传统文化的认同。通过系统的课程设置和文化活动，培养学生在全球化背景下的文化选择能力，使他们在欣赏多元文化的同时，能够辨识中华文化的独特价值，进而积极参与到中华文化的传承与创新中。

三、庞大的内容体系

（一）传统文化内容的广泛性与学生兴趣的匹配

中华优秀传统文化的内容广泛，涵盖了哲学、历史、文学、艺术等多个领域，形成了一个庞大而复杂的知识体系。这一丰富的文化遗产是中华民族数千年文明的积淀，但正是这种广泛性给高校的文化传承工作带来了不小的挑战。高校如何在如此广阔的文化内容中，找到与学生兴趣相契合的部分，并在有限的课堂时间内有效传授这些内容，是一个难题。如果传授的内容过多、过杂，学生可能会难以聚焦，无法深入理解文化的核心精髓，从而影响他们对传统文化的认同感和归属感。中华优秀传统文化的庞大体系意味着学生在学习时很难全面涉猎，尤其是在课堂时间有限的情况下，这种广泛性会导致内容的选择性问题。高校的文化传承任务在于让学生认识到中华传统文化的深刻内涵，但如果内容安排过于分散，学生在学习过程中容易出现疲劳，难以掌握每一部分的精髓。例如，儒家、道家、法家思想在哲学领域具有重要地位，但它们的思想体系复杂且需要时间去理解。如果所有这些内容在一门课程中都被匆忙介绍，学生可能只会形成表面了解，缺乏深度的思考和体会。

学生的兴趣和学习能力各不相同，这加大了高校在文化传承中的难度。不同学生对传统文化的关注点和兴趣领域存在较大差异，有些学生可能对历史事件和人物感兴趣，有些则更喜欢艺术或文学。而中华传统文化的多样性与广泛性，恰恰使得教师很难在课程中同时满足所有学生的兴趣需求。如果教学内容没有针对性，未能与学生的兴趣相契合，文化传授的效果可能会大打折扣。例如，一部分学生可能对国学经典、传统美学有浓厚兴趣，但面对哲学理论的复杂性时却感到乏味，导致学习动机降低。如何根据学生的兴趣和需求，提供针对性的文化课程，成为了高校在文化传承过程中的一大挑战。中华传统文化内容庞大且深刻，但有限的教学时间却难以容纳所有内容。教师如果试图覆盖更多的文化领域，学生很可能会被大量的知识信息淹没，无法在短时间内吸收和内化这些内容。即使教师能够在课堂上介绍各个领域的文化精髓，学生也可能由于时间不够深入学习，而只能停留在表面认知阶段。对于那些本应通过长期学习和体验来理解的文化内容，学生如果只是进行一次性、片段式的学习，很难形成真正的文化认同和价值观内化。

为了应对这些挑战，高校需要采取更加灵活和创新的方式，找到文化内容的广泛性与学生兴趣之间的最佳契合点。首先，课程设计需要更多的个性化和模块化。针对学生不同的兴趣和学习能力，提供多样化的选修课程和文化体验机会。例如，设置针对不同文化领域的专题课程，让学生根据个人兴趣选择儒家哲学、书法艺术、诗词文学等领域进行深入学习，而不是简单地进行广泛的文化概论介绍。通过这种方式，学生能够深入钻研自己感兴趣的领域，培养出更深刻的文化认同感和思考能力。中华传统文化不仅仅是知识的传授，更是一种生活方式和精神传承。高校可以通过文化实践活动、主题研讨会、社会实践等方式，让学生在体验中感受文化的魅力。例如，通过开展书法比赛、传统音乐表演、文化节等活动，学生能够在参与过程中进一步加深对传统文化的兴趣和认知。同时，高校也可以与博物馆、文化遗产保护中心合作，组织学生参观体验传统文化遗产，让学生通过实践与亲身体验，感受到传统文化的真实存在和深厚底蕴。

高校还应利用现代技术手段，创造更多创新性的教学方法。通过在线平台、虚拟现实、增强现实等技术，学生可以以更加生动的方式接触到传统文化。现代技术的应用可以突破课堂时间和空间的限制，延长学生与文化内容的接触时间，从而在有限的课堂时间外继续学习。例如，学生可以通过在线学习平台选择自己感兴趣的中华文化课程进行自学，并通过互动式的学习模块深度探讨感兴趣的文化话题。

（二）文化内容的层次性与教学安排的适配性

中华优秀传统文化的层次性和深度使得高校在进行文化传承教育时面临严峻挑战。传统文化不仅涵盖了表层的礼仪制度、生活方式等浅显的内容，还包含了深层次的哲学思想、伦理道德体系和人文精神。高校在教学安排上需要充分考虑这种文化内容的层次性，制定适配的教学进度和方法，确保学生能够从表层的理解逐步深入到文化的核心内涵。如果教学安排缺乏系统性，内容庞杂而无序，学生很可能只会停留在表面认知，无法真正领悟中华文化的核心价值。中华传统文化本身的复杂性要求教学内容必须具有层次性。表层的文化内容，比如节庆习俗、礼仪制度和生活方式，通常是学生较容易理解和接受的部分。通过这些具体的、生活化的文化元素，学生能够较快地对中华文化产生直观的感知。然而，深层次的文化内容，如儒家、道家、法家的哲学思想，以及中华文化中的伦理道德体系，则需要更高的理解能力和思考深度。这些内容强调个体的道德修养、社会责任感和人生哲理，需要通过长期的学习与深入思考才能真正领会。因此，高校在传授传统文化时，必须对教学内容进行合理的层次化设计，让学生逐步从浅入深，逐步领会文化的本质。

过于庞杂的教学内容如果没有系统性的安排，学生会难以抓住学习的重点，导致学习过程中的混乱与疲劳。特别是在中华传统文化的教学中，如果一次性传授过多深奥的文化理论，学生可能会感到不知所措，学习动机和兴趣下降。例如，如果在一门课程中既涵盖了儒家伦理、道家哲学，又涉及到传统的礼仪和生活方式，学生可能无法全面掌握这些文化要素之间的内在联系，最终只能形成对文化表象的肤浅认知。要避免这种情况，高校必须在教学进度上进行有针对性的安排，让学生先从易于理解的文化层面入手，逐步过渡到更深层次的哲学思想和文化体系。文化的层次性不仅体现在内容上，还体现在学习过程中的不同需求。对于表层的文化内容，教学可以通过更具互动性和体验感的方式进行。例如，通过组织学生参与传统节日活动、学习礼仪规范等，让他们感受到中华文化的日常生活元素。而对于深层次的文化内容，如伦理道德体系和哲学思想，教师则需要通过引导学生进行深入的讨论与思考，鼓励他们反思文化内涵与现代生活之间的联系。例如，在讲授《论语》时，不仅要向学生解释孔子的道德观念，还应通过现代社会的案例分析，让学生思考这些伦理思想如何在当代社会中得以应用和传承。

中华传统文化的不同层次内容彼此之间并非孤立存在，而是相互联系、相互补充的。礼仪制度和生活方式是中华文化的外在表现形式，而这些表象背后往往蕴含着深刻的伦理道德观念和哲学思想。例如，传统的孝道不仅是一种家庭礼仪，更是儒家伦理的核心之一，反映了人与人之间的责任与义务。因此，高校在设计教学内容时，需要通过系统性的教学安排，让学生理解表层文化与深层次哲学思想之间的内在联系。只有通过这种连贯的教学逻辑，学生才能从整体上把握中华文化的深刻性与复杂性，而不是仅仅停留在片面的、零散的文化认知上。高校还应注重教学方法的多样性，以适应不同层次文化内容的特点。对于浅层次的文化传授，可以更多地利用现代技术手段，如虚拟现实、互动视频等，让学生在视觉和感官体验中学习中华文化。对于深层次的文化学习，则需要通过阅读经典、撰写论文和课堂讨论等方式，培养学生的深度思考能力和批判性思维。通过多样化的教学方法，能够有效激发学生的学习兴趣，帮助他们在不同的文化层次上获得适合的学习体验和认知提升。

（三）古今文化衔接的难度与学生理解的挑战

中华优秀传统文化历经数千年的发展，内容丰富，思想深邃。然而，如何在高校教育中有效地衔接古今文化，帮助学生理解传统文化在现代社会中的价值，成为了一个重要的挑战。传统文化中许多概念和思想源自古代，与现代社会的价值观、生活方式有一定的差距。在这种背景下，如何引导学生以现代视角去理解、吸收传统文化的精髓，并将其应用于现实生活，成为高校德育视域下文化传承体系建构中的关键问题。传统文化的古老性与现代社会的快节奏生活方式形成了明显的对比，学生很容易认为传统文化与当代生活脱节。中华优秀传统文化包括了大量的历史典籍、哲学思想以及伦理道德观念，许多内容源于古代农业社会的生产生活方式，强调人伦、社会秩序以及自我修养等价值观。然而，当代学生生活在一个充满技术创新、个性自由和多元文化的环境中，他们所接触的文化符号和社会价值与传统文化中的伦理观念往往有较大差异。例如，儒家文化强调的集体主义和社会责任感，在现代强调个人自由与追求的背景下，可能会显得保守和过时。因此，如何使这些古老的思想在当代社会中焕发新的生命力，是高校在传承传统文化时面临的首要难题。

许多古代文化概念在现代社会的语境中难以直接理解，导致学生在学习传统文化时感到困惑。传统文化的许多思想和概念依赖于特定的历史背景和社会结构。例如，儒家的"仁义礼智信"、"修身齐家治国平天下"这样的道德理想，背后是以家族、国家为基础的社会结构，而这些结构在现代社会中已经发生了巨大的变化。学生在接触这些文化概念时，可能无法理解其在古代社会中的实际意义，也难以将其与当代社会的价值体系相联系。这种理解上的鸿沟使得学生对传统文化产生距离感，进而影响他们对传统文化的认同与兴趣。此外，古今文化的衔接不仅仅是概念的解读问题，还涉及到文化内涵的深层次转化。在现代社会中，学生的学习模式、生活方式以及价值取向发生了巨大的变化，如何在这个背景下将传统文化中的思想转化为现代语言，并让学生切实感受到其现实意义，是高校面临的另一挑战。例如，传统文化中的"孝道"思想，在现代社会中仍然具有道德教化的作用，但如果直接照搬古代的孝道观念，可能与当代学生的个人自主意识产生冲突。因此，教学中如何通过现代化的方式去重新诠释这些传统观念，使其能够融入现代生活方式，是古今文化衔接的核心问题。

为了应对这些挑战，高校需要在课程设计和教学方式上进行创新，寻找适合学生的文化衔接路径。高校应注重通过现代化的视角重新解读传统文化。教师在教学过程中应积极引导学生将传统文化与现代社会中的价值观念相结合，帮助他们发现其中的现实意义。例如，在讲解儒家文化中的"仁"时，教师可以通过与现代社会中的慈善、志愿服务、社会责任等概念相结合，使学生认识到传统文化中的道德观念在当代依然具有实践意义。通过这样的引导，学生能够从中汲取传统文化的智慧，而不仅仅将其视为过时的历史遗产。教学内容应强调传统文化的普适价值，帮助学生在古今文化之间建立联系。例如，儒家思想中的"和而不同"这一理念，强调在多样性中求和谐，与现代社会中多元文化共存的思想有相似之处。教师可以通过比较的方法，让学生认识到传统文化中的许多观念可以与现代社会的价值观产生共鸣，从而让他们在学习过程中更容易理解和接受这些思想。

高校还可以通过体验式教学和实践活动，加强学生对传统文化的感知。例如，组织学生参与传统节日庆祝活动、参观文化遗产、参与传统手工艺制作等，让他们在实践中亲身体验中华文化的魅力。这些活动不仅可以帮助学生从感性层面理解传统文化，还能够激发他们对文化传承的兴趣，并进一步增强文化认同感。利用虚拟现实、增强现实等技术，教师可以创造沉浸式的教学环境，将学生带入古代的生活场景中，帮助他们更直观地理解传统文化的背景和内涵。同时，在线学习平台和数字化资源也可以为学生提供更加灵活和丰富的学习方式，让他们能够在课后进一步探索传统文化的深度。

四、薄弱的实践环节

（一）实践机会的缺乏与文化体验的不足

高校在传授中华优秀传统文化时，通常注重理论的传递，尤其是在课堂教学中，教师往往侧重于文化知识的讲解与分析。然而，这种理论教学模式的单一性带来了实践机会的缺乏，导致学生在学习过程中无法获得对传统文化的深层体验。中华优秀传统文化不仅是一种知识体系，更是一种需要通过实际参与和亲身体验才能理解的生活方式。许多文化内容，如传统手工艺、节日习俗、礼仪规范等，只有通过实践，学生才能真正领会其背后的文化精髓与价值。因此，缺乏实践环节的教学模式，很难让学生深入理解传统文化的内涵，文化传承的效果也因此受到削弱。中华传统文化中许多精髓部分，如传统技艺和礼仪规范，需要学生通过实践参与才能获得真实的感知与理解。例如，书法、国画、刺绣等传统手工艺，不仅是一种技能，更承载着中华文化中的审美观念与哲学思想。这些技艺的学习不仅需要理论上的知识传授，还需要学生亲手操作，通过反复的练习与体悟，才能真正领会其中的艺术价值和文化内涵。然而，如果高校仅仅依靠课堂上的理论讲解，而缺少实践活动，学生很难通过文字和图片的描述真正掌握这些技艺的精髓。文化传承的核心在于体验，理论与实践必须紧密结合，才能确保学生对传统文化的理解不流于表面。

中华传统文化中的节日习俗和礼仪规范也是需要实践才能深入理解的重要部分。比如，端午节、中秋节等传统节日，不仅仅是节日的日期和习俗的知识，更包含了丰富的文化内涵和人际交往的礼仪。学生如果没有亲身参与这些节日的庆祝活动，仅仅依靠课堂上的讲解，很难体会到这些节日背后所代表的家国情怀与社会伦理。例如，端午节赛龙舟、中秋节赏月吃月饼，这些活动不仅是表面上的娱乐，更是对团结、家庭和谐等传统价值观的体现。如果学生缺乏实际的节日体验，他们可能难以理解这些文化活动的真正意义，进而无法形成对中华优秀传统文化的深刻认同。文化的感官体验在文化传承中至关重要，许多传统文化内容需要通过实际感知和身体力行才能真正理解。例如，茶道、武术、传统音乐等，都是中华文化中的重要组成部分。这些文化形式不仅包含着理论知识，还需要通过视觉、听觉、触觉等多种感官的参与，才能深入体验其精神内核。如果高校在传授这些内容时仅仅停留在理论层面，学生很难通过抽象的描述感受到这些文化形式的魅力和内涵。实践机会的缺乏会削弱学生对传统文化的情感共鸣，使得文化学习变得单调乏味，缺乏生动的体验。

高校在推动中华优秀传统文化传承过程中，应该认识到实践与体验在文化学习中的关键作用。如果学生无法通过实践将理论知识转化为实际技能和感知，他们对文化的理解就会停留在表层，难以达到深层次的文化认同。对于传统文化的传承，光靠课堂上的理论传授是远远不够的，高校必须提供更多的实践机会，让学生能够在真实的文化场景中去体验和感悟。例如，组织传统文化节、手工艺工作坊、节庆活动等，可以让学生亲身参与其中，从而增强他们对中华文化的感知能力和认同感。此外，高校还可以与社区、文化遗产机构合作，组织学生参与到真实的文化传承活动中。例如，通过参与地方的非物质文化遗产保护项目、传统手工艺展览、文化交流等活动，学生可以更直接地接触和学习那些源远流长的文化形式。这种实践活动不仅能够提升学生的学习兴趣，还能让他们在实际操作中体会到中华传统文化的深厚底蕴与独特魅力。通过这种方式，学生不仅能够在理论层面理解传统文化，更能够在实践中领悟文化的内涵，从而形成更加深刻的文化认同。

（二）实践资源的匮乏与校外合作的局限

在高校文化传承实践过程中，实践资源的匮乏与校外合作的局限性已成为不可忽视的障碍。尽管高校在理论教学上致力于传递中华优秀传统文化，但与社会文化机构的合作力度不足，导致学生在实际体验文化传承时机会有限。许多与中华文化相关的实践活动，例如非物质文化遗产的体验、传统节日的参与以及文化遗址的考察等，通常需要与外部博物馆、文化遗产保护机构等单位紧密合作。然而，实践资源的有限性和合作渠道的不畅通，常常使得这些活动无法有效组织，学生也因此失去了将课堂所学应用于实践中的宝贵机会，进而削弱了文化传承的效果。许多高校本身并不具备足够的文化传承实践资源。例如，手工艺体验、传统仪式学习、文化遗产保护等活动，需要特定的场地、工具以及专业指导，然而大多数高校并没有这些资源，或者只能提供有限的实践条件。这使得文化实践活动难以成为学生常态化学习的一部分。即便一些高校具备开展部分实践活动的能力，但由于资金、人力以及场地等方面的限制，活动规模和频率也难以满足所有学生的需求。实践资源的短缺使得高校只能在课堂中进行理论性教学，学生只能通过课本或课堂讲授来了解文化，而无法亲自参与到文化传承的具体实践中，导致学习效果大打折扣。

非物质文化遗产的体验、文化遗址的考察等需要社会文化机构的支持和参与，但高校与这些机构之间的合作并非总是顺利进行。一方面，文化遗产保护机构、博物馆等通常拥有较为紧张的资源调度，难以提供足够的实践机会给所有高校学生，导致合作的规模受到限制。另一方面，部分高校与这些机构的合作机制并不健全，缺乏长期稳定的合作渠道或协议，导致实践活动的组织较为零散、不系统。由于合作机制不完善，学生无法经常性地参与到真实的文化传承项目中，导致课堂所学的知识无法在实践中得以巩固和深化。即使高校成功与校外文化机构建立了合作，实践活动的开展也会受到时间、空间以及经费等多重因素的制约。例如，组织学生参与文化遗址考察或非物质文化遗产体验活动，通常需要较大的资金投入，同时还涉及交通安排、场地租赁、专家指导等多个环节的协调。然而，由于这些活动的组织复杂且成本较高，高校在执行过程中往往面临预算不足、时间冲突等问题，从而难以大规模、常态化地开展文化实践活动。正是因为这些现实困难，许多高校只能有限度地安排少数学生参加某些实践活动，而大部分学生则失去了亲身参与的机会。

这种实践资源的匮乏和校外合作的局限，直接影响了学生对传统文化的深入理解和认同感。中华优秀传统文化不仅是通过理论学习得以传承，更需要通过实际操作、亲身参与来感知其深刻内涵。文化遗产保护、传统技艺学习等实践环节，可以帮助学生更直接地接触到文化的活态传承，从而使他们在感官和情感上都能与文化产生共鸣。缺乏实践机会的情况下，学生只能通过书本和讲座获取文化知识，难以在现实中体验和体悟文化的生命力，这使得他们对传统文化的理解显得表浅且距离感较强。为了改善这一局面，高校必须加强与社会文化机构的合作，探索更多创新的合作机制与渠道。首先，高校可以与博物馆、文化遗产保护中心等建立长期稳定的合作关系，通过签订合作协议的方式，确保学生能够定期参与到实践活动中去。其次，政府和社会力量也应给予更多支持，例如在经费上对高校和文化机构的合作项目进行资助，帮助克服组织实践活动中的资金困难。此外，高校也可以与地方文化部门、社区合作，借助地方文化资源，扩大实践活动的渠道。例如，学生可以参与到地方文化节庆活动、手工艺传承项目等实际操作中，增强对传统文化的真实感知。

（三）实践评价体系不完善导致的学生参与度不高

高校在开展中华优秀传统文化的实践活动时，评价体系的完善程度对学生的参与度和学习效果具有重要影响。然而，许多高校在这些实践环节中缺乏科学、有效的评价体系，导致学生对这些活动的重视程度不足，参与积极性不高。这种现象直接影响了文化传承的效果。如果实践课程没有明确的评价标准，学生往往会将其视为可有可无的活动，无法从中得到真正的学习收获。因此，建立合理的实践评价标准，并将其纳入课程成绩考核中，是提高学生参与度、激发文化认同感的有效途径。对于大多数学生而言，评价体系是衡量学习成果、明确努力方向的重要标准。如果高校在中华优秀传统文化实践活动中的考核标准模糊或缺乏，学生很难判断参与这些活动的意义和价值，进而降低他们的重视度。实践环节若未被纳入课程的正式成绩考核中，学生可能会认为这些活动与其他核心课程相比不够重要，导致他们不愿投入时间和精力去参与。例如，参与传统手工艺制作、节日庆祝活动等文化体验如果没有明确的成绩反馈，学生往往会把这些活动视为娱乐性质的课外活动，无法从中得到文化内涵的深刻理解。

缺乏明确的考核方式，意味着学生很难知道自己的实践表现如何，也无法从评价中获得反馈和改进的机会。这种情况下，学生可能会失去实践的动力，无法真正投入到文化体验中。例如，若在文化遗产考察活动中，没有具体的任务或目标指引，学生可能只会浅尝辄止，完成任务式地参与，而不会通过主动探究和思考来加深对传统文化的理解。反之，若有清晰的评价机制，学生可以通过明确的实践要求和任务规划，了解自己的学习进展，从而提高参与的积极性和自主性。此外，缺乏科学的评价体系也导致实践活动流于形式，无法达到应有的文化传承效果。传统文化的实践环节不仅是为了丰富学生的学习体验，更是为了帮助他们将理论知识转化为实际技能与感知。因此，实践活动本应具备一定的难度和挑战性，需要学生通过深度参与和认真思考来完成。然而，如果评价体系不健全，实践活动的意义就容易被弱化，学生也很难在参与过程中深入体会文化的内涵。例如，学习书法、国画等传统技艺，不仅需要学生掌握基本技巧，还需要理解这些艺术形式背后的美学思想与文化精神。如果考核机制只注重表面的作品完成情况，而不关注学生对艺术思想的理解和实践过程中的思考，学生就可能敷衍了事，无法真正从中感受到中华文化的精髓。

高校应根据实践活动的具体内容和目的，设计科学合理的评价标准。例如，在传统技艺学习中，评价可以结合学生的动手能力、对文化背景的理解、创作过程中的思考与创新等多方面因素，而不仅仅依赖于作品的完成度。同时，考核方式也可以多样化，不仅限于评分制，还可以采用学生自评、互评、教师评估等多维度评价，确保学生在每个环节都能得到反馈和改进的机会。将实践活动的评价结果纳入课程整体成绩考核中，能够有效激发学生的参与动力。将实践环节视为正式的学习任务，学生才会在心理上真正重视这些活动，并投入相应的精力。通过将实践成绩与课程成绩挂钩，学生不仅会更加积极参与，也会在过程中更加认真对待。例如，文化遗址考察活动可以设定具体的调研报告要求，要求学生在参观后撰写分析报告，评估他们的调研深度和对文化内涵的反思能力。这种方式能够促使学生从单纯的参与者转变为主动的文化学习者和探究者。当学生在实践过程中受到肯定和鼓励，他们会更加认同所学习的文化内容，并从中获得自豪感。通过明确的考核标准，学生能够看到自己在文化传承中的进步和收获，这有助于他们形成对中华优秀传统文化的积极认同。长期参与此类实践活动，结合持续的评价反馈，学生不仅能够提高对文化的理解，还会在文化传承中培养出更强烈的责任感和使命感。

五、滞后的评价机制

（一）评价标准单一化难以衡量文化传承效果

在高校的中华优秀传统文化传承体系中，评价标准的单一化已经成为影响文化传承效果的主要问题。目前，许多高校的评价机制主要依赖于书面考试或理论知识的评估，这种方式虽然能够衡量学生对文化知识的记忆和理解，但却难以全面反映学生对传统文化的实际掌握程度，更无法准确评估他们的文化认同感、道德修养和实践能力。传统文化的传承不仅是知识的简单积累，还涉及到价值观念、道德意识和行为实践，而单一的评价方式显然难以反映出这些多层次的素质培养效果，导致文化传承的评价与实际教育目标之间出现了脱节。书面考试和理论知识评估主要关注学生对文化概念、历史事件和文学作品的记忆与理解，但传统文化的精髓往往在于其深厚的哲学思想、伦理道德体系以及实践中的运用。这意味着，单靠理论知识的考试无法全面评估学生对文化内涵的深刻理解。例如，儒家文化中的"仁义礼智信"等核心价值观，不仅仅是几个词语的概念解释，更需要学生在实际生活中去体验和实践。如果评价仅仅通过笔试来判断学生是否掌握了这些概念，他们可能只是在考试中背诵了相关的知识点，而未能将其内化为自身的道德修养和行为准则。因此，这种单一的评价方式很容易造成学生在应试过程中流于表面，忽视了文化的真正价值和实践意义。

传统文化传承的一个重要目标是培养学生的文化认同感和价值观，而这种内在的文化认同往往难以通过书面考试来衡量。中华优秀传统文化强调的是对家庭、社会以及国家的责任感和归属感，这些价值观的形成需要学生在长期的学习、反思和实践中逐步建立。书面考试更多地侧重于知识点的记忆和再现，而文化认同感的培养则是一个情感、思想与行为的综合过程。学生在学习过程中对传统文化是否产生了共鸣，是否在实际生活中运用了这些文化理念，是单一的考试模式无法评估的。这也使得高校在文化传承评价中难以真正检测学生的价值观念形成情况。此外，传统文化的传承不仅要求学生理解文化的理论，还需要他们在实践中进行体验和应用。例如，传统手工艺、节日习俗、礼仪规范等内容都需要通过实际操作和参与才能深刻理解。然而，目前的评价体系往往忽视了这些实践活动的评估，缺乏针对学生动手能力、文化实践经验的考核。这就导致了文化传承的教育目标与评价方式不一致，实践环节的重要性没有得到充分体现。学生可能在理论上掌握了某些文化知识，但由于没有实践经验，他们并不能真正体会到这些文化形式的深层次内涵。

中华优秀传统文化博大精深，涵盖了哲学、艺术、历史等多个领域，学生的兴趣点和学习需求也各不相同。然而，单一的评价方式通常没有考虑到学生的个性化差异，而是将所有学生置于同一个标准下进行考核。这种"一刀切"的评价标准，不仅不能有效激发学生的学习兴趣，反而可能让一些学生感到枯燥乏味，进而降低他们对文化学习的热情。尤其是在实践性强的文化内容方面，过于依赖理论考试的评价模式，很难让学生通过实际体验来加深对文化的理解与认同。为了有效提升文化传承的评价效果，高校需要建立更加多元化的评价体系，结合理论知识、道德修养、实践能力等多方面内容，形成综合性的评估标准。首先，评价机制应注重学生的文化认同感和价值观念的培养，而不是仅仅关注理论知识的掌握。通过课堂讨论、主题辩论、文化体验活动的反馈等多样化的方式，教师可以更加深入了解学生对文化的理解深度以及他们对传统文化的认同程度。

实践评价应成为文化传承教育中的重要环节。例如，在传统手工艺课程中，可以通过实际操作作品、文化体验日记等形式对学生的实践能力进行评估；在节日庆祝和礼仪规范学习中，可以通过学生的参与度、表现以及对文化内涵的反思进行评价。这种多元化的评价方式不仅能够激发学生的参与热情，还能促使他们在实践中深入理解和体会文化精髓。个性化的评价标准有助于根据不同学生的学习特点进行针对性评估。文化传承涉及广泛的领域，不同学生对文化的兴趣点各异，评价体系应给予学生更多的选择空间。例如，可以允许学生根据个人兴趣选择不同的实践项目，并通过这些项目的表现进行评价。这样不仅能让学生找到适合自己的文化学习方式，还能让文化传承教育更加灵活和富有吸引力。

（二）缺乏针对实践环节的多元化评价手段

在高校的中华优秀传统文化传承体系中，实践环节的评价机制往往存在滞后和单一化的问题，缺乏科学、合理的评价手段。许多与传统文化相关的实践活动，如参与传统节日庆祝、非遗项目体验、文化展览参观等，通常没有明确的评价标准。这种评价机制的缺失，导致学生对这些实践活动的重视程度不够，参与积极性也较为低落。为了提高实践环节的有效性，确保文化传承的深度和广度，高校必须采用多元化的评价手段，对学生的参与情况和学习成果进行全面、客观的考查。虽然学生的参与是实践活动的基本要求，但仅仅通过参与次数或出勤率来评价学生的表现显然是不够的。传统文化的传承不仅在于表面的参与，更在于学生在实践过程中所获得的感悟和知识的内化。比如，在非物质文化遗产的体验中，学生需要通过实际操作来理解传统技艺的精髓，而不仅仅是走过场。因此，实践环节的评价标准应该深入到学生的实际学习过程，注重他们对文化内涵的理解与体会。

通过记录学生在实践过程中的表现，可以更加全面地评估他们的参与程度和学习深度。例如，学生可以在参与文化活动时撰写日记、随笔或进行过程性记录，将他们的感受、思考和收获记录下来。这不仅有助于学生反思自己在实践中的成长，还能为教师提供重要的参考依据，以便更加准确地评估学生在文化体验中的进步。过程记录作为评价手段，可以帮助教师发现学生在实践中的学习轨迹，并及时进行反馈和指导，从而确保学生在文化学习中能够不断改进和提升。在参加文化展览、参观文化遗址或参与非遗项目后，要求学生撰写详细的实践报告，可以让学生有机会深入思考和总结他们的实践体验。实践报告不仅可以考查学生对所学内容的理解程度，还可以通过他们的反思与分析，评估他们是否能够将传统文化与现实生活相结合。例如，在参观某个文化遗址后，学生可以在报告中分析该遗址的历史价值和文化意义，并结合自己的学习经历提出对传统文化传承的看法。通过这种方式，教师不仅能看到学生的学习成果，还能帮助他们在理论与实践之间建立联系，深化文化认知。

通过项目展示，学生可以将他们在实践活动中的作品或研究成果展示给教师和同学。这不仅能够激发学生的创作热情，还能够培养他们的表达能力和团队合作精神。例如，在传统手工艺课程中，学生可以通过制作工艺品并进行展示，向其他学生和教师介绍他们在制作过程中所学到的技艺和文化知识。项目展示的过程，可以让学生感受到成果的展示与分享的价值，也增强了他们的成就感和文化认同感。通过这种方式，实践环节的评价不再局限于书面报告，而是更加立体、多元化，有助于提高学生的学习积极性。除了上述评价手段，学生的自我评价和互评也是实践评价体系中不可忽视的部分。通过自我评价，学生能够反思自己在实践中的收获与不足，从而有针对性地进行改进。互评则可以通过同伴的反馈，帮助学生发现自身在团队合作和实践过程中的表现，进一步提高他们的自我认知能力和责任感。例如，在参与节日庆祝活动时，学生可以通过互评系统评价团队成员的表现，并从同伴的反馈中学习如何在下次实践活动中更加积极主动。

在实施多元化评价手段的过程中，高校还应注重评价标准的科学性和公平性。评价体系应根据实践环节的具体内容进行调整，确保每个评价标准都能客观反映学生的实际表现。比如，在传统文化技艺学习中，评价应结合学生的动手能力、学习态度、创新性等多个维度，而不仅仅依赖作品的质量。同时，教师也应在评价过程中给予学生及时的反馈和指导，帮助他们在实践过程中不断进步。

（三）未能有效引入自我评价与同伴评价机制

目前，高校在文化传承的评价体系中，普遍忽视了学生自我评价与同伴评价的重要性。传统的评价方式大多集中在教师对学生的评估上，主要依赖于考试成绩或作品展示的单向反馈。这种单一的评价机制虽然在一定程度上能够衡量学生对知识的掌握，但难以全面反映学生在文化传承中的内在成长与认知深化。而在德育视域下，文化传承不仅仅是知识的传授，更是道德修养和文化认同的培养过程。如果没有自我评价与同伴评价的机制，学生在学习过程中难以反思自身的成长，也无法从互动中加深对文化的理解与认同，导致文化传承的效果受限。文化学习不仅仅是一种外在的知识积累，更是一种内在的文化认同和道德修养的提升。通过自我评价，学生能够主动反思自己在学习过程中的表现，审视自身的成长与不足。这种反思过程有助于学生在文化学习中更加自觉地参与，而不仅仅依赖外部的评价标准。例如，学生在参与非物质文化遗产体验活动后，通过自我评价可以回顾自己在学习中的实际感受、遇到的困难和学到的技能。这种反思不仅能够帮助他们找到改进的方向，还能够促使他们在文化学习中更加主动、深入地思考和体悟文化内涵。没有自我评价机制的引导，学生可能会仅仅按照教师的标准去完成任务，而失去对文化传承中自我成长的深度理解。

文化传承不仅是个人对文化的学习，更是群体共同交流、互相启发的过程。同伴评价能够为学生提供来自同龄人或学习伙伴的反馈，帮助他们发现自身在文化实践中的优点和不足。通过同伴的视角，学生可以更全面地了解自己在团队合作中的表现，尤其是在实践活动和集体项目中，其他成员的反馈往往比教师的评价更能揭示学生的真实表现。例如，在节日庆祝或传统手工艺制作的集体活动中，同伴评价可以让学生了解到自己在团队中的协作能力、领导力或创新表现。通过这种互动性的评价，学生能够更好地理解文化传承中的合作精神和集体意识，而这些正是中华传统文化的核心价值之一。然而，高校普遍未能有效引入自我评价与同伴评价机制，导致评价结果无法全面反映学生在文化传承过程中的整体进步。现有的评价体系大多依赖教师的单向评估，忽视了学生在学习过程中自我反思和同伴反馈的重要性。这样的评价体系很容易使得学生在文化学习中变得被动，缺乏对自身学习进度的认识和对文化内涵的深入理解。例如，学生可能在参与实践活动时仅仅为了完成任务而参与，而不是为了自我提升或与同伴互动，最终错失了从文化体验中汲取成长与进步的机会。

  缺乏自我评价和同伴评价的机制，也限制了学生文化认同感的形成。文化传承不仅仅是传递文化知识，还需要让学生在实践中内化这些文化价值。自我评价可以帮助学生通过反思加深对中华优秀传统文化的认同，而同伴评价则能够让他们在互动中体会到文化传承的群体性与共同性。没有这两个维度的评价，学生的文化认同感很难得到全面的培养和提升。单向的教师评价往往停留在表层的知识掌握上，而未能深入触及学生的内在情感与文化归属感。为了解决这些问题，高校应积极引入并完善自我评价与同伴评价机制，以补充现有的评价体系。首先，鼓励学生在每个学习或实践活动后进行自我评价，让他们有机会反思自己的学习体验、感受和不足。这可以通过日记、随笔或在线反馈系统的形式进行，促使学生在反思中发现自我成长的方向。其次，建立同伴评价的机制，特别是在集体项目、团队合作和文化实践中。通过设计互评表或小组讨论，学生可以对彼此的表现进行反馈，帮助对方发现优点和改进之处。这种评价方式不仅可以激发学生的学习兴趣，还可以促进团队合作精神和集体荣誉感的培养。

  在引入这些评价机制时，高校还应注重评价的规范性与公平性。自我评价和同伴评价应当建立在明确的标准和指导下，确保每个学生都能通过这些机制获得有意义的反馈。例如，教师可以提供自我反思的指导提纲，帮助学生更好地聚焦在文化学习中的关键问题；同伴评价也应设计合理的评分或评价标准，以确保评价结果的公正性和有效性。

第三章　德育视域中高校中华优秀传统文化传承的整体建构

在德育视域中，高校中华优秀传统文化传承的整体建构需从多个层面入手。首先，课程体系应全面融入传统文化的核心理念，以增强学生的文化认同感。其次，师资队伍的培养至关重要，教师需具备深厚的传统文化素养和德育意识，以引导学生探索文化内涵。此外，校园文化活动的丰富多样也不可或缺，通过实践和体验让学生亲身感受传统文化的魅力。最后，家校合作的机制要建立，形成家庭与学校共同育人的良好氛围，推动中华优秀传统文化的有效传承。

第一节　构建原则与目标

在德育视域中，高校中华优秀传统文化传承的整体构建应遵循多项原则。首强调价值引领，旨在通过传统文化强化学生的道德观念和社会责任感。注重实践性，倡导将理论与实践结合，通过丰富的校园活动让学生体验和理解传统文化。文化融合的原则也不可忽视，鼓励将优秀传统文化与现代教育相结合，以适应时代的发展。构建开放包容的氛围，让多元文化相互交流，共同推动中华优秀传统文化的传承与创新，培养全面发展的新时代人才。

一、根本遵循

（一）坚持马克思主义的指导地位

在高校传承中华优秀传统文化的过程中，马克思主义的指导地位至关重要，始终是根本遵循。马克思主义从根本上强调文化是社会存在的反映，文化的变迁和发展与社会经济基础密切相关。因此，高校在传承中华优秀传统文化时，必须把握住这一基本原则，即文化的传承不仅仅是对古代文化遗产的保护和延续，更是要服务于当代社会的物质和精神需求。通过马克思主义的理论视角，高校能够更好地理解传统文化在不同时期的社会功能，并为文化的创造性转化与创新性发展奠定理论基础。马克思主义的辩证唯物主义和历史唯物主义观点为高校在文化传承过程中提供了方法论指导。辩证唯物主义强调事物的普遍联系和发展变化，这意味着文化的传承不应是一成不变的静态传承，而应结合社会的发展与时代的需要，对传统文化进行适应性调整。高校必须以马克思主义为指导，积极挖掘传统文化中具有当代价值的思想，并根据现代社会的发展需求进行创造性的转化。这样不仅能够让传统文化在新时代继续焕发活力，还能够确保文化传承的实际效果与社会发展需求的紧密结合。

马克思主义的历史唯物主义理论指出，文化不仅是上层建筑的一部分，更是社会实践的产物。高校必须立足于实际社会生活，关注社会的现实需求和时代课题。通过马克思主义的理论指导，学校能够避免将传统文化简单地看作封闭的历史遗产，而是将其视为一种能够与现代社会对话、与人民生活密切相关的有机文化体。特别是在德育的视域下，传统文化的传承不应仅仅是书本上的知识学习，而是要与学生的日常生活、社会责任感和道德修养相结合，使学生能够在文化学习中提升个人道德素质并贡献社会。马克思主义与社会主义核心价值观的深度融合为高校传承中华优秀传统文化提供了思想武器。马克思主义始终强调以人民为中心，服务社会和人民的需要。在高校的文化传承过程中，必须将这一思想贯穿始终，确保文化传承的核心目标是服务社会发展，培养社会主义接班人。因此，中华优秀传统文化的传承不仅仅要强调文化知识的延续，更要注重文化中的道德内涵、社会责任和家国情怀的弘扬。这与社会主义核心价值观中的爱国、敬业、诚信、友善等要求高度契合，是马克思主义指导下高校德育工作的重要内容。

传统文化的传承不能仅仅局限于高校课堂或学术研究领域，而应该通过各种形式的社会实践和群众参与活动，将中华文化的精髓广泛传播到社会的各个层面。马克思主义认为，人民群众是历史的创造者。因此，传统文化的传承应当充分调动学生的主体性，让他们不仅仅是文化知识的学习者，更是文化的参与者和创造者。通过参与文化活动、传承项目，学生可以更好地理解中华文化的价值，从而在实践中增强文化自信。在全球化和信息化的背景下，马克思主义为高校应对外来文化冲击和文化多元化的挑战提供了理论指导。全球化带来了不同文化的交融与碰撞，高校必须保持对本土文化的高度自觉，避免被外来文化所主导。马克思主义强调文化的自主性和独立性，因此，在与外来文化交流的过程中，传统文化的传承必须以文化自信为基础，不盲目崇拜外来文化，而是以中华文化为根基，推动中外文化的平等对话和交流。这不仅能够保护和弘扬中华文化的独特性，也能够在全球化进程中增强中国的文化软实力。

（二）践行习近平新时代中国特色社会主义思想

习近平新时代中国特色社会主义思想为中华优秀传统文化的传承提供了强有力的理论基础和实践指南。在新时代，习近平总书记多次强调要坚定文化自信，弘扬中华优秀传统文化。高校在文化传承过程中，必须以这一思想为指引，全面深入挖掘中华文化的当代价值。只有坚定文化自信，才能够真正推动中华文化在全球化背景下继续发挥其独特作用，使学生在学习传统文化的同时，建立起对民族文化的深厚认同感和自豪感。习近平新时代中国特色社会主义思想为高校传承文化明确了方向，将传统文化的精髓与现代社会的发展需求紧密结合，推动文化在新时代焕发出新的活力。习近平新时代中国特色社会主义思想强调文化的创造性转化与创新性发展，要求在继承中创新，赋予中华优秀传统文化新的时代内涵。高校在传承文化时，不应仅仅停留在对传统文化的书本化学习上，而应以创造性的方式将传统文化与现代科技、社会发展相结合。例如，通过利用现代技术，如虚拟现实、数字化展示等手段，展现传统文化的魅力，让学生在新的学习方式中深入理解文化内涵。这样不仅能提升学生对文化的兴趣，还能够激发他们对传统文化的创新思维，从而在实践中进一步弘扬和发展中华优秀传统文化。

习近平新时代中国特色社会主义思想还明确指出，中华优秀传统文化的传承要与社会主义核心价值观相融合。高校应当紧紧围绕这一要求，将中华文化中的伦理道德、家国情怀、社会责任感等内容融入德育教育。例如，儒家思想中的"仁义礼智信"，道家主张的"天人合一"，以及法家倡导的"依法治国"理念，都与社会主义核心价值观中的爱国、诚信、法治精神高度契合。通过将这些文化元素与当代价值观念相结合，高校可以帮助学生树立正确的世界观、人生观和价值观，使他们在文化学习中既能继承传统，又能与时俱进，做社会主义事业的合格建设者。中华文化自古以来注重"修身齐家治国平天下"，这种家国情怀和责任意识在当今社会仍然具有深刻的教育意义。高校在传承文化的过程中，应当引导学生通过学习传统文化中的社会责任感，培养其为国家、为社会做贡献的意识。通过各种形式的社会实践和公益活动，学生可以将文化学习与实际行动相结合，真正做到知行合一。这不仅有助于提升学生的道德修养，也能够培养他们的社会责任感，推动中华优秀传统文化在当代社会的广泛应用和传播。

高校不仅要立足于国内，还应放眼世界，推动中华文化的国际传播和交流。通过开设国际化课程、组织文化交流活动，高校可以让更多的海外学生了解并热爱中华文化，进一步提升中华文化的国际影响力。在全球化进程加速的今天，积极推进中华文化的国际传播，才能让世界更好地了解中国文化的深厚底蕴和独特魅力，增强国家的文化软实力和国际话语权。习近平新时代中国特色社会主义思想还提出，文化传承要面向人民、服务人民。这意味着高校在传承中华优秀传统文化时，必须时刻关注文化与人民群众生活的紧密联系。高校可以通过开展社区文化活动、文化讲座等形式，将中华优秀传统文化带入校园外的广泛社会领域。通过这种文化的广泛传播，不仅可以使学生成为文化的传播者，也能够增强社会各界对中华优秀传统文化的认同感和参与度。只有让文化真正扎根于人民群众的日常生活，文化传承才能具有持久的生命力，才能真正践行习近平新时代中国特色社会主义思想中提出的文化服务人民的理念。

（三）文化传承与德育目标相结合，服务国家发展

高校需要将文化传承与德育目标紧密结合，培养学生的道德修养、社会责任感以及爱国主义情怀。习近平新时代中国特色社会主义思想和马克思主义理论为这一结合提供了坚实的理论基础。通过将文化传承融入德育，学生不仅能从传统文化中汲取智慧，还能在文化学习过程中形成正确的世界观、人生观和价值观，这有助于他们在新时代承担起建设国家的责任。文化传承与德育的结合意味着不仅要让学生学习中华文化中的经典思想，还要帮助他们从中理解与现代社会相适应的道德规范和价值观。传统文化中蕴含的仁、义、礼、智、信等核心伦理道德，不仅是历史上的道德标准，今天依然对社会有重要意义。高校在文化传承中，应强调这些道德规范的现代价值，帮助学生在多元文化和复杂社会中保持道德底线，提升他们的社会责任感与自律精神。这种文化与德育的结合，能够引导学生将中华传统美德内化为自身的行为准则，为未来的社会发展奠定良好的道德基础。

高校还应在文化传承过程中，突出对民族精神的培养，增强学生的爱国主

义情怀。中华优秀传统文化中充满了对家国情怀的赞美和弘扬，例如"修身齐家治国平天下"这一儒家思想，强调个人修养与国家利益的统一，今天依然是德育的重要内容。高校应通过文化课程、德育活动、爱国主义教育等多种形式，将传统文化中的家国情怀融入学生的生活和学习中。通过学习和传承这些文化精髓，学生能够更深刻地理解自己在国家建设和民族复兴中的责任，增强他们的使命感和国家认同感。传统文化中所提倡的集体主义精神、重视社会责任的观念，依然是现代社会的核心价值之一。高校应通过文化传承教育，引导学生从传统文化中汲取这些集体主义和社会责任的思想，使他们在个人成长过程中时刻关注国家和社会的需求。这种社会责任感的培养，不仅能够让学生在日常生活中展现出积极的社会行为，还能在未来的职业生涯中，更好地为社会进步和国家建设贡献自己的力量。

文化传承与德育相结合，还要求高校将中华优秀传统文化的传承与社会主义核心价值观有机结合。习近平新时代中国特色社会主义思想明确指出，要以社会主义核心价值观为引领，推动文化自信的建立与巩固。高校必须坚持将社会主义核心价值观融入德育目标，特别是在文化教育的各个环节中，引导学生树立起正确的价值观念。例如，通过将中华传统文化中的诚信、仁爱等价值观与社会主义核心价值观中的爱国、法治、诚信精神相结合，学生能够在文化学习中真正理解和践行这些价值观念，成为具有社会主义核心价值观的新一代。此外，文化传承与德育的结合还为国家的长远发展提供了智力支持和精神动力。随着全球化进程的加快，中国需要在世界舞台上展现出独特的文化软实力，而这一软实力的源泉正是中华优秀传统文化。高校通过在德育中融入文化传承，可以培养出具有全球视野但又根植于中华文化的国际化人才。这些人才不仅在全球化背景下具有竞争力，还能够在国际交流与合作中，弘扬中华文化，推动中华文化的国际传播，提升国家的文化软实力。

学生在学习中华优秀传统文化的过程中，不仅能够提高文化素养，还能通过德育教育提升自己的道德修养和社会担当意识。这种全面的教育模式，既有助于学生成为具备深厚文化根基的优秀人才，也能够为社会输送更多具备道德责任感和社会服务意识的人才，推动国家的长远发展。因此，德育与文化传承的有机结合，不仅是高校教育的核心任务之一，也是实现国家发展战略的重要途径。

二、基本原则

（一）坚持文化自信与价值引领相结合原则

高校在中华优秀传统文化传承中必须坚持文化自信，培养学生对本土文化的认同感与自豪感。习近平新时代中国特色社会主义思想强调，文化自信是一个国家发展的根基。因此，高校需通过德育教育引导学生认识到中华优秀传统文化在全球化背景下的独特性与重要性。同时，将文化传承与社会主义核心价值观的培养相结合，确保学生在接受传统文化熏陶的同时，树立起正确的世界观、人生观、价值观，增强文化自信与价值引领的双向作用。

（二）理论教育与实践活动相结合原则

传承中华优秀传统文化不仅需要理论上的学习与理解，还必须通过实践活动让学生亲身体验文化的内涵与魅力。高校应将课堂教学与课外实践紧密结合，设计多样化的文化体验活动，例如传统节日庆典、非遗手工艺课程、文化遗址参观等，让学生在实践中加深对文化的理解和认同。这种理论与实践结合的方式，不仅有助于提升学生的文化素养，还能增强他们的参与感与主体性，推动文化传承从被动接受向主动学习转变。

（三）传承与创新相结合原则

高校既要保持对文化本源的尊重，也要推动文化的创新性发展。坚持文化传承的核心精神，如伦理道德、家国情怀，同时要结合现代社会的发展需求，将文化创新融入高校教育。通过科技手段、数字化平台等现代方式展现传统文化的魅力，不仅能激发学生的学习兴趣，还能推动文化的创造性转化与现代化应用，确保文化传承具有持续的生命力。

（四）校内教育与社会资源整合相结合原则

高校在构建文化传承体系时，应积极整合社会资源，与博物馆、文化遗产保护机构、社区文化组织等社会力量合作，拓展文化传承的渠道与形式。通过与社会机构的协同合作，学生能够接触到更广泛的文化资源，参与到更实际的文化传承项目中，这有助于增强学生的文化体验，培养他们的文化责任感与社会参与意识，推动文化传承的深入发展。

（五）全面育人与个性化发展相结合原则

在传承中华优秀传统文化的过程中，高校应当注重对全体学生的道德素质和文化素养的全面培养，同时也要兼顾学生个性化的发展需求。通过德育课程中的文化传承内容，促进学生整体道德水平的提升；通过选修课、社团活动、文化工作坊等方式，尊重学生的个性差异，为其提供多样化的文化学习路径，帮助他们在文化传承中实现个性化成长。

三、主要目标

（一）培养学生的文化自信与民族认同感

高校中华优秀传统文化传承的首要目标是培养学生的文化自信与民族认同感。通过系统的德育教育，使学生深入了解中华文化的历史渊源、思想精髓与道德规范，增强他们对本土文化的认同感和自豪感。学生在学习和体验过程中，能够意识到中华文化的独特性与重要性，树立对民族文化的自信，进而在全球化背景下坚持文化自主性，增强文化软实力。

（二）提高学生的道德修养与社会责任感

传承中华优秀传统文化的另一个关键目标是通过德育课程，提升学生的道德修养和社会责任感。传统文化中蕴含的伦理道德、家国情怀与集体主义精神，是现代社会不可或缺的道德指引。高校应培养学生的诚信、仁爱、尊重、责任等道德品质，使其在未来的人生和职业生涯中能够为国家和社会作出贡献，具备强烈的社会责任感和道德担当。

（三）推动中华优秀传统文化的创新性发展

高校文化传承体系的另一重要目标是推动中华优秀传统文化的创造性转化与创新性发展。学生不仅要掌握文化的精髓，还要学会在新时代背景下运用现代技术和创新思维，推动传统文化在不同领域的应用与发展。通过将文化与现代科技、艺术、产业结合，学生能够在传承过程中赋予传统文化新的生命力，使其焕发出持续的活力，推动文化的现代化转型。

（四）培养具有全球视野的文化传播者

高校文化传承教育还应致力于培养具有全球视野的文化传播者。通过国际文化交流与合作，使学生具备跨文化理解与沟通能力，能够向世界传播中华优秀传统文化。培养学生具备在国际舞台上展示中华文化的能力，既增强国家文化软实力，也为中华文化在全球范围内的传播与影响力提供智力支持与人才储备。

（五）建立文化传承与德育的长效机制

高校传承中华优秀传统文化的目标还包括建立长效的文化传承与德育相结合的机制。通过制度化、常态化的课程设置、实践活动、评价体系等，确保文化传承工作能够深入持久地开展。通过将文化传承融入日常教学与学生生活，形成系统、稳定的文化教育体系，使学生在长期的学习和实践中不断提升道德修养和文化素养。

第二节　整体实施模式

在德育视域中，高校中华优秀传统文化传承的整体实施模式应多元化。课程整合是基础，通过将传统文化内容嵌入各学科课程中，增强学生的文化认同感。实践活动的开展极为重要，鼓励学生参与传统节日庆祝、文化讲座等，以实践深化对文化的理解。师生互动的模式也需创新，教师可以通过引导讨论、案例分析等方式，激发学生的思考与探索。线上线下结合的方式，利用现代科技手段拓展文化传播渠道，使传统文化在新媒体环境中焕发活力，增强其影响力。

一、课程嵌入式传承模式

（一）德育与思想政治课程中的文化传承

在德育课程和思想政治教育课中，融入中华优秀传统文化的核心内容，如伦理道德、家国情怀和社会责任，能够帮助学生在思想层面加深对中华文化的理解。通过结合现代社会的发展背景，将儒家思想中的"仁义礼智信"、道家"天人合一"等理念与社会主义核心价值观相结合，让学生认识到传统文化对当代社会和个人发展的重要指导意义。这种方式使文化传承不仅停留在知识的层面，还通过道德教育影响学生的价值观和行为规范。

（二）在文学、历史、哲学课程中的系统融入

文学、历史、哲学等人文社科课程是传承中华优秀传统文化的重要载体。高校应在这些课程中系统引入中华文化的经典作品、历史事件和哲学思想，帮助学生在深入学习的过程中感受中华文化的博大精深。例如，在文学课上，学生可以通过学习《论语》《道德经》等经典文本，理解中国传统文学中的思想内涵；历史课程可以探讨中国古代历史事件如何塑造了今天的文化形态；哲学课则可以分析儒、道、法等思想对中国社会结构的长期影响。这样，文化传承渗透到多个学科，形成完整的文化教育体系。

（三）跨学科融合的文化教学模式

课程嵌入式传承模式不仅限于人文学科，还应在其他学科中推广文化传承。通过跨学科的教学模式，将中华文化元素与其他学科结合，形成多元化的文化学习途径。例如，在管理学中探讨儒家的领导理念，在环境科学中引入道家的"天人合一"思想。这种跨学科融合有助于学生在不同的知识领域中感受到中华文化的影响，扩大文化传承的覆盖面，并培养学生对传统文化的多角度理解和运用能力。

（四）构建文化传承的课程评价与反馈机制

课程嵌入式传承模式的有效实施离不开科学的评价与反馈机制。高校应在文化传承课程中设计多样化的评价方式，包括课堂表现、书面作业、文化项目等，确保学生在理论学习和实践应用中都有机会展示对传统文化的理解。定期进行反馈和评估，能够帮助教师调整课程内容和教学方法，提升文化传承的效果。这种评价机制还可以激励学生深入思考和研究中华优秀传统文化，促进文化教育的长效发展。

二、实践体验式传承模式

（一）组织传统文化节庆与手工艺体验活动

高校应通过组织丰富多彩的传统文化节庆活动和手工艺体验课程，激发学生对中华优秀传统文化的兴趣。活动如春节、端午、中秋等传统节日的庆祝，不仅能让学生感受中华文化的氛围，还能通过参与习俗活动，如包粽子、做灯笼、

舞龙舞狮等，深入体验文化内涵。此外，书法、国画、剪纸等手工艺体验活动能够让学生通过实际操作，掌握这些传统技艺的精髓。通过亲身参与这些活动，学生能够在实践中感受中华文化的魅力，增强文化认同感和参与度。

（二）非物质文化遗产保护与传承项目

高校可以通过与文化遗产保护机构合作，开展非物质文化遗产保护的实践项目。让学生参与传统工艺、民间艺术等非遗项目的保护与传承，不仅可以让他们深入了解非物质文化遗产的历史价值，还能够培养他们对文化遗产保护的责任感。例如，学生可以在老师或非遗传承人的指导下，学习和体验传统技艺的制作过程，参与文化遗产保护的宣传和推广工作，亲身感受到文化传承的意义。这种实践体验式的活动，有助于学生将理论知识与实际操作相结合，增强对中华文化的理解与认同。

（三）文化遗址参观与历史现场体验

参观文化遗址和历史遗迹是深化学生对中华优秀传统文化认知的有效途径。组织学生参观长城、故宫、敦煌莫高窟等历史文化遗址，让他们在实地感受中华文化的历史厚重感和建筑艺术的精美。高校还可以安排学生参加文化考察与研学活动，亲自探访与文化相关的历史现场，体验历史遗存的价值与影响。这种直接面对历史文化遗产的实践方式，能够帮助学生更深入地理解文化的历史传承与其对当代社会的影响。

（四）结合传统节日开展主题活动

传统节日是中华优秀文化的重要组成部分，高校可以结合传统节日开展主题活动，将文化教育与学生的日常生活紧密联系起来。通过组织节日庆典、文化展览、节日专题讲座等活动，不仅让学生参与节日的传统习俗，还能够通过文化背景的学习，深入了解节日背后的历史和文化价值。例如，在春节期间举办年俗文化讲座或诗词竞赛，在端午节进行龙舟竞渡等活动，这些都能激发学生对传统文化的兴趣，促进他们将中华文化融入日常生活中，增强他们对文化的认同与传承意识。

三、科技融合式传承模式

（一）数字化平台的建设与文化资源共享

高校可以通过建设线上文化学习平台，将中华优秀传统文化的丰富资源进行数字化整理和展示。这些平台可以包含电子书籍、古籍文献、音频视频课程等内容，使学生能够随时随地接触传统文化。通过数字化平台，高校能够打破时间和空间的限制，实现文化资源的广泛共享，让更多学生有机会深入了解和学习中华文化的精髓。同时，这些平台还可以结合在线讨论、互动问答等功能，增强学生的参与感，提升学习的趣味性和互动性。

（二）虚拟现实技术的沉浸式文化体验

虚拟现实（VR）技术为高校提供了全新的文化传承方式，能够让学生在虚拟世界中亲身体验传统文化。例如，通过虚拟博物馆或虚拟古城再现，让学生身临其境地感受古代建筑、艺术和文化场景的魅力。虚拟现实技术还可以将传统节日庆典、历史事件等场景进行还原，让学生在互动中感受文化的深度和历史的厚重感。这种沉浸式的文化体验能够增强学生的兴趣，使他们通过感官互动更加生动地理解和传承中华优秀传统文化。

（三）人工智能技术的个性化学习与文化传播

人工智能（AI）技术能够为文化传承提供个性化的学习体验。通过 AI 技术，学生可以获得量身定制的学习方案，根据其兴趣和学习进度推荐相关的文化课程和资源。例如，智能学习助手可以根据学生的喜好推荐古诗词、书法、传统工艺等学习内容，提高学习效率。人工智能还可以通过自然语言处理和语音识别技术，帮助学生在互动中学习传统文化知识，增强学习的灵活性与便利性。同时，AI 还可以用于文化传播中，帮助将中华文化以多语言、多媒介形式推广到全球，扩大中华优秀传统文化的国际影响力。

（四）数字化教材与虚拟文化场景开发

高校可以通过开发数字化教材和虚拟文化体验场景，将传统文化知识转化为生动的数字学习资源。例如，开发互动式电子教材，让学生通过触屏、点击等操作形式，体验中华文化中的历史人物、经典事件或传统工艺。此外，虚拟文化场景的开发可以帮助学生在数字环境中"体验"文化，如虚拟茶道、虚拟古琴演奏、虚拟祭孔等活动，让学生通过互动体验加深对文化的理解。这种科技融合的文化传承模式不仅能提升学生的学习兴趣，还能促使他们在体验中理解传统文化的深刻内涵。

四、校企协同式传承模式

（一）文化项目开发中的校企合作

高校可以与文化企业、传媒公司、文创机构等合作，开发与中华优秀传统文化相关的文化项目。学生通过参与这些项目的设计、研发和实施，不仅能够加深对文化的理解，还能够学习如何将传统文化元素转化为符合现代市场需求的文化产品。例如，学生可以参与传统工艺品设计、数字文创产品开发、影视作品的策划与制作等，这些实践活动让学生将所学文化知识与实际应用相结合，推动传统文化在市场中的传播与发展。

（二）实习与实践项目的深度参与

校企协同的文化传承模式可以通过实习和实践项目的方式，让学生深入文化企业一线，参与文化产业的实际运作。高校可以安排学生到博物馆、文化公司、文创园区等单位实习，参与文化活动策划、文创产品推广等实际工作。学生能够学习文化项目的策划与运营技巧，了解市场对文化产品的需求，进而培养他们将传统文化与现代市场相结合的能力，为未来的文化产业发展储备人才。

（三）联合开发活动与文化创新

高校与文化企业可以通过联合开发活动，推动传统文化的创新与传播。通过共同研发文创产品、举办文化展览、策划文化节庆活动等方式，学生能够学习到如何在市场环境中推广中华优秀传统文化，并通过创新方式将文化产品与消费者的需求结合起来。例如，文化企业可以利用学生的创意，将传统文化中的经典元素转化为符合当代审美的文创产品，而高校则为企业提供人才与资源支持。这种联合开发模式能够有效提升文化项目的创新性和市场影响力，促进文化传承的现代化。

（四）推动中华文化的产业化传播

校企协同的文化传承模式不仅能够提升学生的实践能力，还能够通过企业的市场化运作推动中华优秀传统文化的产业化传播。文化企业通过商业平台和市场渠道将传统文化产品推向大众，扩大文化影响力。同时，学生通过在企业中的学习与实践，掌握文化产业的运作机制和传播策略，学会如何在市场中推广和弘扬中华文化。这种模式有助于提升文化传承的社会影响力，推动中华优秀传统文化在现代社会中的广泛传播和应用。

五、国际交流式传承模式

（一）建立与国外高校及文化机构的合作

高校可以与国外知名高校、文化机构建立合作关系，联合开展中华优秀传统文化的研究与传播工作。通过文化学术合作，推动双方在传统文化领域的深入交流与合作。例如，双方可以共同开发文化课程、出版研究成果，甚至通过在线平台举办跨国文化研讨活动，促使中华文化在国际学术界得到更多的关注和认可。这种合作不仅能够让学生接触到国际化的文化研究视角，还能提升中华文化的学术地位，促进其在全球的传播。

（二）组织国际文化交流活动与文化节

高校可以定期举办国际文化交流活动，如国际文化节、中华文化展览、书画艺术展等，以吸引更多海外学生和文化爱好者了解中华文化。展示中华优秀传统文化中的艺术、哲学、历史等丰富内容，增强外国受众对中国文化的兴趣。此外，高校还可以邀请国际学者、艺术家参与活动，推动中外文化的双向交流。这种形式的文化交流不仅能够提升中华文化在国际舞台上的可见度，还能通过跨文化的互动促进国际社会对中华文化的理解与认同。

（三）开设留学生文化课程与培训

为了加深国际学生对中华优秀传统文化的理解，高校可以开设专门针对留学生的中华文化课程，涵盖中国哲学、历史、艺术、传统节日等方面的内容。这些课程不仅有助于增强留学生对中国文化的了解，还可以让他们在回国后成为中华文化的传播者与推广者。此外，高校还可以提供中华文化培训项目，通过短期课程和文化工作坊的形式，帮助更多国际学生和学者深入学习中华文化的内涵，从而提升中华文化的国际传播广度和深度。

（四）举办国际学术研讨会与跨文化研究项目

高校可以定期举办国际学术研讨会，邀请来自世界各地的学者和文化专家共同探讨中华文化的国际传播策略与全球影响力。通过这些高层次的学术交流，学生能够了解中华优秀传统文化在国际学术界的地位和作用，学习国际文化传播的前沿理论与方法。此外，高校还可以发起跨文化研究项目，鼓励学生与国外学者合作，深入研究中华文化的全球化传播与影响。这些研讨与研究活动能够培养学生的文化传播能力，增强他们在国际舞台上展示中华文化的信心和能力。

第三节　德育队伍建设

德育队伍建设在高校中华优秀传统文化传承中至关重要。教师队伍的专业素养需不断提升，必须具备深厚的传统文化知识与德育理念，以有效引导学生。开展定期培训和学习交流活动，以增强教师的实践能力和文化传播能力。鼓励跨学科合作，促使不同学科的教师共同参与传统文化的传承与教学，从而形成合力。建立健全的评价机制，对德育工作进行定期评估与反馈，以不断改进队伍建设和文化传承的效果，确保传统文化在校园中的有效传播。

一、强化德育教师的文化素养与专业能力

（一）举办专题培训提升文化素养

高校应定期组织德育教师参加中华优秀传统文化的专题培训，重点提升教师对经典文化著作的理解与掌握。培训内容可以涵盖儒家、道家、法家的核心思想以及中华传统文化中的伦理道德观、家国情怀等。通过这些有针对性培训，教师能够更加深刻地领悟中华文化的精髓，从而在课堂上有效地传授给学生。培训还应结合当代社会背景，帮助教师将传统文化与当代德育目标有机结合，提高教学的现实针对性。

(二)邀请专家讲座促进学术交流

高校可以邀请国内外知名的传统文化研究专家、学者开展系列讲座,帮助德育教师接触最新的文化研究成果和理论动态。专家讲座不仅可以开阔教师的学术视野,还能为他们提供新的教学思路与方法。通过与专家的互动交流,教师能够更好地将学术前沿知识融入德育课程中,使传统文化教育内容更加丰富且具有深度。这种专家指导的模式,能够持续提升德育教师的文化素养和教学能力。

(三)文化研讨会推动教学实践提升

举办文化研讨会是强化德育教师教学能力的重要方式。通过组织与中华优秀传统文化相关的教学研讨会,教师可以分享各自在教学实践中的经验和挑战,共同探讨如何更好地将文化知识融入德育课程。通过这种互动与协作,教师能够相互借鉴教学方法,推动教学实践的创新与改进。同时,文化研讨会还能鼓励教师探索新的教学模式,将传统文化与现代教学技术结合,进一步提升课堂的吸引力与有效性。

(四)参与学术交流促进专业成长

高校应鼓励德育教师积极参与文化类的国内外学术交流活动,提升其在文化传承与创新领域的学术水平和科研能力。通过参加学术会议、发表文化研究论文等形式,教师可以与同行交流学术观点、学习新的教学和研究方法。这种学术互动不仅能够丰富教师的知识结构,还能提升他们的科研能力,使其在教学过程中既能传承传统文化,又能在创新领域有所突破,推动中华优秀传统文化的创造性发展。

二、跨学科德育团队的建立与协作

(一)整合不同学科教师形成多元化德育团队

为了提升德育工作的深度与广度,高校应当整合文化、历史、哲学、艺术等学科的教师资源,组建一个多元化的德育团队。通过将各学科的知识与教学方法融入德育课程中,这种跨学科团队能够在文化传承中提供不同的视角和教学思路。文化类教师可以注重经典文化的讲解,历史教师可以提供文化背景的脉络,哲学教师则可以通过伦理道德等方面深化文化理解,艺术教师则通过实际创作和艺术表现增强文化体验。这样的团队合作，确保德育课程能够涵盖多个文化层面，形成一个立体化、综合性的教育体系。

（二）促进学科交叉丰富德育课程内容

跨学科团队的建立能够促进学科间的交叉与融合，使德育课程的内容更加多样化和丰富。通过文化、历史、哲学等学科的相互补充，德育课程不仅仅限于道德理论的灌输，还可以结合具体的历史事件、文化习俗、哲学思想等，帮助学生更全面地理解中华优秀传统文化的内涵。例如，在讲授儒家伦理时，可以结合历史背景中的社会制度、哲学中的道德观念以及艺术表现中的家国情怀。这种交叉融合能够增强课程的趣味性与实践性，让学生从多个维度理解和认同传统文化。

（三）推动学科资源的整合与共享

跨学科德育团队的组建还能够推动学科资源的整合与共享，充分利用各学科的优质教学材料和教学手段。不同学科的教师可以共同开发教学资源，如多媒体课件、文化项目、跨学科研究案例等，帮助学生更生动地学习传统文化。例如，艺术与文化学科可以合作开发中华艺术传承的实践课程，历史与哲学学科可以共同设计文化研究课题，通过这种学科间的协同合作，德育课程内容更加生动具体，教学资源也更具实用性与创新性。

（四）提升学生的综合素质与文化认同感

跨学科团队合作模式的一个重要目标是提升学生的综合素质和文化认同感。通过各学科的合作教学，学生能够从多个维度深刻理解中华优秀传统文化的多元价值，培养他们的批判思维能力、文化鉴赏能力和道德判断力。这种多学科交叉教学不仅能够提高学生对中华文化的兴趣，还能通过哲学的思辨、历史的事实、艺术的感知等方式，让学生在多样的文化表达中加深对传统文化的理解和认同，从而增强他们的文化自信和社会责任感。

三、加强德育领导者的统筹与管理能力

（一）制定全面的德育战略规划

高校德育管理者需要制定全面的德育战略规划，以确保学校文化传承工作能够有序推进。这包括明确德育工作的目标、方向和实施步骤。德育领导者应通

过调研、分析学校的实际情况和文化需求，制定切实可行的战略计划。战略规划不仅要关注短期目标，还要考虑长期发展，以确保德育工作能够适应学校发展的需要。同时，应结合时代背景和社会热点，调整和完善德育战略，以增强其针对性和有效性。

（二）合理调配教学资源

德育领导者需要具备有效的资源管理能力，通过合理调配教学资源来支持德育工作的实施。这包括人力资源的配置、资金的投入以及物资的分配等。合理的资源调配可以确保德育课程和活动的顺利进行，提高德育工作的整体效果。此外，德育领导者还应根据德育工作的发展需求，动态调整资源配置，确保资源能够得到最优化使用。

（三）统筹协调各类文化活动与课程安排

德育工作的实施需要统筹协调各类文化活动与课程安排，确保德育内容能够融入日常教学和校园生活中。德育领导者应组织和协调学校内外的文化活动，如讲座、研讨会、文化节等，并将其与课程教学有机结合。此外，还需协调各个部门和班级，确保文化活动和课程安排的衔接顺畅，从而形成系统化的德育教育体系。

（四）定期评估与改进德育工作

为了确保德育目标的有效实施，德育领导者应定期对德育工作进行评估和改进。这包括对德育工作的实施情况、效果以及存在的问题进行系统的评估。通过收集反馈意见、分析数据和总结经验，德育领导者可以发现工作中的不足，并采取相应的改进措施。此外，评估与改进的过程应保持透明，并将成果和改进措施反馈给全体师生，以增强德育工作的信任度和参与度。

四、建立健全德育教师的激励机制

（一）设立荣誉奖励制度

建立健全的激励机制首先需要设立荣誉奖励制度，以表彰在德育工作中表现突出的教师。高校可以设立如"优秀德育教师奖""文化传承贡献奖"等荣誉，激励教师在德育教育和文化传承方面的卓越贡献。这些奖项不仅可以提升教师的职业认同感,还能激发他们的工作热情和积极性。荣誉奖励的设置应具有公平性和透明度,并结合教师的实际表现进行评定。

(二)提供科研项目支持

为了进一步激励德育教师的学术研究和专业发展,高校应提供科研项目支持。这包括资助教师申报德育相关的科研项目、提供研究经费和资源支持等。通过科研项目的支持,教师可以在德育领域进行深入研究,探索新的教学方法和策略,从而提高德育工作的效果。此外,学校应鼓励教师参与学术交流,分享研究成果,促进学术成长。

(三)支持出版和学术交流

除了科研项目支持,高校还应提供出版和学术交流的支持。教师可以通过发表论文、出版专著等方式展示其在德育领域的研究成果。学校可以提供出版经费、编辑支持以及学术期刊的推荐等,帮助教师顺利完成学术出版。此外,支持教师参加学术会议和研讨会,促进他们与同行的交流与合作,也是激励机制的重要组成部分。

(四)提供职业发展机会

为了全面提升德育教师的职业发展,高校应提供丰富的职业发展机会。这包括职业培训、进修学习、晋升机会等。通过系统的职业培训,教师可以不断更新教学理念和方法,提高教学能力。学校还应为教师提供晋升通道和职业发展规划,激励他们在德育工作中不断追求卓越。职业发展机会的提供,不仅能够增强教师的职业满意度,还能提升其在德育教育中的整体表现。

五、完善德育教师的福利与支持保障

(一)提供优质的教学环境

为确保德育教师能够专注于中华优秀传统文化的传承工作,高校应提供优质的教学环境。这包括建设和维护现代化的教学设施,如多媒体教室、互动学习空间等,以支持德育教学的多样化需求。一个良好的教学环境不仅能提升教学效果,还能增强教师的工作满意度和教学积极性。此外,学校应定期检查和改善教学设施,确保其始终处于良好使用状态,以满足教师的教学需求。

（二）丰富教学资源

高校应为德育教师提供充足的教学资源，包括教材、参考书、文化资料以及相关的虚拟现实和数字化教学工具。通过这些资源，教师可以更好地准备课程，设计互动性强的教学活动。此外，学校还应建立资源共享平台，方便教师获取和分享教学资源，以促进资源的合理利用和教师之间的合作。

（三）关注教师心理健康

高校应关注德育教师的心理健康，定期提供职业咨询和情感支持，帮助他们应对教学中的压力和挑战。可以设置心理咨询服务，开展心理健康讲座和团队建设活动，以增强教师的心理素质和抗压能力。此外，学校应鼓励教师之间的相互支持和沟通，营造积极向上的工作氛围。

（四）提供必要的工作条件支持

除了教学环境和资源，高校还应提供必要的工作条件支持。包括合理的工作时间安排、适当的办公设施以及必要的行政支持等。学校应确保教师在教学、科研和管理工作中拥有充分的时间和空间，以提高工作效率。同时，应优化行政流程，减少教师的行政负担，使其能够将更多精力投入教学和文化传承工作中。通过这些支持措施，可以帮助德育教师在一个稳定而舒适的环境中充分发挥其教学潜力。

六、促进德育教师的持续学习与专业成长

（一）定期组织文化考察与研修

高校应定期组织德育教师参与文化考察和国内外研修活动。这些活动可以让教师深入了解中华优秀传统文化的历史背景、发展脉络和实际应用，通过实地考察获取第一手资料和体验。国内外研修可以为教师提供先进的教育理念和教学方法，扩展他们的学术视野和文化认知。这种定期的学习机会不仅有助于教师的知识更新，还能激发他们对文化传承的热情和创新意识。

（二）鼓励学术交流与合作

德育教师的专业成长离不开学术交流与合作。高校应鼓励教师参与国内外学术会议、研讨会及文化交流活动，促进他们与同行专家的互动与合作。通过学

术交流，教师可以获得最新的研究成果和教学经验，了解领域内的前沿动态。学校还可以鼓励教师与其他高校或研究机构建立合作关系，共同开展研究项目和文化推广活动，从而丰富他们的专业知识和教学实践。

（三）提供持续的职业培训

为了提升德育教师的专业能力和教学水平，高校应提供持续的职业培训。这包括组织专题讲座、培训班和在线课程，覆盖最新的德育理论、教学方法和文化研究成果。职业培训应根据教师的具体需求和发展方向进行个性化设计，帮助教师解决教学中的实际问题并提高其专业技能。此外，培训内容应与学校的德育目标和战略相结合，以确保培训效果的最大化。

（四）鼓励自主学习与研究

除了组织集体学习活动，高校还应鼓励德育教师自主学习和研究。这可以通过提供学术资源、研究资助和学习支持等方式来实现。教师可以自主选择研究课题，撰写学术论文，参与文化研究项目等，从而推动个人的学术发展和专业成长。学校可以设置学习激励机制，鼓励教师在自主学习中取得的成就，并为其提供必要的资源和支持，以帮助教师在德育领域取得更大的突破。

第四节　监督保障机制

在德育视域中，高校中华优秀传统文化传承的监督保障机制至关重要。需建立健全的制度体系，以明确各级责任，确保文化传承工作有序推进。定期开展监督检查，评估各项文化传承活动的实施效果和实际影响，确保目标的达成。此外，信息反馈机制也不可忽视，鼓励师生对文化传承活动提出意见和建议，以便及时调整策略。结合外部资源，邀请专家学者进行指导和评估，为高校的传统文化传承提供专业支持，确保其持续性和有效性。

一、完善监督机构的设置与职责

（一）设立专门的监督机构

设立这样的机构，如德育委员会或文化传承工作组，能够有效地对德育工作的实施进行全方位的监督与管理。这些机构的成立应充分考虑到其专业性和权威性，由学校领导、德育专家以及文化研究人员等组成，以确保其具备丰富的经验和广泛的学术背景。这样能够为德育工作提供坚实的指导和支持，确保文化传承工作的高效推进。设立专门的监督机构有助于集中资源和力量对德育工作进行系统化的指导。通过整合学校内外的专业力量，监督机构能够从整体上把握德育工作的方向与目标。这种集中的管理方式能够减少资源的浪费和管理上的盲点，确保每一项德育任务都能够得到科学规划和有效实施。通过建立这样的机构，高校可以更好地协调各方资源，制定出符合实际需要的文化传承方案，推动德育工作有序进行。

专门的监督机构能够加强对文化传承工作的组织协调。这些机构负责制定监督方案，明确监督内容、检查频率和方法，通过系统化的管理来提升文化传承工作的质量。具体而言，监督机构可以对德育课程的设置、文化活动的开展以及教师的教学情况进行全面的检查与评估。这种综合性的监督能够发现和解决实际工作中存在的问题，确保各项德育任务的实施效果符合预期，从而推动中华优秀传统文化在校园中的深入传承。监督机构的设立还能够提高文化传承工作的透明度和公正性。通过设立专门的机构，监督工作能够在公开、公正的环境中进行，确保所有德育活动和项目都在规范和标准的指导下进行。定期的监督检查和评估报告能够为师生和社会公众提供明确的信息，增强对文化传承工作的信任感和支持度。这种透明的管理方式不仅能够促进德育工作的顺利进行，还能够提升学校的整体形象和社会影响力。

（二）明确各级负责人的职能

各级负责人应有明确的职责分工，这样能够有效避免职责重叠或遗漏，提升监督工作的效率与准确性。首先，主要负责人的角色至关重要，他们承担整体规划和协调的任务，负责制定监督工作的总体战略和方针。主要负责人需要综合考虑德育工作的各个方面，确保所有任务和项目符合整体目标，并能够在资源配置和时间安排上做出合理决策。他们通常需要具备广泛的视野和丰富的管理经验，以便统筹安排各项工作，并协调各部门之间的关系。分管负责人的职能则更加具体，他们主要处理监督工作的实际实施问题。分管负责人通常会根据主要负责人的战略规划，制定详细的工作计划和实施细则。他们的工作重点在于确保各项任务的顺利进行，解决实施过程中的各种问题。例如，分管负责人可能需要组织定期的检查与评估，跟进文化传承活动的实际进展，并协调各部门在执行过程中遇到的困难。通过明确分管负责人的职责，可以确保监督工作的每一个环节都得到有效落实，提升工作的整体效率。

具体负责人员则负责执行日常的监督任务，他们的职责包括按照监督方案进行实际的检查和评估，记录工作情况，并提供反馈报告。这些人员通常需要具备细致的观察能力和扎实的业务知识，以便准确把握德育工作的实际情况。他们在工作中需要严格按照既定的标准和程序进行操作，确保监督数据的准确性和可靠性。此外，具体负责人员还需要及时发现问题，并将问题反馈给分管负责人或主要负责人，以便及时采取相应的改进措施。此外，明确各级负责人的职能也有助于建立有效的沟通和协调机制。各级负责人之间的职责分工不仅能够提升工作效率，还能够确保信息的畅通和问题的快速解决。主要负责人需要定期与分管负责人和具体负责人员沟通，了解工作的进展和存在的问题，并提供必要的支持和指导。同时，分管负责人和具体负责人员也应保持紧密联系，确保工作的协调性和连贯性。通过建立这样的沟通机制，可以有效提高监督工作的整体协同性和工作效果。

明确各级负责人的职能，还能够帮助制定合理的工作考核和激励机制。各级负责人根据其职能和职责，需对其工作成果进行定期的考核与评估。主要负责人的考核重点在于战略规划和协调效果，分管负责人的考核则集中在实际执行的效果和问题解决能力，而具体负责人员的考核则侧重于日常监督的细致性和准确性。通过科学的考核与激励机制，可以激发各级负责人的工作积极性，进一步提升监督工作的质量和效率。

（三）制定详细的监督方案

为了确保德育工作的监督规范和有效，高校必须制定详尽的监督方案。这个方案应涵盖职责分工、监督内容、检查频率以及监督方法等多个方面，为监督机构提供清晰的工作指南。通过制定详细的监督方案，可以确保监督工作具有系统性和可操作性，从而提高监督的质量和效果。监督方案必须明确职责分工，以确保各级负责人在监督工作中各尽其责。这一部分的内容应详细描述主要负责人、分管负责人和具体负责人员的各自职责。例如，主要负责人负责整体协调和战略规划，分管负责人处理实际实施中的问题，而具体负责人员则执行日常的监督任务。明确的职责分工不仅能避免工作中的重叠和遗漏，还能确保每个环节都有人负责，进而提高监督工作的效率和准确性。

方案应列出需要监督的具体内容，比如德育课程的实施情况、文化活动的效果、教师的教学质量等。这些内容的设定应基于德育工作的实际需求，涵盖所有关键环节。通过明确监督内容，监督机构可以有针对性地开展检查和评估，确保所有涉及的方面都得到充分关注和有效管理。在监督的频率方面，方案应明确包括定期检查和不定期抽查。定期检查可以按照预设的时间表进行，如每季度或每学期检查一次，以确保工作按计划进行；而不定期抽查则用于随机检查，能够及时发现潜在的问题或不规范的操作。两者结合，既能确保常规工作的规范性，又能提高对突发问题的应对能力，增强监督工作的全面性和灵活性。

方案应规定使用哪些具体的监督方法，如文档审查、现场观察、数据分析和反馈收集等。文档审查可以通过审核德育相关的文件和记录来了解工作的实施情况；现场观察则能直观地评估文化活动的效果和教学环境；数据分析可以通过对各类数据的整理和分析，发现潜在的问题；反馈收集则通过师生和相关人员的意见，了解工作中的实际情况和问题。通过多种方法的结合，能够全面、准确地评估德育工作的实施效果。详细的监督方案能够为监督机构提供明确的工作指南，确保监督工作的系统性和可操作性。方案的制定应综合考虑德育工作的实际情况和需求，确保每一个环节都有明确的规范和标准。通过系统化的监督方案，高校能够提高德育工作的管理水平，确保中华优秀传统文化在德育中的有效传承与推广。

（四）定期召开会议与解决问题

为了确保中华优秀传统文化在德育中的传承工作能够持续改进，高校监督机构需要定期召开会议。这些会议的频率可以是月度、季度或年度，具体安排应根据工作实际需求来确定。定期召开会议的目的在于讨论和解决文化传承中的实际问题，确保监督工作的顺利推进和有效性。定期会议提供了一个平台，使得监督机构能够系统地汇报监督结果。在会议上，监督机构的成员需要将近期的检查和评估结果详细汇报，说明文化传承活动的实施情况及存在的问题。这种汇报能够使所有参与者对工作的现状有一个全面了解，避免了信息的不对称和沟通的盲区，从而为接下来的讨论奠定基础。

监督机构应对报告中提到的各类问题进行深入分析，探讨其产生的原因及可能影响。问题分析不仅需要依靠数据和事实，还需结合实际工作中的经验教训，以找出问题的根源并理解其对整体工作的影响。通过这一过程，机构能够准确定位问题，并制定出具有针对性的改进措施，确保问题能够得到有效解决。会议还应集中协调各方资源，以支持德育工作中的改进和提升。在讨论中，各方可以提出资源需求和支持建议，监督机构则负责协调和调配资源，确保改进措施的实施能够得到必要的支持。通过资源协调，机构能够解决在工作推进过程中遇到的资源瓶颈，提升工作的执行力和效果。每次会议都应妥善保存会议记录，包括讨论的主要内容、决策的措施及任务分配等。会议记录不仅可以为后续的工作提供参考，还能作为跟踪和评估的依据。通过对会议记录的整理和分析，监督机构可以追踪改进措施的实施情况，评估其效果，并在后续的工作中进行调整和优化。

二、制定科学的评估体系

（一）确定评估指标

在制定科学的评估体系时，有效的评估指标能够全面覆盖德育工作的关键方面，从而准确评估其实际效果。课程内容的创新性是一个重要的评估指标。该指标主要衡量德育课程是否引入了现代教育理念和教学方法，是否具有一定的创新性。评估课程内容的创新性可以通过分析课程大纲、教学材料和实施方案，检查是否融入了最新的教育理论和实践方法。此外，还需评估课程是否能够激发学生对中华优秀传统文化的兴趣，是否通过创新的方式提升学生的学习积极性和参与度。这种创新性的评估不仅有助于优化课程内容，还能推动德育教学方法的持续改进。这一指标关注文化活动的组织质量、学生的参与度以及活动后的反馈情况。通过对教学活动的组织质量进行评估，可以检查活动的规划是否周密、执行是否到位。学生参与度的评估则关注学生在文化活动中的实际参与情况，包括出席率、参与程度和主动性。活动后的反馈情况可以通过问卷调查、访谈等方式收集，了解学生对活动的满意度、收获感及其对文化传承的理解和评价。对教学活动效果的全面评估可以帮助识别活动中的优点和不足，为进一步的活动策划和实施提供改进依据。

学生对传统文化的认知与接受度是评估体系的核心指标。该指标通过测量学生对中华优秀传统文化的知识掌握、文化理解及态度变化，评估德育工作的实际影响。具体而言，可以通过设计知识测验来评估学生对传统文化内容的掌握程度，通过文化理解问卷了解学生对传统文化的深层次理解及其在生活中的应用。学生态度的变化可以通过长期跟踪调查或定期评估来了解，评估学生对传统文化的兴趣、态度和参与意愿的变化。通过对这些核心指标的测量，能够全面了解德育工作的实际效果和对学生的深远影响，确保评估结果的准确性和有效性。

（二）采用综合评价方法

为了确保评估体系的全面性和准确性，高校在制定评估体系时必须采用综合评价方法。这种方法应结合定量分析与定性分析，以提供对德育工作的全面和深入评估。定量分析是评估方法中的基础，能够提供大量的可量化数据，这些数据对于评价德育工作的效果至关重要。问卷调查是定量分析的一种常见手段，通过设计标准化的问卷，可以系统地收集学生对德育课程和文化活动的反馈。这些问卷可以涵盖学生对课程内容的理解程度、对教学活动的参与情况、对传统文化的兴趣等方面的数据。通过统计这些数据，高校能够获得关于学生知识掌握情况、课程参与人数和活动反馈评分等具体信息。这些量化数据为评估提供了客观的基础，使得评估结果具有较高的可信度。

通过对学生进行相关知识的测试，评估其对中华优秀传统文化的掌握程度和理解深度。测试可以是选择题、简答题或案例分析题等多种形式，旨在检验学生对课程内容的实际掌握情况。数据统计则帮助高校分析测试结果，发现学生在知识掌握上的普遍趋势及问题。这种数据的分析能够帮助识别德育工作中的优点和不足，进而为改进措施提供科学依据。定量分析虽然提供了客观的数据，但也有其局限性，无法全面捕捉德育工作中的细微差别。因此，定性分析在评估体系中同样至关重要。访谈是一种常见的定性分析方法，通过与学生、教师及文化传承工作相关的各方人员进行深入访谈，能够获得对德育工作更为详细的见解。访谈可以揭示学生对课程内容的主观感受、教师对教学实施的看法以及文化活动的实际效果等方面的真实反馈。这种深入的了解能够补充定量数据所缺乏的质性信息，提供更加全面的评估视角。

通过观察德育课程和文化活动的实际实施情况，可以直观地了解教学过程中的互动情况、学生的参与度以及教学方法的应用效果。观察记录能够揭示教学过程中存在的实际问题和不足之处，如教学方式是否符合学生的接受能力、课堂氛围是否有利于文化传承等。这些观察结果有助于高校在后续工作中做出针对性调整和改进。专家评审则通过邀请相关领域的专家对德育工作进行评价，提供专业的意见和建议。专家评审能够从更高的专业角度对德育课程的设计、实施效果及文化传承的实际成效进行评估。专家的意见不仅有助于发现德育工作中的问题，还能够为改进方案提供科学的建议，帮助高校在文化传承中不断提升质量和效果。

综合运用定量分析与定性分析的方法，可以形成对德育工作的全面评估。定量数据提供了客观的评价依据，使得评估结果具有较高的可靠性；定性分析则通过深入了解实际实施情况和细微差别，补充了数据无法反映的细节。两者结合，能够确保评价结果的准确性和实用性，为德育工作的改进和优化提供全面的支持。通过这种综合的评价方法，高校能够更好地理解德育工作的实际效果，及时调整教学策略，推动中华优秀传统文化在教育中的深入传承和发展。

（三）利用评估结果进行改进

在现代高校的德育工作中，科学的评估体系不仅仅承担着评价的功能，更为改进和优化工作提供了重要的依据。评估完成后，学校需要认真分析评估结果，从中提炼出德育工作中的优势和待改进之处。这一分析过程至关重要，因为它帮助学校准确把握当前德育工作的现状，明确改进的方向。例如，分析结果可能揭示出课程内容与学生实际需求之间的差距，从而推动课程内容的调整和优化。此外，评估结果还可能暴露教学活动中存在的不足，促使学校在活动设计和实施上进行改进。这种基于数据和事实的改进措施，将有效提升德育工作的质量。评估结果能够揭示出德育工作的具体优势与不足。例如，通过分析学生的反馈和学业成绩，学校可以发现哪些德育活动受到了学生的欢迎，哪些活动则未能引起足够的兴趣。基于这些信息，学校可以在保持优势的基础上，进一步优化活动内容和形式，从而提高德育工作的整体效果。同时，评估结果中指出的不足之处也提供了明确的改进方向。学校可以根据这些不足制定针对性改进措施，如调整课程内容，增加与传统文化相关的学习模块，或设计更具互动性的教学活动，以更好地激发学生的参与热情。

通过对评估数据的深入分析，学校可以识别出德育工作的薄弱环节，并据此制定更具针对性的工作计划和策略。这种数据驱动的改进方法，能够确保德育工作的优化措施是切实有效的,而不是单纯的主观判断。例如,如果评估结果显示学生对传统文化的参与度不足,学校可以针对这一问题,制定增加传统文化活动的计划,或者引入更多的传统文化教学资源。这种做法不仅能够有效提升学生对传统文化的认知和兴趣,还能在整体上推动中华优秀传统文化的深入传承。将评估结果转化为实际的改进行动,需要高校在实施过程中保持灵活性和创新性。改进措施的制定和执行应根据实际情况不断调整,以确保其与学校的实际需求和发展目标相匹配。例如,学校在优化教学活动时,可以通过引入新的教学方法或技术手段,来提高学生的参与度和学习效果。同时,学校还可以通过定期的反馈机制,及时了解改进措施的效果,并根据反馈结果进行进一步的调整。这种动态的改进过程,将帮助高校不断提升德育工作的质量和效果。

科学的评估体系和基于评估结果的改进措施,是推动高校德育工作不断向前发展的重要手段。通过系统的评估和科学分析,高校能够明确自身的优势和不足,从而制定出更具针对性的改进措施。这不仅有助于提升德育工作的整体效果,还能够推动中华优秀传统文化的深入传承。因此,持续关注评估结果并将其转化为实际的改进行动,是高校在德育工作中不可忽视的重要环节。

三、促进多方协作与社会参与

(一)建立合作关系,获得多方资源

高校在推动中华优秀传统文化传承的过程中,应积极建立与文化机构、教育部门、社会组织和企业等的合作关系。这些合作伙伴可以为德育工作提供宝贵的资源和支持。例如,文化机构能够提供丰富的文化素材和专业知识,教育部门可以在政策和资源上给予支持,社会组织则可以协助组织活动和推广宣传,企业则可以通过资金赞助和资源支持来助力文化传承。通过与这些合作伙伴的紧密合作,高校能够获得更多的资源和支持,从而增强文化传承活动的实效性和广泛性。

(二)专家支持与资源共享

合作伙伴的专业支持对于德育工作的成功至关重要。文化机构和专家可以为高校提供关于传统文化的深入解析和教学建议,帮助学校设计更具吸引力和教育意义的德育课程和活动。资源共享则意味着高校能够利用合作伙伴的教育资源、文化遗产和实践机会,丰富德育内容,提高教学质量。例如,文化机构可以组织

讲座和展览，社会组织可以提供实践活动和志愿者支持，而企业可以提供实地考察和实践平台。通过这些资源的共享，高校不仅能够提升文化传承的质量，还能将传统文化融入学生的日常学习和生活中。

（三）增强社会参与影响力

促进社会参与是提升中华优秀传统文化传承活动影响力的关键。高校可以通过与社会组织和媒体合作，扩大文化传承活动的覆盖面和公众关注度。社会组织可以帮助组织社区活动、文化节等，让更多人参与其中，增强文化传承的社会认同感。媒体的宣传则能够将文化传承活动的成果和意义传播到更广泛的受众，提升活动的社会影响力。此外，社会参与还可以激发公众对传统文化的兴趣和热情，形成广泛的文化传承网络。通过这种多方参与的方式，高校不仅能够提升活动的影响力，还能够在全社会范围内营造出重视和传承中华优秀传统文化的氛围。

第四章　德育视域中高校中华优秀传统文化传承的教育体系

在德育视域下，高校的中华优秀传统文化传承教育体系应注重文化内涵与道德教育的有机结合。通过课程设置、实践活动和文化体验，高校可以将传统文化中的伦理道德、价值观念融入学生的日常学习与生活。同时，教育体系需要兼顾理论与实践，既要通过课堂教学传授文化知识，又要通过丰富的文化实践活动让学生亲身体验和感悟传统文化的魅力，全面提升学生的文化认同感和道德修养，实现文化传承与德育教育的双重目标。

第一节　中华优秀传统文化融入高校教育管理工作

将中华优秀传统文化融入高校教育管理工作，需要将文化理念与管理制度相结合。通过将儒家思想中的"仁、义、礼、智、信"等核心价值观融入校园管理，能够引导学生在学习和生活中践行道德规范。与此同时，高校管理者应通过构建充满文化氛围的校园环境，设立文化活动、讲座、文化节等活动，将传统文化的精髓渗透到日常管理中，增强学生的文化认同感和责任感，从而促进校园的和谐发展与文化传承。

一、设立专门的传统文化课程与活动

（一）设置系统化的传统文化课程

在高校教育中，设置系统化的传统文化课程是推动中华优秀传统文化传承的重要举措。这些课程的设立不仅能够丰富学生的文化知识，还能培养他们对传统文化的深入理解。课程可以涵盖中国古代经典文献，如《论语》《道德经》和

《孟子》等，这些经典文本是中华文化的瑰宝，它们蕴含了丰富的哲理和智慧。通过学习这些经典文献，学生能够更好地理解中华文化的核心思想和价值观，从而形成对传统文化的基本认知和尊重。传统哲学如儒家、道家、墨家等各家学说，提供了不同的思维方式和价值观念，这些哲学思想不仅影响了古代中国的社会发展，也对现代社会产生了深远的影响。通过对这些哲学思想的学习，学生能够了解不同学派的主要观点及其对中国传统文化的贡献。此外，传统历史文化课程则介绍了中华文化的发展历程，从古代文明到近现代社会，帮助学生理解中华文化的历史脉络及其演变过程。这种系统化的教学安排，使学生不仅能掌握传统文化的基本知识，还能从历史和哲学的角度深入探讨文化的内涵和意义。

系统化的传统文化课程不仅需要涵盖丰富的内容，还应按照一定的逻辑和顺序进行讲解。例如，课程可以按时间顺序介绍中国历史上的主要文化事件和人物，或按主题分类讲解儒、道、墨等各家思想。这样的课程安排有助于学生形成系统的知识框架，更好地理解中华传统文化的整体性。此外，课程还应结合实际，设计相应的教学活动和案例分析，让学生通过实际操作和讨论，深化对课程内容的理解和应用。这种教学方式不仅能够提高学生的学习兴趣，还能促进他们对传统文化的实际感受和体验。教师不仅需要具备扎实的传统文化知识，还应具备良好的教学能力和沟通技巧。高校可以通过组织教师培训、引进外部专家等方式，提高教师的专业水平和教学质量。教师在课程教学中，应注重培养学生的批判性思维和独立分析能力，引导学生主动思考传统文化的现实意义和应用价值。此外，教师还应关注学生的反馈，及时调整教学内容和方法，以满足学生的学习需求和兴趣。通过设立系统化的传统文化课程，高校能够为学生提供一个全面的传统文化学习平台。这样的课程设置不仅能够帮助学生掌握中华优秀传统文化的基本知识，还能培养他们对传统文化的深入理解和思考能力。系统化的课程安排和专业的师资队伍，能够确保传统文化教育的质量和效果，从而有效推动中华优秀传统文化的传承和发扬。

（二）组织丰富多样的文化活动

在推动中华优秀传统文化传承的过程中，高校组织丰富多样的文化活动是至关重要的一环。这些活动不仅能够让学生体验到传统文化的独特魅力，还能增强他们的文化认同感和归属感。传统节日的庆祝活动是体验中华传统文化的重要方式。通过组织春节、中秋节等传统节日的庆祝，高校可以让学生直接参与到节日的庆典中，感受传统节日的氛围。这些庆祝活动可以包括传统的年夜饭、舞龙舞狮、制作月饼等，让学生在参与中了解和体验传统节日的习俗与文化背景。学生能够深入感受到中华传统文化的丰富内涵和历史积淀，增强对传统文化的理解和认同。

高校可以组织各种书法和绘画比赛，以展示和推广传统艺术形式。书法作为中华文化的重要组成部分，具有深厚的历史背景和艺术价值。通过举办书法比赛，学生不仅可以展示自己的书法才艺，还能学习书法的基本技法和艺术风格，从中体会到书法的艺术魅力。同时，绘画比赛也可以展示中国传统绘画艺术，如山水画、花鸟画等，让学生通过实际创作和欣赏，提高对传统绘画艺术的理解和欣赏能力。这些艺术活动不仅能够丰富学生的文化体验，还能激发他们对传统艺术的兴趣和热情，促进对中华文化的深入探索。

古典音乐会等文化活动也能够为学生提供欣赏传统音乐的机会。古典音乐是中华传统文化中的重要组成部分，其独特的音乐风格和演奏技艺具有深厚的文化底蕴。通过组织古典音乐会，高校可以邀请专业的音乐家和表演团体，为学生带来高水平的音乐演出。这不仅能够丰富学生的文化生活，还能帮助他们更好地理解传统音乐的表现形式和艺术魅力。此外，音乐会后可以安排音乐讲座或互动环节，让学生与音乐家交流，深入了解音乐作品的创作背景和演奏技法。这种丰富的音乐活动能够增强学生对传统音乐的欣赏能力，提升他们的文化素养。

（三）评估与改进课程及活动效果

评估的核心是对课程内容、教学效果及学生反馈的全面分析。通过对课程内容的评估，高校能够了解课程设置是否合理，教学内容是否符合教学目标。评估可以通过定期的课程测试、学生的作业及课堂参与情况来进行，这些数据能够反映出课程内容的实际适用性和教学效果的好坏。同时，教师应根据学生的学习情况和反馈，及时调整教学策略和方法，以提高课程的教学效果。评估活动的参与度和效果可以通过收集参与者的反馈、活动的观众人数以及活动后的问卷调查来实现。这些反馈可以帮助学校了解活动的受欢迎程度及其在提升学生文化素养方面的实际成效。如果某项活动未能达到预期效果，学校应认真分析原因，并根据学生和参与者的反馈进行改进。例如，如果书法比赛的参与人数较少，可能需要重新设计活动的形式或增加相关的宣传力度，以提高学生的兴趣和参与度。此外，还应考虑活动的组织和实施是否有优化空间，如活动的安排时间、场地设置等方面的问题，都需要在评估中进行详细分析。

在评估和改进的过程中，除了内部的评估，高校还可以引入外部专家的评估和指导。外部专家可以提供专业的意见和建议，帮助学校从不同的角度审视课程和活动的实施效果。这些专家可能来自文化研究机构、教育专家或传统文化领域的学者，他们能够基于自身的专业知识，提供关于课程内容、教学方法和活动形式的改进建议。通过与专家的交流和合作，高校不仅能够获得专业的评估结果，还能借鉴先进的教学经验和方法，进一步提升传统文化教育的质量。通过持续评估与改进，高校能够不断优化传统文化课程和活动的实施效果。评估过程中发现的问题和不足，能够为课程和活动的改进提供具体的依据和方向。高校应根据评估结果，及时调整和完善课程内容和活动形式，以更好地满足学生的需求和提升教育质量。同时，还应建立长期的评估机制和反馈渠道，确保评估与改进工作能够不断进行，从而确保传统文化教育的持续发展和有效实施。通过这些措施，高校能够真正发挥传统文化教育的作用，使其成为提升学生文化素养、增强文化认同感的重要手段。

二、构建传统文化教育管理机制

（一）设立专门的传统文化教育委员会

通过建立这一委员会，高校能够确保传统文化教育政策的制定更加系统和全面。首先，委员会的职责之一是明确教育方向，制定相关政策并监督实施过程。通过这一层面的规划，高校能够确保文化教育工作能够有序进行，而非散乱无章。为了确保政策的制定和实施具备足够的广度和深度，委员会成员应来自多个领域，包括传统文化专家、教学管理人员以及教师代表等。多方参与的决策模式能够保证教育内容的多元化，且更容易根据实际需求进行调整。这种结构不仅能提升决策的科学性，还能有效调动各方积极性，共同为推进文化教育贡献力量。

为了确保文化教育工作的持续推进，委员会还需定期组织会议。通过定期会议，委员会能够及时了解教育工作的进展情况，并根据实际情况做出相应的调整。会议的讨论内容应包括当前的政策实施情况、各部门的协作进度，以及文化活动的组织情况。这样不仅可以保证各项工作的高效运转，还能确保各部门之间的协调性，从而形成合力推动文化教育的发展。通过整合校内外的文化资源，委员会可以为学生提供丰富的实践机会，增加他们对传统文化的体验和理解。这类文化活动不仅限于校内的课堂教学，还可以包括参观文化遗产、参与传统工艺体验等，这样能让学生更直观地接触并感受传统文化的魅力。通过设置科学的评估标准，委员会能够定期检查文化教育的实施效果，确保教学内容和方式不断优化。这一机制能够推动文化教育的持续改进，并提升整体教育质量。设立这样一个专门的教育委员会，能够让高校的传统文化教育更加制度化和专业化，从而为学生提供更高质量的文化教育体验。

（二）明确各部门职责分工

高校在推动传统文化教育时，明确各部门的职责分工不仅能确保每项工作的有效落实，还能避免部门之间的职能重叠，从而提高整体工作效率。首先，教务处作为高校教学管理的核心机构，承担着课程设置和教学安排的重要责任。在传统文化教育中，教务处应根据学校的整体教育目标，设计与传统文化相关的课程，并合理安排教学资源和时间，确保学生能够充分接触并理解传统文化的精髓。宣传部门的职责在于广泛推广和宣传文化活动，确保学生和教职工能够及时了解活动信息。通过多种宣传渠道，如校内海报、官网公告、社交媒体等，宣传部门能够有效提高活动的知晓度和参与度。此外，宣传部门还可以通过制作相关的文化宣传资料，加强学生对传统文化的兴趣和认同感，从而为学校的文化氛围增色不少。

学生事务部门需要与教务处和宣传部门紧密合作，负责具体活动的组织实施，确保活动的有序进行。例如，在大型文化活动中，学生事务部门需要安排场地、管理参与者的报名情况，并协调各类后勤保障工作。此外，他们还需要根据活动的类型和内容，制定学生的参与规则和评估标准，确保活动能够达到预期的教育效果。通过定期召开跨部门会议，各部门能够相互交流工作进展，发现并解决潜在的问题。这样的沟通机制可以减少工作中可能出现的冲突和误解，确保每个部门的职责明确且不互相干扰。例如，教务处在安排文化课程时，可以与宣传部门协商，确保课程与文化活动的宣传节奏一致，从而形成合力推动传统文化的普及。

明确的职责分工不仅能够避免资源浪费，还能提升工作的效率和质量。没有清晰分工的工作模式往往会导致重复劳动或无人负责的情况，影响工作的推进。

通过为各部门制定清晰的工作职责，高校能够更好地调动每个部门的积极性，促进传统文化教育的高效运行。最终，这样的分工协作机制将确保传统文化教育在全校范围内得到全面、系统推广与落实，为学生的文化素养提升创造良好的环境。

（三）建立定期评估和反馈机制

通过系统化的评估，高校能够准确了解现有课程和活动的实施效果，并对其中存在的问题做出及时调整。首先，学校应制定明确的评估计划，涵盖课程内容的适应性、教学方法的有效性等方面。这样一来，评估不仅能帮助发现教学中的不足，还能为后续的改进提供科学依据，确保课程内容能够紧跟时代需求并适应学生的认知特点。评估不应仅限于课程内容，高校还需关注活动的参与度和学生的反馈。定期对活动的组织效果进行检查，有助于了解学生的参与意愿及活动的实际影响。例如，通过分析活动的出席率、参与热情，以及学生在活动中的表现，学校可以判断文化活动是否达到了预期的教育目的。如果某些活动的参与度较低，学校可以据此调整活动形式，增加更多符合学生兴趣的文化内容，从而提高整体参与度。

评估结果应第一时间反馈至相关部门，以便他们能够迅速做出响应，对课程和活动进行必要的改进。教务部门可以根据学生的反馈调整教学大纲，宣传部门则可以优化活动推广方式，确保活动更有吸引力。各部门通过反馈机制形成良性互动，能够有效推动传统文化教育的优化和完善。此外，高校应建立多元化的反馈渠道，以便学生和教师能够方便地表达他们的意见和建议。通过设置问卷调查、匿名意见箱等方式，学校可以广泛收集对传统文化教育的真实反馈。学生的反馈往往能够直接反映出教学和活动中的问题，而教师的建议则有助于从专业角度提出改进方案。这种多方反馈机制不仅可以让教育工作者更好地了解教学中的实际情况，也为学校提供了更多参考，推动文化教育的持续改进。通过不断优化课程和活动的设计，学校能够根据实际需求做出灵活调整，确保教育内容始终契合学生的发展需求。这一机制为文化教育工作的持续改进提供了坚实的基础，也有助于提升整个教育体系的质量，真正做到让学生在传统文化教育中受益匪浅。

三、融入校园文化建设

中华优秀传统文化应融入高校的校园文化建设中，成为校园文化的重要组成部分。这可以通过在校园内设置文化展示区、建立传统文化主题的校内刊物、举办传统文化讲座等形式实现。校园环境中体现传统文化元素,如传统建筑风格、文化标识等,营造浓厚的文化氛围。此外,通过校园广播、社交媒体等平台,定期发布关于传统文化的资讯和活动信息,增强师生对传统文化的关注和参与感。

(一)打造校园文化展示平台

将中华优秀传统文化融入校园文化的第一步是通过各种展示形式,如设立文化展示区、举办传统文化讲座等,使传统文化成为校园生活的有机组成部分。例如,校园内可设置专门的文化展示区域,展示与中华传统文化相关的书法、绘画、古籍等。通过定期举办传统文化讲座或学术沙龙,不仅增加了学生对传统文化的了解,也为他们提供了更多的学习机会,营造出浓厚的文化氛围。

(二)校园环境中的文化元素融合

高校的校园环境应当融入中华传统文化元素,具体体现在建筑风格、校园标识以及公共空间设计等方面。例如,在校园建设中融入传统建筑风格,体现出古典美学的气息;或在校园标识和雕塑等装饰中融入传统文化符号,让学生在日常生活中潜移默化地受到传统文化的熏陶。同时,可以设置与传统节日相关的文化活动区域,进一步增强学生对中华文化的认同感。

(三)利用新媒体平台传播文化信息

通过校园广播、社交媒体平台以及校内刊物等,定期发布与中华传统文化相关的资讯和活动信息,可以进一步促进师生对传统文化的关注与参与。例如,定期在校园广播中播放传统文化相关的专题节目,或在学校的社交媒体平台上发布传统节日介绍和文化活动预告。此外,可以在校内创办以传统文化为主题的刊物,展示学生与教师的传统文化研究与创作,形成一个全校共同参与的文化交流平台。

四、加强师资队伍建设

(一)加强教师培训与学术交流

为了提升教师在传统文化领域的教学能力,高校应定期举办专业培训班和学术交流活动。这不仅有助于教师加深对传统文化的理解,还能够提高他们在课堂上的教学效果。通过组织跨学科的研讨会和学术论坛,教师可以与同行分享经验，讨论如何更好地将传统文化知识传授给学生。同时，教师通过培训提升专业水平，能够为学生提供更具深度和广度的传统文化教育。

（二）鼓励教师深入研究传统文化

高校应积极鼓励教师开展与传统文化相关的科研项目，并将研究成果应用到教学实践中。通过设立专项研究基金或鼓励教师申报传统文化研究课题，教师可以深入挖掘传统文化的内涵，并通过研究提升自身的学术素养。这不仅能够丰富课堂内容，还能帮助学生更好地理解传统文化的精髓。同时，学校应为教师提供学术资源与支持，帮助他们将研究与教学有机结合起来。

（三）引进外部专家学者，提供多元支持

为了进一步提升传统文化教育的水平，高校可以引进外部专家学者，通过开设讲座、合作科研项目等形式为教师队伍提供更多的专业支持。例如，邀请国内外传统文化领域的知名学者开展专题讲座，分享最新的研究成果和教学经验。同时，通过与文化机构的合作，教师可以获得更多的实践资源和案例，这有助于教师将理论与实际相结合，为学生提供更为生动的教学体验。

五、推动校外合作与社会实践

（一）与文化机构建立合作，拓展教育资源

高校应积极与文化机构、博物馆、历史遗址等单位建立长期合作关系，拓宽传统文化教育的外部资源渠道。这类合作不仅可以为学生提供丰富的学习资料和实地考察机会，还能通过组织联合活动，如文化展览、历史讲解等，让学生亲身感受传统文化的魅力。通过实地考察与体验，学生能够更深入地理解中华文化的传承与演变，这不仅增强了他们的文化认同感，还提升了他们对传统文化的兴趣与热情。

（二）推动学生参与社会实践，增强文化认同

高校应鼓励学生参与各种社会实践活动，通过将传统文化的学习与实际应用相结合，进一步深化他们对文化的认知。例如，学生可以通过参加传统文化保护项目、社区文化推广活动等，将课堂上学到的知识应用于现实社会。这样的实践不仅能够增强学生的文化责任感，还能帮助他们在实际操作中提升社会参与能

力。通过将传统文化融入社会实践，学生的学习体验变得更加立体，也为文化的传播和传承贡献力量。

（三）鼓励学生参与志愿服务，培养社会责任感

高校应注重培养学生的社会责任感，鼓励他们通过志愿服务将传统文化知识应用于社会。例如，学生可以参与文化遗产保护的志愿活动，或在社区中推广传统节日文化。这种结合传统文化和社会服务的教育模式，不仅帮助学生将理论转化为实践，还培养了他们的社会责任意识。通过志愿服务，学生能够体会到中华文化在现代社会中的实际意义，进一步推动传统文化的传承与发扬。

第二节　中华优秀传统文化融入高校党团建设

一、弘扬传统文化精神，强化党团思想建设

（一）融入儒家思想，提升学生道德修养

高校党团建设应通过儒家思想中的仁义礼智信等社会主义核心价值观，帮助学生在思想道德修养上不断进步。通过党团活动中融入这些传统文化价值，能够促使学生更深刻地理解人与人之间的相互关爱与责任感，从而提升他们在日常生活中的道德意识和行为规范。这种教育方式有助于学生在成长过程中树立正确的道德观和人生观，为未来的社会发展贡献力量。

（二）忠恕精神的教育，增强学生责任意识

忠恕精神是儒家思想的重要组成部分，强调对他人的宽容与理解，高校党团建设可以通过弘扬这一精神，帮助学生在与他人相处时更具包容心。同时，忠恕也要求学生对国家和社会具有高度的责任感，培养他们在投身社会主义建设中承担责任的意识。这种责任感的培养能够强化党团成员的使命感，让他们在服务社会的过程中不断提高自身的思想觉悟。

（三）家国情怀的培养，激发学生的爱国热情

中华传统文化中高度重视家国情怀，高校党团建设可以通过弘扬这种精神，

激发学生的爱国热情和社会责任感。通过党团活动中讲授历史故事、英雄人物的事迹等，帮助学生更好地理解国家的历史与文化根基，从而增强他们的民族自豪感和文化认同感。这种情怀的培养能够帮助学生在未来为国家的建设和发展贡献更多的力量。

（四）文化自信的提升，促进党团组织凝聚力

通过将传统文化融入党团思想建设，能够进一步增强学生对中华文化的自信心。这种文化自信不仅体现在思想认识上，还能够通过党团活动中的文化交流与实践得到强化。随着文化自信的提升，党团组织的凝聚力也会增强，学生之间的团结合作精神得到提升，为高校党团的整体建设提供了坚实的文化基础。

二、开展传统文化主题党团活动

（一）组织诗词诵读比赛，提升文化鉴赏力

高校党团组织可以通过举办诗词诵读比赛，让学生在感受诗词美感的同时，提升对中华优秀传统文化的理解。这类活动不仅能够帮助学生领悟诗词中的哲理与情感，还能通过诵读增强语言表达能力和文化鉴赏力。在这种文化活动中，学生不仅仅是参与者，还是文化的传承者和传播者，从而增强了他们对传统文化的认同感。

（二）开展书法与绘画展览，培养审美素养

通过举办书法和绘画展览，学生可以在欣赏艺术作品的过程中感受到传统文化的艺术魅力。书法和绘画作为中华文化的重要组成部分，其独特的艺术形式和内涵能够激发学生的创造力和艺术兴趣。这类活动还能够为学生提供展示自我才华的平台，增强他们的自信心和文化认同感，同时促进学生之间的文化交流和互动。

（三）结合传统节日，举办文化主题活动

利用春节、端午节、中秋节等中华传统节日，高校党团组织可以举办相应的文化主题活动，让学生通过参与包粽子、猜灯谜等传统习俗体验中华文化的独特魅力。这类活动能够将理论学习与实践相结合，通过实际操作和参与让学生加深对传统文化的理解，同时增进同学之间的情感交流与合作，增强党团活动的吸

引力与凝聚力。

（四）通过文化活动提升党团成员责任感

在党团活动中融入传统文化元素，可以帮助学生在文化熏陶中领会党团的使命与责任。通过参与这些文化活动，学生能够在轻松愉快的氛围中接受思想教育，增强自身的社会责任感和历史使命感。例如，通过组织与传统文化相关的公益活动，如书法义卖或传统文化讲座，学生能够将文化与社会实践相结合，进一步强化党团成员的责任意识与担当精神。

三、建设传统文化学习基地

（一）设置传统文化讲堂，提供系统化学习平台

高校可以通过设立传统文化讲堂，为党团成员提供一个系统学习中华传统文化的场所。在讲堂中定期举办文化讲座，邀请文化专家学者分享中华文化的精髓和历史传承。这种形式的学习不仅能够为学生提供系统的知识体系，还能通过互动讨论加深他们对文化的理解和思考。讲堂作为固定的学习平台，有助于党团成员在课余时间持续接受文化教育。

（二）结合文化基地开展实践活动，强化文化体验

传统文化学习基地不仅可以作为理论学习的场地，还可以用于组织各种实践活动。高校党团组织可以在这些基地内开展如书法学习班、茶艺展示等活动，让学生通过亲身实践体验中华传统文化的魅力。这类活动不仅有助于学生加深对文化的理解，还能够培养他们的动手能力和艺术鉴赏力，在实践中强化对传统文化的深层次体验。

（三）将文化基地作为党团建设的重要资源

传统文化学习基地的建立能够为高校党团组织提供一个长期稳定的文化教育资源平台。党团成员可以定期在基地内组织学习和讨论活动，将文化学习与思想建设相结合，使基地成为思想教育和文化传承的有机融合点。这种方式不仅可以增强党团成员的文化素养，还能够提升党团组织的凝聚力和文化底蕴，使党团建设更加丰富和深入。

四、引入传统文化进党课团课

（一）将家国情怀融入党课团课，增强爱国意识

在党课团课中加入传统文化中的家国情怀内容，能够帮助党团成员更好地理解爱国主义的深刻内涵。通过讲解历史上忠诚于国家和民族的典范人物和事迹，让学生感受到为国家奋斗的责任感和使命感。这样不仅能够增强党团成员的民族自豪感，还可以引导他们在新时代中更好地践行社会主义核心价值观，推动国家的繁荣与发展。

（二）纳入儒家道德规范，提升思想道德素养

儒家思想中的仁义礼智信等道德规范为党团教育提供了丰富的思想资源。在党课和团课中，讲授这些道德规范能够帮助学生树立正确的人生观和价值观，提升他们的思想道德素养。通过传统文化中的道德观念与现代社会责任的结合，学生可以更好地理解在社会生活中应如何为人处事，增强他们的道德自律意识和社会责任感。

（三）引入传统文化经典，增强课程吸引力

在党课和团课中引入传统文化经典作品，如《论语》《道德经》中的哲理思考，能够提升教学内容的深度和广度。这些经典不仅蕴含着丰富的思想智慧，还能够通过其生动的表达方式增强党团成员的学习兴趣。通过经典文化的学习，学生能够在思想上得到启迪和提升，更加深入地思考当代社会中的道德与价值问题。

（四）结合现代思想教育，提高思想觉悟

将传统文化与现代党团思想教育相结合，可以有效提升学生的思想觉悟和文化自觉。在教学过程中，教师可以通过分析传统文化中的价值观如何与现代社会的社会主义核心价值观相契合，帮助学生在现实生活中将传统文化内化为个人的思想准则。这种结合能够让学生在学习中自觉践行社会主义核心价值观，并将其融入日常行为与决策中。

五、党团干部的传统文化素养培训

（一）组织传统文化讲座，提升文化认知

高校应定期为党团干部举办传统文化讲座，邀请专家学者讲解儒、道、佛等文化思想的核心内容，帮助干部们深入了解中华优秀传统文化的精髓。这些讲座不仅可以丰富他们的文化知识，还能够引导他们将传统文化与党团建设的实际工作相结合，从而提高他们在工作中的文化敏感性和判断力。

（二）设立读书会，促进文化学习与讨论

通过组织传统文化读书会，党团干部可以定期学习和讨论经典文化作品，如《论语》《中庸》等。这种形式的学习不仅能够增强干部们的文化素养，还可以通过集体讨论和思辨，提高他们的逻辑思维能力和文化表达能力。读书会作为一个交流平台，能够让干部们分享心得体会，激发彼此的学习动力，进一步推动传统文化的传承与弘扬。

（三）结合实际工作，强化文化应用能力

党团干部的传统文化素养培训不应仅限于理论学习，还应结合实际工作进行实践。例如，在党团活动中融入传统文化的理念和元素，让干部们在实际组织活动时充分运用他们所学的文化知识。这种实践应用能够帮助他们更好地理解如何将传统文化与党团建设相结合，提升组织能力和文化领导力，使党团工作更加富有文化内涵。

（四）提升文化素养，增强干部领导力

通过持续的传统文化素养培训，党团干部的个人素养将得到全面提升。这不仅能使他们在工作中表现得更为成熟和有见识，还能够通过文化素养的提升增强他们的领导力和组织协调能力。文化素养较高的干部在处理问题时往往能够运用文化智慧，做出更加深思熟虑和有远见的决策，从而推动党团组织的整体进步和文化建设的深入发展。

六、结合社会实践弘扬传统文化

（一）组织历史遗址参观，增强文化体验感

高校党团组织可以通过组织党团成员前往历史遗址、文化名胜地等地进行参观学习，让学生在实地感受中华文化的厚重历史与精神传承。这类实践活动能够帮助学生更加直观地理解传统文化的内涵和价值，增强他们对祖国悠久历史的认同感和自豪感。通过亲身体验历史遗迹，学生能够更深入地体会到传统文化的现实意义，从而在日常学习和生活中更加重视文化传承。

（二）结合文化实践活动，强化社会责任感

高校党团组织应结合传统文化的内涵，开展相关的社会实践活动，如文化遗产保护、社区传统节日推广等。这类活动不仅能够让学生在实践中理解和应用传统文化，还可以增强他们的社会责任感和参与感。通过在社会服务中弘扬中华文化，党团成员能够将所学知识转化为实际行动，帮助他们更好地履行社会责任，为文化的保护与传承贡献力量。

（三）参与文化传播活动，推动文化传承

党团成员可以通过参与各类文化传播活动，如传统文化讲座、文艺表演、文化展览等，将传统文化传播到更广泛的受众群体中。这种形式的社会实践活动能够让党团成员不仅成为文化的学习者，还能够成为文化的传播者和传承者。他们能够深刻认识到自身作为文化传承者的使命感和责任感，并通过实际行动推动中华文化的持续发展与创新。

（四）结合现代科技，创新文化传播形式

高校党团组织可以通过结合现代科技手段，如利用新媒体平台、制作文化宣传视频等，将传统文化以更加生动有趣的方式传播到社会各个层面。这不仅能够增强党团成员对传统文化的理解，还能通过创新的传播方式吸引更多年轻人加入文化传承的队伍中。现代科技与传统文化的结合为文化的弘扬开辟了新的途径，也让党团成员在社会实践中获得了更多的参与感和成就感。

第三节 中华优秀传统文化融入校园文化活动

中华优秀传统文化的融入校园文化活动是提升学生文化素养的重要途径。校园节庆活动可成为展示传统文化的舞台，通过春节、端午等节日的庆祝，增强学生的文化认同感。举办传统文化主题讲座与工作坊，邀请专家分享传统技艺与文化故事，激发学生的兴趣与参与。与此同时，组织书法、诗词吟诵等实践活动，让学生在体验中感受传统文化的魅力。利用现代技术手段，开展线上文化活动，拓宽学生的参与渠道，使传统文化在校园中生根发芽，绽放新活力。

一、在校园节庆活动中融入传统文化元素

（一）通过传统手工艺体验，增进文化认知

在高校节庆活动中，通过组织传统手工艺体验，如剪纸、捏泥人等，不仅能够丰富校园文化生活，还为学生提供了亲身参与传统文化的机会。这类实践活动让学生在动手的过程中感受到中华文化的独特魅力，增强了他们对传统技艺的理解与欣赏。比如，剪纸作为中国民间艺术的代表之一，以其精巧的设计和丰富的文化内涵深受学生喜爱。在参与剪纸制作的过程中，学生不仅可以体验到剪纸图案的精致美感，还能够了解到这种艺术形式背后的文化符号和民俗传承，进而更深刻地理解中华传统文化的博大精深。捏泥人也是一项富有代表性的传统手工艺活动。学生可以通过捏塑各种形象，亲自感受到传统艺术的质感与创造力的碰撞。泥人这种简单的手工艺形式，不仅展示了中华文化中"以物载道"的艺术哲学，还通过细腻的塑形过程让学生体验到了传统文化中的匠人精神。通过亲自操作，学生能够体会到每一件作品背后的文化象征和历史记忆，这种互动式的体验不仅能够激发他们对传统文化的兴趣，还能够提升他们对文化传承的责任感。

相比于传统的课堂教学，这类实践活动更具互动性和趣味性。学生通过动手制作，不仅能够提升动手操作能力，还可以在创作中注入自己的想象力，真正做到将传统文化与现代审美相结合。例如，在剪纸过程中，学生可以根据自己的创意设计出独特的图案，这种自由创作的过程使得传统手工艺焕发出新的生机。

这种艺术的延展性让学生更容易将个人创造力与传统文化进行对话，进而激发他们深入了解传统文化的意愿。手工艺体验活动还有助于增进学生对传统文化的认同感和民族自豪感。通过亲手制作这些传了数百年的工艺品，学生能够直观地感受到这些技艺背后所蕴含的文化价值和历史沉淀。每一件手工作品都不仅仅是艺术品，更是中华文化的历史缩影。学生通过这种亲身体验，能够更加深刻地理解传统文化的意义，并认识到这些技艺作为文化遗产的重要性。他们不仅是在学习一种手艺，更是在参与一种文化传承的过程。这种实际的参与感能够促使学生更加积极地保护和推广中华优秀传统文化，为文化的延续贡献自己的力量。

学生们共同参与这些活动，不仅能够相互交流制作经验，还能够通过合作完成更为复杂的作品。这样的集体创作不仅增加了活动的趣味性，还增强了学生之间的合作意识和团队精神。学生不仅能够加深对传统文化的认知，还能够在集体协作中提升人际交往能力和团队合作精神。这种文化体验活动的群体性，使得传统文化的传播不仅仅局限于个体的学习，还能够通过集体的参与和交流，形成更为广泛的文化影响力。

（二）展示书法与绘画艺术，弘扬文化经典

在校园节庆活动中展示书法与绘画艺术，可以为学生提供一个深入接触中华优秀传统文化的机会。通过设立书法和绘画展台，学生不仅能够近距离欣赏这些艺术形式的美感，还可以通过观察和学习，进一步了解其中的文化意蕴。书法作为中国文化的独特艺术表现形式，凝聚了文字的美学与历史的厚重感。在活动中，学生可以通过欣赏或亲自练习书法，感受到笔墨之间的力量与韵律，体会到汉字的结构美和线条之美。同时，书法也承载了中华民族的文化精神，展示了中国人对文字与艺术的深刻理解。在书法展示中，学生通过观看大师的作品，能够领悟到不同书法流派的独特风格，如篆书的古朴、隶书的端庄、楷书的工整、草书的奔放。这种直观的感受让学生不再仅仅停留在文字的表面，而是能够深入理解文字背后的文化底蕴与艺术精神。中国绘画讲究"以形写神""意境悠远"，其表现形式与西方绘画截然不同。在绘画展览中，学生可以欣赏到不同题材的中国画作品，如山水画、花鸟画、人物画等，通过这些作品，学生能够感受到中国画家如何通过简约的线条和色彩，表达丰富的情感与深刻的哲思。与书法一样，绘画不仅是一种视觉艺术，它也是中华传统文化中哲学思维和审美观念的集中体

现。学生通过欣赏这些作品，不仅能够领略到画面上的美感，还可以在画作中体会到中国文化的深层内涵，如人与自然的和谐相处，物我合一的境界，以及静观天地万物的从容心态。

在活动中，师生可以共同参与到书法与绘画的创作中，学生可以通过老师的指导，尝试写出自己的作品或绘制一幅简单的画作。这种互动式的展示方式能够让学生在实践中加深对艺术的理解，并激发他们对传统文化的学习兴趣。许多学生在参与这些艺术创作的过程中，发现了自己对书法和绘画的潜在热爱，并自发加入传统文化的学习和传承中来。通过动手操作，学生不仅学到了艺术技法，更加深了他们对中国传统文化的认同感和归属感。书法与绘画展台的设置还能够在校园内营造出一种浓厚的文化氛围。通过展示中华传统艺术的精髓，学生们可以在校园的每个角落都感受到文化的气息，这种潜移默化的影响力能够在不知不觉中提升他们的文化素养。同时，这种文化氛围也能够吸引更多的学生参与到传统文化的学习中来。无论是通过参与展览，还是观看他人的作品，学生都能够在这一过程中受到艺术的熏陶，从而逐渐培养起对中华文化的兴趣。文化氛围的营造不仅限于一时的活动，它还能够长期影响学生的文化观念和价值认同，促进他们在未来的学习和生活中继续传承和弘扬中华优秀传统文化。

书法和绘画展台的设立也为学校提供了展示其文化建设成果的平台。通过展示师生共同创作的艺术作品，学校能够体现出其对传统文化的重视与传承。同时，这些展览也可以成为校园文化的亮点，吸引外界的关注，提升学校的文化形象和社会影响力。许多学校通过举办书法和绘画展览，邀请社会各界人士参观，使得传统文化在校园内外得到了广泛传播。通过这种形式，学校不仅为学生提供了学习平台，也为社会大众展示了中华优秀传统文化的艺术魅力。

（三）举办传统节日故事会，传播文化内涵

在现代教育中，传统文化的传播方式已经不仅仅局限于课堂讲授，而是通过丰富多样的活动形式加以深化。例如，举办传统节日故事会成为一种生动且有效的方式，能够帮助学生更深入地理解传统节日的文化内涵。春节、端午节和中秋节等节日承载着深厚的文化积淀，每一个节日背后都有着动人的历史故事。通过讲述这些节日的起源和相关的神话传说，学生能够在充满趣味的氛围中加深对传统文化的认知，进一步感受到中华文化的魅力与丰富性。故事会不仅仅是知识传授的途径，更是情感教育的载体。通过这些传统故事，学生不仅能够了解到节日的历史背景，还能够感受到先辈们对于家国、亲情、友情等情感的高度重视。例如，在春节的故事中，关于团圆与新年的种种传说能够帮助学生体会到家庭团聚的重要性；端午节的故事则通过屈原的爱国精神，激发学生的民族自豪感与责任感。这些文化精神的传承，正是通过生动的故事深入学生心中，成为他们内在的文化认同感的一部分。

传统节日故事会的形式能够有效提升学生的参与感与互动性。与课堂教学相比，故事会的氛围更加轻松愉快，使得学生能够在不知不觉中接受文化熏陶。这种沉浸式的学习方式，不仅让学生乐于参与，还增强了他们的文化理解与记忆。通过互动提问、故事复述等形式，学生在听故事的过程中，也能够主动思考和表达自己对文化内涵的理解，从而实现知识的内化与吸收。传统节日故事会还可以成为加强师生、同学之间交流的桥梁。通过共同参与故事的讲述与分享，学生们能够在交流中建立起更加紧密的情感联系，教师也能够在轻松的氛围中引导学生进行文化思考与反思。比如在讲述端午节时，教师可以引导学生讨论屈原的爱国精神在现代社会中的意义，进而鼓励学生结合当下的时代背景，思考如何将这些传统美德付诸实践。这种互动不仅加深了学生对传统文化的认同感，还促进了他们的思维发展与道德意识的形成。

从长远的角度来看，举办传统节日故事会还有助于培养学生对于中华传统文化的热爱与尊重。通过一个个生动的故事，学生在潜移默化中接受了中华文化的熏陶，并逐渐形成了对传统文化的情感归属感。每一个节日背后的故事不仅是历史的见证，也是文化传承的纽带，它们将中华民族的精神内核一代代传递下去。通过故事会的形式，学生能够更加直观地接触到这些文化精髓，从而在愉悦的氛围中自然而然地接受文化教育，培养出对于传统文化的自豪感和责任感。

二、开设传统文化主题社团，丰富课外生活

（一）促进文化体验的多样性

开设以传统文化为主题的社团，无疑为学生提供了丰富的文化体验机会。通过这些社团，学生得以亲身接触和体验各种传统文化技艺，从而拓宽了他们的文化视野，增强了对中华优秀传统文化的理解与认同。古琴社的存在，不仅为学生提供了学习和演奏古琴的机会，还通过组织定期的演奏会和文化讲座，让学生

深入了解古琴作为中国传统乐器的独特之处，以及它所蕴含的古代音乐美学和文化内涵。同样，国画社则通过开展技法展示、绘画创作等活动，帮助学生掌握中国水墨画的技巧，体会其中深厚的文化积淀，进而在实践中感受中国传统艺术的魅力。这些丰富多彩的社团活动，充实了学生的课外生活，使他们得以在校外课堂中继续学习和提升。汉服社通过一系列服饰文化活动，进一步加深了学生对中国传统服饰文化的理解。服饰不仅仅是穿着，更是历史文化的载体。汉服社通过组织汉服穿着体验、传统礼仪展示等活动，帮助学生直观地感受到汉服所承载的礼仪、制度和美学传统。学生在参与这些活动的过程中，不仅能感受服饰的美感，更能学习其中蕴含的文化意义，从而对中华传统文化产生更深的认知和共鸣。通过这样多样的文化体验，学生可以在实际参与中感受传统文化的温度，使这些古老的文化符号在现代社会中重新焕发活力。

为了提升学生的文化素养，这些社团还设计了丰富多样的活动形式，帮助学生从多维度深入了解中华传统文化。比如，古琴社可以邀请著名的琴师前来授课，通过实地演奏和详尽的历史文化背景讲解，带领学生感受古琴艺术的深邃与优雅。国画社则可以开展主题创作活动，学生们在画作中融入自己的思考与感悟，进一步加深对传统艺术的理解。通过参与这些活动，学生不仅仅是文化的学习者，还是文化的传播者和创作者，这使得他们在体验中实现了文化的传承。开设这些传统文化主题社团也为学生提供了丰富的交流与互动平台。社团活动往往吸引了来自不同年级、不同专业的学生参与，大家因共同的兴趣爱好走到一起，共同分享对传统文化的热爱和感悟。通过与社团成员的讨论和合作，学生可以在彼此的交流中碰撞出思想的火花，进一步激发他们对传统文化的兴趣。这种多元化的互动不仅增进了社团成员之间的感情，也在无形中推动了传统文化的传承与推广。

无论是古琴、国画，还是汉服，这些传统文化的不同方面都为学生提供了丰富的选择，使他们能够根据自己的兴趣爱好深入探索和体验不同的文化领域。通过这些文化活动，学生不仅可以从中找到乐趣，还能提高自身的文化鉴赏力和艺术修养。例如，古琴社的学生在学习古琴的过程中，会逐渐体会到音律与心境的微妙联系，进而提升他们对音乐的感知能力。国画社的学生则通过笔墨的运用，深刻感受到中国传统绘画的意境之美，从而培养出独特的艺术眼光。汉服社的学生则在参与礼仪展示时，进一步理解了中国传统文化中关于礼仪和尊重的观念。在这些丰富多彩的社团活动中，学生的文化素养得到了全面提升，课外生活也因此变得更加充实。通过深入体验中华传统文化，学生不仅对这些古老的文化精髓有了更深刻认识，更在实践中加深了对自身文化身份的认同感。无论是对古琴、国画的欣赏，还是对汉服文化的理解，这些多样化的文化体验帮助学生在日常生活中潜移默化地吸收中华传统文化的精华，进而成为传统文化的积极传承者。

（二）培养学生的审美能力与文化素养

参加传统文化主题社团活动，不仅为学生提供了丰富的课余生活，还在潜移默化中培养了他们的审美能力与文化素养。通过在国画社的绘画课程中实践，学生可以逐步掌握传统绘画的技巧和美学原则，感受水墨画的韵味和内涵。这种直接的艺术体验有助于学生在创作和欣赏过程中，培养敏锐的审美意识，并进一步理解中国传统美学的深厚意境。同样，古琴社的活动也为学生提供了一个学习音乐美学的窗口。通过亲身体验古琴的弹奏，学生能够感受到古琴音乐中蕴含的宁静与深邃，从而在音乐欣赏中提升自己的审美水平。社团活动不仅仅是一个学习技艺的场所，更是一个促进文化认同和审美能力提升的互动平台。学生在社团活动中通过与同伴的互动交流，分享彼此的心得与体会，可以从不同的角度理解传统文化的美学价值。这种交流的过程让他们不再局限于个人的感官体验，而是通过集体的认知和反馈，逐步深化对传统文化美学的认同与理解。社团组织的传统文化展览和艺术欣赏活动，进一步帮助学生开阔视野，接触到更加多元化的艺术表达形式，从而在审美鉴赏中获得更多的启发与灵感。

为了进一步提升学生的审美能力，社团还会邀请相关领域的专家和艺术家开展讲座或现场指导。这些活动为学生提供了与专业人士交流的机会，使他们不仅能够从实践中学习，还能够从专业的角度理解艺术创作背后的思想和技巧。例如，在国画社的活动中，学生可能会有机会聆听著名画家讲述水墨画的创作技巧和精神内涵，这样的机会有助于学生拓展他们对艺术的认知边界，培养他们更加成熟和深刻的审美能力。同样，古琴社的学生也可以通过听取琴师的讲解，进一步理解古琴演奏背后的文化内涵和历史价值，这种对传统音乐的深入理解无疑提升了学生的艺术鉴赏力和文化认同感。社团活动还让学生有机会在日常生活中体验和应用传统文化的美学观念。学生不仅是在学习和欣赏艺术，更是在日常行为和思想中融入传统文化的审美标准。例如，汉服社通过组织穿着汉服的活动，使学生在实践中体会到传统服饰的美感与文化价值，逐渐培养出对传统服饰的审美鉴赏力。这种体验让他们在日常生活中更加注重文化细节和审美表达，进而提高了整体的文化素养和审美意识。

传统文化社团活动在培养审美能力的同时，也对学生的文化素养有着深远的影响。学生在参与社团活动的过程中，不仅仅是学习技艺和欣赏艺术，还通过这些活动加深了对中华优秀传统文化的认同与理解。国画社的绘画活动让学生体会到笔墨之间蕴含的文化哲学，古琴社的演奏活动使他们感受到音符中的历史厚重感，汉服社的服饰展示活动则让他们领悟到传统礼仪的精髓。这些活动都在无形中提升了学生的文化素养，使他们在学习艺术的同时，逐渐将中华优秀传统文化内化为个人的价值观和生活态度。通过持续的社团参与，学生的审美能力和文化素养得到了稳步提升，课外生活也因此变得更加充实与丰富。无论是艺术的欣赏，还是文化的传承，社团活动为学生提供了一个全方位的发展平台，帮助他们在多维度的学习与实践中逐步提升自身的综合素质。这种体验不仅培养了学生的艺术鉴赏力，也帮助他们建立起对传统文化的热爱与自豪感，使他们在未来的生活中更加注重文化的传承与创新。正是在这种日积月累的社团体验中，学生的审美能力得到了不断锤炼和提升，文化素养也在潜移默化中得以深厚积淀。

（三）推动传统文化的传承与创新

社团为学生提供了一个展示和交流的平台，使他们有机会在实践中理解并传承中华优秀传统文化的精髓。通过社团组织的活动，学生不仅能够参与传统文化的学习与体验，还可以在活动中将这些古老的技艺推广给更多的同龄人。例如，古琴社可以定期举办公开演奏会，通过现场展示和讲解，将古琴艺术的独特魅力传递给更多的观众。传统文化的精髓被一代代传承下来，在校园中形成了一股弘扬传统文化的力量。学生们也不断尝试将现代元素融入传统文化中，赋予这些古老技艺新的生命力。通过与现代设计理念和艺术形式的结合，传统文化焕发出新的光彩。例如，汉服社的成员不仅专注于汉服文化的研究和推广，还积极尝试在设计上融入现代时尚元素，创造出既保留传统韵味又符合现代审美的汉服作品。这样的设计不仅吸引了更多年轻人的关注，还使得汉服文化在新时代的语境下重新获得了广泛的认可和喜爱。

社团成员通过与不同文化领域的专家交流，或是与其他社团合作，能够进一步拓宽他们的思路和视野。比如，国画社的学生可以与现代设计社团合作，将传统的水墨画元素融入现代艺术设计中，创造出融合中西艺术的作品。这种跨学科、跨文化的合作，使得传统文化不再局限于单一的形式，而是得到了多元化的发展和创新。通过这些合作和创新，学生们不仅传承了传统文化的精髓，还展现了他们在现代社会中对文化创新的思考和贡献。在推动传统文化创新的过程中，社团还注重利用现代科技手段进行传播。随着新媒体和互联网的普及，传统文化的推广方式也变得更加多样化。社团成员可以通过制作视频、开设社交媒体账号等方式，将社团活动的内容和成果展示给更广泛的观众群体。比如，古琴社可以通过线上直播的方式进行演奏会，吸引那些对古琴文化感兴趣但无法现场参与的学生。这种结合现代科技的传播方式，使得传统文化在校园内外得到了更加广泛传播和认同。

传承传统文化不仅仅是对古老技艺的学习和模仿，更重要的是对其内涵的理解与升华。通过社团活动，学生们有机会深入思考这些文化技艺背后的哲学和历史，探索其与现代生活的联系。比如，古琴艺术所倡导的"静"的美学思想，可以与当代快节奏生活中对心灵宁静的需求产生共鸣。通过这样的思想创新，学生们能够在传承传统文化的过程中，找到其与现代社会的契合点，使得传统文化在当代语境中焕发出新的活力。通过参加各类文化活动和比赛，学生们可以将自己在社团中学习和创新的成果展示给更广泛的观众。这不仅提升了他们的自信心，还激励了更多的年轻人加入传统文化的学习和创新中来。例如，汉服社的成员可以参加设计比赛，通过展示他们融入现代元素的汉服设计，向更多人传递传统文化的魅力。这些展示活动不仅为学生提供了机会，也为传统文化的传播和创新注入了新的动力。

三、定期举办传统文化讲座和论坛

（一）加深学生对传统文化的历史理解

学生可以系统地学习到中华文明的起源、发展脉络以及文化变迁的各个阶段。专家学者通过讲述具体的历史事件和文化现象，为学生描绘出传统文化的演变过程，让他们更好地了解中国历史的宏观走向。例如，专家可能会介绍先秦时期的文化特色、唐宋时期的诗词发展、明清时期的工艺创新等，让学生对不同历史时期的文化背景有更加深刻理解。这种系统化的讲座形式有助于学生形成对中华文化的整体认知结构，不仅提升他们的历史知识，也增强了他们的文化认同感。

此外，讲座和论坛的形式为学生提供了一个沉浸式的学习体验，通过面对面的交流和互动，学生能够深入思考和领会传统文化的核心价值。在专家学者的引导下，学生不仅仅是听取历史知识的灌输，更能通过与历史事件、文化人物的联系，进一步思考传统文化对当代社会的启示。例如，讲座可能会结合中国古代思想家的哲学理念，分析这些理念如何影响了现代社会的价值观体系。通过这样的学习，学生不仅获取了历史信息，还能够理解到文化传承的深远影响，进一步加深他们对传统文化的认知。这种全面的历史视角有助于学生把握中华文化的核心脉络，并能够在今后的学习和生活中更好地运用所学到的知识。

通过讲座，学生不仅能学习到传统文化的表面形式，还可以深入到其背后的文化内涵。许多文化艺术形式，如古琴、书法、国画等，虽然在现代社会仍然存在，但学生对其历史根源和文化传承却了解不多。通过专家的系统讲解，学生能够了解到这些文化艺术形式的产生背景及其所承载的精神和美学价值。例如，古琴不仅是一种乐器，更是古代文人修身养性的工具，通过学习古琴的历史，学生可以体会到古人对生活态度的反思和自我修养的重视。同样，书法和国画不仅仅是技艺的表现，更是一种文化内涵的传递。通过深入了解这些艺术形式的历史发展和相互影响，学生能够更加全面地理解传统文化的内在逻辑和发展轨迹。讲座和论坛的多样化内容设计也让学生对传统文化的认识更加丰富。不同的学者可能会从不同的角度阐述文化现象，让学生从多维度理解传统文化的复杂性和多样性。例如，有的专家可能会重点讲解某一历史时期的社会结构如何影响了当时的文化发展，而另一些学者则可能会聚焦于某一特定文化现象在不同历史时期的演变。这种多元化的讲解方式让学生能够从宏观和微观两个层面更好地把握中华文化的多重内涵，帮助他们形成更加全面的文化视野。同时，通过不断学习和积累，学生也能够从这些讲座和论坛中提炼出对传统文化的独立见解，进一步加深对传统文化的尊重与热爱。

在专家学者的引领下，学生不仅仅是被动地接受知识，还能够通过互动和交流，将他们的所学所思与专家的见解结合起来，形成自己的理解。例如，在讲座结束后，学生可以通过提问环节与专家讨论自己对某一文化现象的看法，从而获得更多的启发。这种互动不仅激发了学生对传统文化的兴趣，还帮助他们在对话中加深对文化内涵的认知。在这样的过程中，学生不仅是知识的受众，更逐渐成为文化的传播者和守护者，他们能够通过学习，将传统文化的精髓带入日常生活中，使之在当代社会中继续焕发光彩。通过这些讲座和论坛，学生逐渐意识到传统文化不仅仅是历史的遗产，更是当今社会中不可或缺的精神财富。通过深入了解这些文化艺术形式的发展历程，学生对中华传统文化的认知从浅层的了解逐渐转向深入理解，并能够在现实生活中加以运用。无论是文化思想的传承，还是艺术形式的创新，这些讲座为学生提供了一个系统学习和思考的平台，帮助他们在文化学习的道路上不断前行。

（二）提高学生对传统文化的现实认知

通过定期举办传统文化的讲座和论坛，学生不仅能加深对传统文化历史的了解，还能够在学者的引导下，更好地理解传统文化在当代社会中的现实意义。讲座通常会结合现代社会中的文化现象，向学生展示传统文化与现代生活的紧密联系。这种结合让学生意识到，传统文化并不是远离当代生活的历史遗留物，而是依然具有强大影响力的文化财富。例如，讲座可能探讨中国传统节日的现代演变，解释这些节日在今天的社会中如何继续发挥凝聚力和文化传承作用。学生能够认识到传统文化与现代社会并非割裂，而是在现实中依然充满活力和意义存在。讲座和论坛中的讨论还能够让学生了解到传统文化在现代社会中的实际应用。这不仅仅局限于学术探讨，而是通过现实中的实例，让学生理解传统文化在当代如何融入各个领域。比如，许多企业在设计产品时会融入传统元素，如书法、国画等传统艺术的应用，正是传统文化在现代商业和设计中的体现。这些实例让学生认识到，传统文化并没有因为时代的变迁而被遗忘，相反，它已经成为当代创意和设计中的灵感源泉。通过这些实际案例的讲解，学生能够对传统文化有更加现实的认知，也激发了他们在未来可能将传统文化融入自己专业领域的兴趣和思考。

学者们在讲座中通常也会探讨传统文化对现代社会的影响及其传承方式。这种讲解能够引导学生从更广泛的视角去理解传统文化在当代的意义和影响力。比如，讲座可能会讨论汉服在现代社会的复兴现象，以及这一文化复兴如何唤醒了年轻一代对传统文化的认同感和自豪感。通过这样的讨论，学生能够看到汉服不仅仅是古代的服饰，它还承载了许多文化象征意义，并在当代社会中重新焕发了生机。这些讲座使学生意识到传统文化并不是停滞不前的，而是在不断适应和回应现代社会的需求和变革。这种结合传统文化与现代社会的方式，极大地提升了学生对传统文化的兴趣和认知。在现代生活节奏加快、全球化趋势日益增强的背景下，许多学生可能会认为传统文化已经远离他们的日常生活。然而，通过讲座和论坛的形式，专家学者们向他们展示了传统文化在现代社会中的各类应用和表现形式，让他们意识到传统文化不仅是学术研究的对象，更是日常生活中可以体验和感受的活态文化。例如，传统礼仪在现代社交场合中的延续和发展，是学生在讲座中可能接触到的一个典型案例。通过这些内容，学生能够更好地理解如何在现实生活中运用传统文化中的智慧和理念，这也让他们对传统文化产生了更深刻的认同感。

讲座和论坛还能够激发学生对传统文化与现代社会互动的深入思考。这些活动帮助学生意识到，传统文化的价值并不仅仅体现在过去的历史中，它在当代社会的变迁中依然可以发挥重要作用。例如，通过讲座，学生可以了解到传统哲学思想，如儒家的"仁爱"和"忠恕"原则，如何在现代社会中继续影响着人与人之间的交往方式。这种思想的延续，让学生认识到传统文化并不是过时的，它在当今社会中的很多领域依然具有现实的指导意义。这种认识促使学生更加深入地思考如何在个人生活和职业发展中更好地继承和应用传统文化中的智慧。学生的文化认知水平得到了全面提升。他们不仅学习了传统文化的历史背景和发展脉络，还在现实中看到传统文化的实际应用与价值。这种理论与现实的结合，让学生在文化学习中获得了更为丰富的体验，进一步加深了他们对传统文化的理解和认同。正是在这样的学习氛围中，学生们意识到，传统文化并不是停滞的过去，而是可以为当代社会提供智慧和启示的文化宝库。通过这种现实的认知，他们能够更好地理解传统文化的生命力，并在未来的生活和工作中更加自觉地传承和发扬这些文化精髓。

（三）提供互动交流的平台，拓宽文化视野

在传统文化讲座和论坛的举办过程中，互动交流的平台提供了一个独特的机会，让学生能够直接与领域专家进行面对面的沟通。这种互动不仅限于单向的知识传递，更注重在活动中设立问答环节，使学生能够提出自己对讲座内容的疑问。通过这些环节，学生不仅可以获得来自学者的专业回应，还能在讨论中获得新的见解。这样的交流模式极大地促进了学生对讲座内容的理解，使他们能够从专家的解答中获得更深入的认识。在与不同背景的学者进行对话时，学生能够从多样的视角理解传统文化的复杂性。这种交流不仅让学生了解了文化的不同面貌，还帮助他们从新的角度看待自己熟悉的文化内容。例如，通过对某一传统习俗的多角度解读，学生能够认识到这些习俗在不同历史背景和地域文化中的演变和变迁。

通过参加各类与传统文化相关的论坛，学生有机会接触到不同的文化领域，从古代文献到传统艺术，从历史背景到当代影响。这种广泛的主题设置不仅增强了学生对传统文化的兴趣，也激发了他们探索文化领域的动力。通过论坛中不同主题的讨论，学生能够更加全面地了解传统文化的各个方面，从而激发更深入的学习欲望。在互动环节中，学生不仅可以提出问题，还可以参与讨论，分享自己的见解。这种互动不仅是对传统文化的探索，也是学生个人思考的过程。在交流中，学生能够对传统文化有更加全面理解，并在思考和讨论中逐步形成自己的观点。这种过程不仅有助于深化学生对文化的认识，也促进了他们独立思考能力的提高。

通过这种形式的互动交流，学生与学者之间的关系也得到了加强。面对面的交流方式使得学生能够更直接地感受到学者的专业性和热情，从而激发他们对学术探索的兴趣。在这种互动中，学生不仅获得了知识，也感受到了文化传承的热情。这种体验对于学生来说，是一种深刻的文化熏陶，使他们对传统文化的学习不再是抽象的理论，而是与实际生活紧密相关的实践。

四、组织传统文化艺术展览与表演

（一）展现中华文化的艺术魅力

定期举办书法、绘画、茶艺、戏曲等传统文化的艺术展览和表演，为学生提供了一个直观感受中华文化的机会。这些活动不仅展示了中国传统艺术的独特魅力，还通过艺术作品的形式将文化内涵生动地呈现出来。书法的线条、绘画的色彩、茶艺的韵味以及戏曲的表演，这些艺术形式都蕴含着丰富的文化信息和历史背景。在展览和表演中，学生可以通过视觉和听觉的双重体验，感受到传统文化的独特魅力和深厚底蕴。这种艺术展示不仅能够激发学生对传统文化的兴趣，还能帮助他们更好地理解和欣赏传统艺术的价值和意义。

（二）提升学生对传统文化的自然接触

通过艺术形式融入校园文化，学生能够在自然、轻松的环境中接触传统文化。艺术展览和表演的形式使得传统文化不再是枯燥的理论知识，而是变成了生动的艺术体验。这种方式让学生能够在欣赏艺术的过程中，逐渐理解和认同传统文化的价值。例如，在书法展览中，学生不仅可以看到书法作品的美感，还能通过作品的内容和风格了解到书法艺术背后的文化故事。在茶艺表演中，学生可以亲身体验茶道的礼仪和文化，从中感受到传统文化的深远影响。这种自然接触的方式有助于学生在潜移默化中接受和理解传统文化，从而增强他们对文化的认同感。

（三）促进校园文化的多样化发展

组织传统文化艺术展览和表演活动还能够促进校园文化的多样化发展。这些活动不仅丰富了校园文化生活，还为学生提供了多元化的文化体验。在展示传统文化艺术的同时，学校也可以通过邀请艺术家开展讲座、举办互动工作坊等形式，进一步深化学生对传统文化的理解。这种多样化的校园活动形式，不仅增强学生的文化素养，还培养了他们的审美能力和艺术欣赏水平。此外，通过艺术活动，学校还能够促进师生之间、学生之间的文化交流，增进校园的凝聚力和文化氛围。这种文化的多样化发展不仅有助于提高学生的文化素养，还能够推动学校整体文化建设的提升。

五、通过校园媒体推广传统文化

（一）利用校园广播与报刊增强关注度

校园广播和报刊是传播信息的重要渠道，通过这些媒介定期发布与传统文化相关的资讯和活动信息，能够有效提高师生对传统文化的关注度。校园广播可以播放有关传统文化的专题节目、采访学者或专家的讲座录音，甚至播报传统节日的相关知识和活动安排。这种形式不仅能迅速将信息传递给校园内的广大师生，还能通过生动的语言和声音吸引听众的兴趣。校园报刊则可以刊登传统文化的相关文章、活动预告以及文化研究的成果。通过这些报道，学生可以了解到即将举行的文化活动、讲座以及展览等，从而激发他们参与的兴趣。

（二）借助社交媒体平台扩大影响力

社交媒体平台如微信公众号、微博、校园论坛等，具有广泛的传播效果和互动性。高校可以通过这些平台定期发布传统文化相关的内容，包括文化知识普及、活动动态和专题报道。例如，制作并发布关于传统文化的短视频、图文并茂的介绍文章，可以让学生通过简便的方式接触到传统文化。这些平台的即时互动功能也使得学生能够直接评论、分享和参与讨论，从而增强他们对传统文化的兴趣和参与感。社交媒体的广泛覆盖面和互动性，有助于推动传统文化在校园中的普及与传播。

（三）制作专题节目与文化讲解视频

通过制作传统文化专题节目和发布文化讲解视频，可以将复杂的传统文化内容以更易懂的形式呈现给学生。专题节目可以包括对传统节日、经典文献、传统艺术等内容的深入探讨，通过专家讲解和实例分析，使学生能够更全面地了解传统文化的内涵。文化讲解视频则可以结合视觉和听觉的方式，通过生动的画面和详尽的讲解，让学生更直观地接触传统文化。例如，制作关于书法艺术、茶道礼仪等方面的视频，可以帮助学生更直观地了解这些传统文化形式的技巧和背景。这些多媒体资源不仅能够提高学生对传统文化的兴趣，还能促进他们对传统文化的深刻理解。

第四节　教育体系的动态调整与反馈机制

一、课程内容的持续更新

在教育体系中，课程内容的动态调整至关重要。高校应定期评估和更新中华优秀传统文化课程的内容，确保其反映最新的学术研究成果和社会需求。随着对传统文化研究的不断深入，新发现和新理论会影响课程的设置。例如，当新的古代文献被发现或新的研究方法被应用时，相应的课程内容应及时调整。这种持续更新不仅能保持课程的学术前沿性，还能确保学生接触到最准确、最全面的传统文化知识。

二、建立有效的反馈机制

建立完善的反馈机制能够有效提升教育质量。高校应设立专门的反馈渠道，包括学生问卷、教师评估、专家座谈等，以收集对传统文化课程的意见和建议。通过这些反馈，可以了解课程的优缺点、学生的学习体验及教学效果，从而为课程的改进提供依据。例如，学生对课程内容的难易程度、教学方式的适应性等方面的反馈，可以帮助教师和课程开发者优化教学策略和课程设计。

三、课程目标与德育目标的对接

教育体系中的传统文化课程应与德育目标紧密对接。高校应确保传统文化课程不仅传授文化知识，还能促进学生的德育发展。例如，在教学中结合中华优秀传统文化中的道德观念，如仁爱、礼仪等，引导学生在日常生活中践行这些德育理念。课程设计应融入德育目标，通过具体的教学活动和案例分析，帮助学生将传统文化的价值观内化为个人的道德行为。

四、多样化的教学方法与形式

为了提高传统文化教育的效果，高校应采用多样化的教学方法与形式。除了传统的课堂讲授，课程还应包括实践活动、讨论会、文化体验等多种形式。例如，通过书法、茶艺等传统文化实践活动，让学生在动手操作中体验文化的精髓；通过小组讨论和案例分析，促进学生对传统文化的深入理解和思考。多样化的教学方法可以增强学生的参与感和学习兴趣，提升教育效果。

五、结合现代技术手段

在现代教育体系中，结合技术手段是提升传统文化教育效果的重要方式。高校应利用虚拟现实（VR）、增强现实（AR）、多媒体等技术，创建生动的学习环境，使学生能够更直观地体验和学习传统文化。例如，利用VR技术模拟古代场景，帮助学生沉浸式地了解传统文化的历史背景和实际应用；通过多媒体课程资源，提供丰富的视觉和听觉体验，加深对文化内容的理解。这些技术手段能够将传统文化教育与现代科技相结合，提高教学的互动性和吸引力。

六、加强校内外合作

加强校内外合作可以丰富传统文化教育的资源和经验。高校应与文化机构、博物馆、艺术团体等建立合作关系，共同开展文化活动和研究项目。例如，可以邀请文化专家来校讲座、举办传统文化展览或表演，丰富学生的学习体验。此外，与其他高校和国际文化机构的合作，也有助于引入多元化的文化资源和教学理念，推动传统文化教育的创新和发展。通过校内外的合作，可以为学生提供更多的学习机会和实践平台，从而更好地实现中华优秀传统文化的传承和发展。

第五章　德育视域中高校中华优秀传统文化传承的课程体系

在德育视域下，高校中华优秀传统文化传承的课程体系应以全面培养学生的文化认同感和道德修养为核心。通过开设经典文化课程，如儒家、道家等传统哲学课程，帮助学生理解中华文化的深刻内涵。同时，课程体系还应涵盖传统艺术、历史、礼仪等多领域内容，丰富学生的文化视野。此外，理论与实践相结合，通过实践教学和文化活动让学生亲身体验和感悟传统文化的精神精髓，确保德育与文化传承的有效融合。

第一节　中华优秀传统文化德育校本课程

中华优秀传统文化德育校本课程应结合学校特色，将传统文化与德育目标有机融合。通过选编符合学生年龄和认知水平的经典文化内容，如《论语》《道德经》等，培养学生的道德素养与文化认同。同时，校本课程还需注重学生的实际体验，设置手工艺制作、节日习俗参与等实践环节，增强学生的文化感知能力。将传统文化贯穿德育校本课程，能够有效引导学生在学习中践行中华优秀传统美德，实现全面发展。

一、中华优秀传统文化德育校本课程的内涵

中华优秀传统文化德育校本课程的指将中国传统文化的社会主义核心价值观融入德育教育，通过系统化的课程内容传授儒家、道家等经典思想、历史人物事迹和传统节日习俗。这些课程旨在培养学生的道德素养和文化认同，促进其在日常生活中践行传统美德，从而实现知识与品德的双重提升。通过多样化的教学方法和地方文化的融入，课程既传承文化精髓，又符合学生的实际需求。

二、中华优秀传统文化德育校本课程的内容

(一)经典文献的学习与解读

在中华优秀传统文化德育校本课程中,对经典文献的学习与解读占据了至关重要的地位。经典文献如《论语》《孟子》《道德经》和《易经》,不仅承载着深厚的文化积淀,更蕴含了丰富的伦理观念和道德规范。通过深入学习这些经典著作,学生能够获得对儒家、道家等传统思想的全面了解,从而在实际生活中践行这些思想所提倡的道德标准和价值观念。《论语》作为儒家经典之一,记录了孔子及其弟子的言行,是理解儒家思想的基础文本。通过对《论语》的学习,学生可以深入了解孔子关于仁爱、礼仪、智慧和信义的教诲。这些教诲不仅指导着古代社会的道德行为,也为当代学生树立正确的价值观提供了重要参考。例如,"仁者爱人"这一思想,强调了对他人的关怀与尊重,对于培养学生的同情心和责任感具有积极意义。

《孟子》作为儒家学派的另一部重要经典,其内容涵盖了孟子的思想体系,包括人性本善的论断和对社会伦理的思考。通过学习《孟子》,学生能够理解孟子对个人品德和社会正义的深刻见解,这些见解不仅在古代社会中有着深远的影响,也在现代社会中发挥着重要作用。例如,《孟子》中提到的"性善论",能够引导学生树立积极向上的生活态度,培养良好的道德品质。《道德经》作为道家经典,以其简练而深奥的哲理,探讨了"道"与"德"的关系。学习《道德经》能够帮助学生认识到道家的核心思想,如自然、无为和柔顺等理念。这些思想不仅有助于学生理解道家对人生和社会的独特看法,也能够激发学生对自然和社会的尊重和包容。例如,"道常无为而无不为"这一观念,强调了顺应自然、避免强求的生活方式,对于现代学生的心态调节和行为规范有着重要影响。

《易经》作为中国古代经典,以其独特的占卜与哲理体系,提供了对变化和发展的深刻理解。通过学习《易经》,学生能够掌握古代智慧中关于变化、决策和管理的基本原理,从而更好地应对生活中的不确定性和挑战。例如,《易经》中关于"易"的思想,能够帮助学生认识到世界的变化无常,培养他们适应环境、灵活应对的能力。通过对这些经典文献的深入学习,学生不仅能够掌握丰富的传统文化知识,还能够内化其中的道德规范和价值观。这种内化过程有助于学生在日常生活中践行这些理念,从而形成良好的品德和行为习惯。经典文献的学习与

解读，不仅是对传统文化的继承，更是对学生道德发展的积极促进。

（二）传统节日与礼仪的介绍

在中华传统文化德育校本课程中，介绍传统节日与礼仪是极为重要的内容。这些节日不仅是中华文化的重要组成部分，还承载了丰富的历史背景和文化内涵。通过学习传统节日，如春节、中秋节、端午节等，学生能够更好地理解和传承中华文化的精髓。此外，学习传统礼仪规范，如拜访礼节和用餐礼仪，也有助于学生在日常生活中践行和弘扬这些文化传统。春节，作为中国最重要的传统节日，其历史可以追溯到古代的年祭习俗。每到春节，家家户户都会进行大扫除、贴春联、放鞭炮，以迎接新的一年的到来。春节的习俗不仅体现了对美好生活的期盼，还蕴含了对祖先的尊敬和对家人团圆的珍视。通过了解春节的历史背景和庆祝活动，学生不仅能感受到节日的欢乐气氛，更能深刻理解节日背后的文化意义。

中秋节作为中国传统的团圆节日，其历史源远流长。中秋节庆祝的是丰收和团圆，习俗包括赏月、吃月饼和与家人共度美好时光。中秋节的习俗反映了中国人对家庭团聚和丰收的重视。学生通过学习这些传统习俗，可以增强对家庭和谐与团圆的珍惜，同时也能了解中秋节在不同历史时期的演变和文化意义。端午节则以纪念屈原为主要内容，这一节日的习俗包括赛龙舟、吃粽子和挂艾草等。端午节的传统活动不仅具有纪念意义，还体现了中华民族的传统文化和精神风貌。通过了解端午节的来源和习俗，学生能够更好地理解屈原的爱国精神及其在中华文化中的重要地位。

在传统礼仪方面，课程应涵盖拜访礼节和用餐礼仪等内容。例如，拜访礼节中的"见面礼"和"告辞礼"都体现了对他人的尊重和礼貌。在用餐礼仪中，如何正确使用筷子、如何在餐桌上表现得体，这些细节都反映了中华文化中的礼仪规范。通过学习这些传统礼仪，学生不仅能在日常生活中表现得更加得体，也能够更好地融入和尊重传统文化。

（三）历史人物与文化故事的讲解

在德育校本课程中，介绍历史人物和文化故事是不可或缺的环节。通过讲解孔子、孟子、老子等历史人物的生平事迹及其贡献，学生能够深入理解传统文化中的核心道德理念和价值观。同时，相关的经典故事，如"千里马常有，而伯乐不常有"，也为这些人物的思想提供了生动的例证和背景。孔子，作为儒家思想的创始人，其一生致力于传播仁爱、礼仪和智慧。他的言行不仅对当时的社会产生了深远的影响，也为后世提供了重要的道德指南。例如，孔子提倡的"仁者爱人"不仅是一种道德标准，也是一种人际关系的指导原则。通过对孔子的生平及其教诲的了解，学生能够学习到尊重他人、修身齐家的重要性，这对他们的个人成长和社会交往具有积极的推动作用。

孟子作为儒家学派的另一重要人物，以其对人性本善的论断和社会正义的探讨闻名。孟子强调的"性善论"主张每个人生来都有善良的本性，强调了教育和环境对个人发展的重要性。通过学习孟子的生平事迹及其思想，学生不仅能了解到孟子对个人品德和社会正义的独到见解，还能够受到启发，树立积极向上的价值观念。老子作为道家学派的创始人，其著作《道德经》对道家思想的发展有着重要影响。老子的思想以"道"与"德"为核心，强调顺应自然、无为而治等理念。例如，"千里马常有，而伯乐不常有"的故事，通过形象化的叙述强调了识才的重要性和难得的伯乐对人才的发现与培养作用。通过了解老子的生平及其哲学思想，学生能够深刻领会道家的自然哲学和生活智慧，从而在日常生活中更好地应用这些思想。

历史人物和文化故事的讲解，不仅帮助学生了解传统文化的丰富内涵，更通过这些人物的事迹和故事激励学生学习优秀的品德和行为规范。孔子、孟子、老子等历史人物及其经典故事，作为中华文化的瑰宝，能够为学生提供道德教育的鲜活案例，使他们在学习过程中感受到传统文化的深厚魅力和积极影响。通过对这些历史人物和文化故事的学习，学生不仅能够丰富自己的文化知识，更能在潜移默化中树立正确的价值观念和道德标准。这种教育方式不仅具有理论上的指导意义，更在实践中帮助学生形成健康的思想和行为模式，促进他们的全面发展。

（四）传统艺术与手工技艺的体验

学生能够亲身感受这些传统艺术的精髓，从而加深对中华文化的理解与喜爱。书法作为中国传统艺术的重要组成部分，具有悠久的历史和深厚的文化积淀。在书法课程中，学生不仅可以学习基本的书写技巧，还能了解不同书体的特点和书法作品的欣赏方法。例如，通过练习楷书、行书和草书，学生能够掌握不同字体的书写要领，同时领会书法艺术中"笔墨纸砚"的重要性。书法不仅是个人修养和文化素养的体现，也是一种表达情感和思想的方式，通过书法的学习，学生可以更好地体会到中华文化的美学和哲学。

绘画作为传统艺术的另一重要形式，涵盖了山水画、花鸟画等多种表现手法。绘画课程通过教授基本的绘画技巧和不同风格的画作，帮助学生掌握如何通过绘画来表达自然景色和生活情感。无论是工笔画的细腻还是写意画的潇洒，都体现了中国画独特的艺术风格和文化内涵。通过绘画的学习，学生能够培养观察自然和表现情感的能力，同时体验到传统艺术的独特美感。茶艺作为中国传统文化的一部分，不仅仅是茶的炮制过程，更包含了茶道的礼仪和文化背景。在茶艺课程中，学生可以学习如何炮制各种茶叶，了解不同茶叶的特点和茶道的历史。茶艺不仅是一种饮茶的艺术，更是培养修身养性、待人接物的方式。通过茶艺的学习，学生能够感受到中国传统文化中的礼仪之美，体验到茶文化所带来的宁静和和谐。

剪纸作为一种传统的民间艺术形式，具有悠久的历史和丰富的文化内涵。剪纸课程通过教授基本的剪纸技巧和不同的剪纸图案，帮助学生掌握这一技艺的精髓。剪纸不仅是一种装饰艺术，更是一种表达祝福和祈愿的方式。通过剪纸的学习，学生能够欣赏到传统艺术的精致与巧妙，同时体验到手工制作带来的成就感和乐趣。通过传统艺术与手工技艺的体验，学生能够在实践中感受到中华文化的独特魅力和深厚内涵。这种亲身体验不仅增强了对传统文化的理解，也激发了学生对传统艺术的兴趣和热爱。传统艺术的学习不仅是对历史和文化的继承，更是对个人审美和修养的提升。这种实践活动能够帮助学生在日常生活中更好地融入和弘扬传统文化，成为中华文化的积极传播者和实践者。

（五）道德教育与文化自信的培养

通过系统的课程设置，学生不仅能深入理解中华传统文化中的道德观念，如诚实守信、仁爱宽容、勤奋自励等，还能增强对中华文化的认同感和自豪感。这种综合性的培养有助于学生在个人发展和社会交往中建立坚实的道德基础和文化自信。诚实守信作为中华传统道德的基石，是道德教育的重要内容。诚实守信不仅仅是个人品德的体现，更是社会信任的基础。在课程中，通过讲解传统文化中关于诚信的经典案例，如孔子提到的"言而无信，行而无果"，学生能够深刻理解诚信的重要性。同时，结合现代社会中的诚信案例，学生可以将这种传统美德应用到现实生活中，培养诚实守信的良好品质，从而在日常生活和未来的职业生涯中赢得他人的信任和尊重。

仁爱宽容作为中华文化中的另一重要道德观念，通过学习传统文化中的相关故事和经典理论，学生能够理解宽容和仁爱的真正含义。例如，《论语》中孔子提到的"仁者爱人"，强调了对他人的关怀和理解。课程可以通过角色扮演、情景模拟等方式，让学生在实践中体会宽容和仁爱的精神，增强他们的同情心和社会责任感。这不仅有助于改善人际关系，也能在集体活动中营造和谐的氛围。中华文化历来注重个人的自我修养和不断进取，通过讲解古代贤人的事迹，如"千里之行，始于足下"的名言，学生可以了解到勤奋和自励的重要性。在课程中，学生可以通过制定个人目标和计划，体验并实践勤奋自励的过程，进而树立积极向上的生活态度和事业目标。这种教育方式不仅激励学生努力学习，也培养了他们面对困难时的毅力和决心。

通过课程内容的设计，学生能够认识到中华文化的独特价值和全球影响。例如，通过学习中国古代科技发明、文学经典和艺术成就，学生可以了解到中华文化在世界文化史中的重要地位。这种文化自信的培养不仅能够增强学生对本民族文化的认同感，还能提升他们的自豪感和文化自信心，从而在国际化的背景下更好地展示中华文化的魅力。通过道德教育与文化自信的培养，学生不仅能在个人品德上获得提升，也能在文化认同感上得到增强。这种双重培养为学生的全面发展奠定了坚实的基础，使他们在面对未来的挑战时，能够以更积极的态度和更强的信心应对，从而在个人成长和社会交往中取得更大的成功。

（六）地方特色文化的融入

在课程设计中融入地方特色文化是提升学生文化素养和文化认同的重要方式。通过将本地区的传统习俗、民间艺术以及地方历史等内容纳入课程，学生能够更加深入地了解和继承本土的文化遗产。这种地方特色的融入不仅丰富了学生的文化视野，还增强了他们对本地传统文化的认同感和热爱。每个地区都有自己独特的节日庆典和庆祝方式，通过讲解这些地方节日的背景、习俗和相关活动，学生可以了解到这些节日如何反映当地的历史与文化。例如，在某些地区，节日庆典中可能会有特定的传统食品、舞蹈或仪式，这些都具有深刻的文化意义。通过参与这些庆祝活动，学生不仅能够体验到节日的欢乐氛围，还能体会到节日背后的文化价值和传统习俗。

方言不仅是语言的变体，更是地方文化和历史的载体。在课程中介绍地方方言的使用历史、词汇特色以及方言的文化内涵,能够帮助学生更好地理解和欣赏自己生活的语言环境。通过学习方言,学生可以感受到方言背后隐藏的历史故事和地域风情,这有助于增强他们对本土文化的认同和自豪感。地方民间艺术作为地域文化的另一重要表现形式,同样值得关注。例如,某些地区的传统手工艺品、民间舞蹈和音乐具有独特的艺术风格和技艺。这些艺术形式不仅展示了地方的文化特色,也承载了丰富的历史信息。通过学习和体验这些地方民间艺术,学生可以了解到这些艺术形式的创作背景和发展历程,同时也能够培养他们对传统艺术的兴趣和热爱。

通过讲解地方历史中的重要事件、人物和文化变迁,学生能够更好地理解自己生活的地方在历史发展中的独特地位。这种对地方历史的了解不仅有助于增强学生的历史意识,还能够激发他们对本地文化遗产的保护和传承的责任感。通过这种地方特色文化的融入,课程能够实现文化教育的多样性和深度,使学生在学习中既能感受到中华传统文化的广博,又能体会到本地文化的独特魅力。这种教育方式不仅丰富了学生的文化知识,也促进了他们对本土文化的认同和热爱,从而在全球化的背景下保持文化的多样性和独特性。

第二节　中华优秀传统文化德育专题课程

中华优秀传统文化德育专题课程应围绕特定的文化主题,深入挖掘其中的德育内涵,以增强学生的道德修养与文化认同。课程内容可以涵盖儒家伦理、家风家训、传统节日等,通过专题讲解与讨论,引导学生理解传统文化中的道德理念。与此同时,专题课程应注重互动性,通过案例分析、角色扮演等方式,让学生在实践中体悟文化精髓,进一步提升他们的道德判断力与责任感,促进中华优秀传统文化的传承与发扬。

一、中华优秀传统文化德育专题课程概述

中华优秀传统文化德育专题课程旨在通过系统化的教学,让学生深入了解和领悟传统文化的核心价值。该课程涵盖了儒、道、释等主要思想体系,帮助学生建立正确的价值观。课程设计强调理论与实践相结合,通过丰富多样的活动如

文化讲座、书法艺术和传统节日庆祝等，增强学生的参与感。利用现代教育技术，课程还注重线上线下的互动，以适应不同学习需求。通过德育专题课程的学习，学生不仅能提高文化素养，还能增强对中华优秀传统文化的认同和传承意识。

二、中华优秀传统文化德育专题课程的内容

（一）儒家文化中的德育思想

儒家文化作为中华优秀传统文化的精髓之一，对中国历史和社会的发展产生了深远影响。它强调通过道德修养与人格塑造来实现个人的全面发展，而这一点正是现代德育教学中的核心内容。儒家文化中的"仁"是德育思想的重要一环。孔子认为，仁爱是做人最根本的准则，是处理人与人之间关系的基础。在《论语》中，孔子多次提到"仁者爱人"，这不仅仅是一种道德上的追求，更是人际交往中不可或缺的准则。通过引导学生背诵与思考经典语录，教师可以帮助他们理解如何在日常生活中体现仁爱精神，关心他人，学会宽容与尊重。《孟子》中提到"义，人之正路也"，强调了正义和正当行为的重要性。儒家认为，义是人在社会中应该追求的行为规范，它与个人的利益并不对立，反而应成为指导行为的最高标准。通过对这些经典的学习，学生不仅能够明白"义"的重要性，还能在实践中学会坚持正义、不为利益所动的道德观念。这些理念在今天的社会中依然具有强大的现实意义，尤其是在面对利益冲突时，儒家的义利观念能够引导学生做出更为理性的道德判断。

孔子在《论语》中提到："不学礼，无以立。"礼不仅指外在的行为规范，更重要的是内在的修养与道德约束。通过学习《论语》和《礼记》等儒家经典，学生可以明白礼仪的深层含义，理解礼仪不仅是形式上的表现，更是体现了对他人的尊重与对社会秩序的维护。在现代德育课程中，礼仪教育是不可或缺的一部分，帮助学生在与人交往中表现出良好的礼貌与修养，从而促进社会的和谐。在儒家思想中，"智"指的是智慧和思辨能力，而不仅仅是知识的积累。《论语》中提到："知者不惑，仁者不忧，勇者不惧。"儒家认为，真正的智慧并不局限于知识的广博，而在于是否能明辨是非，做出正确的选择。通过对这一思想的学习，学生能够提高自身的思辨能力，学会在面对复杂的社会问题时保持理性与冷静。这种思维方式在今天的教育中尤为重要，它不仅可以帮助学生解决学习上的难题，还可以指导他们在人生的道路上做出更为明智的选择。

孔子论语》中提到："人而无信，不知其可也。"信不仅是对他人承诺的履行，更是一种自我要求。通过对儒家经典中关于诚信的学习，学生能够意识到信守承诺、诚实守信的重要性，培养诚信这一美德。在现实生活中，诚信是人与人之间建立信任关系的基石。无论是在学校、家庭还是社会中，学生都应当学会做一个讲诚信的人，这不仅是对个人道德的要求，也是对社会秩序的维护。在教学实践中，儒家经典《论语》和《孟子》等文本能够为德育提供丰富的教育资源。教师可以通过启发式的教学方法，引导学生从经典中挖掘出深刻的道德思想，并将这些思想应用于现实生活中。例如，教师可以通过小组讨论的方式，帮助学生深入理解儒家经典中的道德观念，并将这些观念与日常生活中的实际问题相结合，进一步增强他们的道德实践能力。同时，通过背诵经典语录，学生不仅能够提高语言表达能力，还能够在不断诵读与思考中内化儒家的道德观念，使其成为自身道德修养的一部分。

（二）道家文化中的自然观与道德观

道家文化中的自然观与道德观在中国传统文化中占有重要地位，深刻影响了古代社会的思想体系与生活方式。道家思想主张人与自然的和谐相处，这一理念在《道德经》中得到了充分体现。老子提出的"道法自然"不仅揭示了宇宙的运行法则，也倡导人们顺应自然的规律，减少对自然的破坏。在当代社会中，这一思想依然具有现实意义。学生通过学习道家的这一理念，可以更好地理解如何在日常生活中尊重自然、爱护环境，树立环保意识。"无为而治"是道家思想中的另一个核心概念，强调顺其自然，减少人为干涉。无为并不意味着什么都不做，而是指顺应事物的自然发展，不强行干预。对于学生来说，这一思想可以引导他们在面对生活中的问题时保持冷静，避免过度追求控制或强行改变现状。通过在课堂上探讨这一理念，教师可以引导学生学会如何在生活和学习中保持平和的心态，接受自然发展的节奏，并减少不必要的焦虑和压力。

道家文化推崇简朴生活方式，强调减少物质欲望，回归本真。老子在《道德经》中提出"少私寡欲"，即少一些私心杂念，减少对物质的过度追求。这一理念对于当代学生而言，具有重要的教育价值。物质诱惑无处不在，而道家提倡的简朴生活方式正好能够帮助学生树立正确的价值观，抵制过度消费主义的影响。通过道家思想的学习，学生能够明白追求内心的宁静和道德的提升远比外在的物质享受更加重要。道家思想中的"道法自然"不仅仅是在讲自然法则,更是将自然与道德紧密结合。道家认为,道是宇宙的本源,也是万物的运行法则。顺应自然,不仅是一种生活态度,更是一种道德选择。在课堂教学中,教师可以通过引入与环境保护相关的案例,帮助学生理解如何将道家思想应用于现代环境问题的解决。例如,通过讨论如何应对气候变化、环境污染等问题,学生可以认识到道家"天人合一"的理念在现代社会中的现实价值,并学会将这种自然观与环保实践相结合。

道家思想中的"无为而治"也可以用来指导学生如何进行个人的情感调节与心理健康维护。现代社会充满了各种竞争与压力,学生常常面对学业、社交和生活中的诸多挑战。而道家提倡的"无为"精神,正是让人们在面对困境时学会顺应自然的变化,而不是一味地追求控制和改变。通过学习这一思想,学生可以学会如何在压力面前保持冷静,不被外界的干扰所左右,从而更好地管理情绪,达到心理上的平衡与和谐。教师还可以通过模拟情境与实际案例分析,帮助学生进一步理解道家思想在现实生活中的应用。例如,针对学生在学业中的压力问题,教师可以组织讨论如何通过顺应自然、调节情绪的方式来应对压力。此外,教师还可以通过介绍现代环保活动,结合道家尊重自然的理念,引导学生思考如何在自己的生活中采取实际行动保护环境。通过这些案例分析与讨论,学生不仅能够加深对道家思想的理解,还能够将这些思想应用到实际生活中去。

(三)佛教文化中的慈悲与智慧

佛教文化中的慈悲与智慧是其核心思想,对人类的道德修养和心灵净化有着重要的引导作用。慈悲是佛教道德观念的基础,强调对所有众生的关爱与同情。在教学中,通过讲解佛教经典中的"众生平等"观念,学生可以理解慈悲心不仅仅是对亲朋好友的爱护,还包括对所有生命的尊重与善待。这一理念让学生懂得,关爱他人、帮助弱者是社会中每个人应尽的责任,慈悲不仅体现在情感的表达中,更应通过实际行动去实现。佛教的"因果报应"观念可以帮助学生树立正确的行为准则。佛教认为,每个人的行为都会产生相应的结果,善行会带来善报,而恶行则会引发不良后果。通过引导学生学习这些经典思想,他们能够意识到个人行为的重要性,明白每个善举都会对他人和社会产生积极的影响。这种因果观念能够培养学生在生活中时刻反思自己的行为,鼓励他们通过善行去影响周围的人和环境，从而实现个人道德的提升。

佛教经典中多次提到"智慧"是超越世俗烦恼的关键，通过智慧的修炼，人可以看透世间的苦乐，从而达到内心的平静。在课程中，教师可以通过解读佛教中的智慧观念，引导学生深入思考生活中的苦难与困惑，让他们学会如何以更智慧的方式面对困难与挑战。通过佛教的智慧启发，学生不仅能提升思辨能力，还能逐渐学会在面对挫折时保持冷静与理性，做到真正的"看破放下"，从而达到内心的平和与智慧的升华。佛教提倡的众生平等观念不仅仅是一种宗教信仰，它也深刻影响着人们的行为方式和道德选择。在教学中，教师可以通过讲述佛教故事或历史人物的慈悲行为，让学生感受到慈悲心在现实生活中的力量。例如，许多佛教高僧以其慈悲善行感动了世人，他们的事迹能够鼓励学生去关爱弱者、帮助有需要的人。慈悲不只是内心的感受，更是一种付诸实践的责任，通过学校组织的公益活动或慈善项目，学生可以将佛教的慈悲精神融入自己的日常生活中，从而实现道德修养与社会责任感的双重提升。

佛教中的智慧不仅仅是知识的积累，更是一种对生活的深刻理解与洞察。佛教认为，智慧是解决痛苦的根本方法，通过智慧可以看清事物的本质，超越世俗的烦恼与执着。在教育过程中，教师可以引导学生通过思考和自我反省来培养智慧，让他们逐渐学会用理性和冷静的态度看待问题，避免情绪化或冲动的行为。通过佛教智慧的引导，学生能够提高对自己情感与行为的掌控能力，从而在面对复杂的社会问题时做出更加成熟与明智的选择。此外，佛教慈悲与智慧结合在道德教育中具有独特的价值。慈悲让人心怀善意，而智慧则帮助人们找到正确的表达方式。通过慈悲与智慧的双重引导，学生不仅能够懂得关爱他人，更能通过智慧去选择合适的方式来帮助别人。教师可以通过让学生参与慈善活动或公益项目，帮助他们将佛教的慈悲精神落到实处。同时，教师还可以通过案例分析或小组讨论，让学生在解决实际问题时体会到智慧的重要性，进而帮助他们在行动中实现慈悲与智慧的统一。

在具体的课程设计中，教师可以将佛教的经典思想与当代社会问题相结合，通过引导学生思考和讨论，帮助他们理解佛教慈悲与智慧的现实意义。例如，可以引入关于环境保护、社会不公等议题，鼓励学生以佛教的慈悲精神关注这些问题，并通过行动去实践这种关爱。此外，智慧的启发则可以帮助学生在面对这些复杂社会问题时保持冷静与理性，找到更有效的解决办法。这样，佛教的慈悲与智慧不仅仅是书本上的知识,更成为学生在现实生活中的行动指南。

(四)墨家思想中的兼爱与非攻

墨家思想中的"兼爱非攻"是中国古代重要的思想,它提倡平等地爱护所有人,并坚决反对战争和暴力。墨子认为,只有通过"兼爱",即不分亲疏贵贱,一视同仁地关心和帮助他人,才能实现社会的和谐与安定。墨家的这种思想对培养学生的平等意识与社会责任感具有重要的现实意义。通过专题课程的学习,学生可以深入了解"兼爱"的道德观念,并思考如何将其应用于现代生活中。从"兼爱"的角度出发,墨家强调的是无条件的爱与平等的关怀,不论对方的身份、地位或背景,都应一视同仁。这一思想可以帮助学生打破偏见与歧视,促进不同群体之间的理解与包容。例如,在学校的德育课程中,教师可以通过组织学生讨论墨子提倡的"兼爱"观念,结合历史和现实中的实例,让学生意识到平等关爱的重要性。学生通过这种思维训练,不仅能够培养尊重他人、理解差异的心态,还能学会如何在日常生活中践行这一理念,如通过参与公益活动、志愿服务等方式去关爱身边的人和社会。

墨子在其著作中多次谴责战争带来的破坏和痛苦,认为国家之间应通过和平的方式来解决矛盾。通过专题课程,教师可以引导学生理解战争的危害与和平的重要性,帮助他们认识到在个人生活和国际事务中,如何通过和平、理性的方法来解决冲突,避免因暴力而导致的伤害与破坏。墨家思想中的"兼爱非攻"不仅是一种道德要求,更是一种社会责任的体现。如何在公益事业、社会服务中践行"兼爱"精神,是每个公民都需要思考的问题。通过教学,教师可以结合现代社会中的实际案例,如慈善组织、志愿服务、环境保护等,帮助学生理解如何将"兼爱"落实到具体的行动中。在小组讨论和情景模拟中,学生可以通过角色扮演或实际案例的分析,进一步体验和实践墨家的兼爱精神。他们不仅能够加深对"兼爱非攻"理念的理解,还能在实际生活中学会如何关心他人、维护和平与正义。

墨家思想的"兼爱"观念也可以在学生的人际交往中发挥积极作用。人与人之间的交流和沟通变得越来越复杂,竞争与冲突也日益加剧。学生学习并实践墨子的"兼爱"思想,能够有效地缓解人际关系中的紧张与对立,培养更加宽容、理解和友爱的心态。例如,教师可以通过组织学生参与社区服务或公益项目,让他们在实际行动中体验到"兼爱"的价值与意义。在这些实践中,学生不仅能够帮助他人，也能提升自身的道德修养和社会责任感。"非攻"理念在当前国际局势和国家发展中的重要性也不容忽视。全球化的背景下，国家之间的竞争日益加剧，战争和暴力时有发生。而墨子的"非攻"主张恰恰为我们提供了一种解决国际冲突的新思路。通过课堂讲解和历史实例分析，学生可以深入理解战争的危害以及通过和平手段解决问题的可能性。墨家"非攻"思想的学习，不仅有助于培养学生的和平意识，还能帮助他们树立正确的国际观和世界观，从而在未来的生活中成为维护和平的积极力量。

（五）法家思想中的法治精神

法家思想中的法治精神在中国古代政治思想体系中占据重要地位，它主张通过法律来规范社会秩序，强调法律的权威与不容置疑的地位。法家认为，法律是维持社会稳定与秩序的根本工具。以韩非子的思想为代表，法家主张制定严密的法律体系，以此来约束每个人的行为，防止社会出现混乱与无序。学习法家的法治思想可以帮助学生理解法律作为社会规范的核心作用，从而培养他们对法律的敬畏感和责任感。法家认为法律应当是至高无上的，任何人无论身份地位，都必须遵守法律。韩非子在其著作中强调，法律应当一视同仁，对所有人公平公正地适用。这一理念在当代社会中同样具有重要的现实意义。在课程中，教师可以通过对法家经典《韩非子》的学习，引导学生认识法律的权威性，了解无论是普通民众还是政府官员，所有人都应当受到法律的约束。学生可以树立法律面前人人平等的观念，理解法治社会中个人行为的边界与规范。

法治精神强调通过明确的规则来规范社会行为，避免个人的随意性与专断性。法家思想主张，只有通过明确的法律条文，才能有效规范人们的行为，保障社会的公平与正义。法治不仅是维持社会秩序的基石，也是保障个人权利的重要手段。在课程中，教师可以结合现代法治案例，帮助学生理解法律在维护社会公平与正义中的作用。通过分析现实中的法律事件，学生能够更加深刻地认识到法律的重要性，理解法治精神在维护公共利益和个人权利中的平衡作用。法家思想还强调法律的执行力，认为法律的威慑力在于其严格执行。如果法律只停留在纸面上，而没有得到有效贯彻，那么它就失去了约束力与权威性。韩非子曾指出，法律必须严明，不容置疑，只有在法律得以严格执行的情况下，社会才能保持秩序。教师可以通过讲解这一思想，引导学生理解法律执行的必要性与重要性。结合现代社会中的法律执行案例，学生可以认识到法律不仅仅是约束个体的工具，它更是一种维护社会公平与正义的重要手段。学生能够增强法治观念，培养遵守法律、尊重法律的意识。

法家强调通过法律来控制权力，以防止权力的滥用。权力制衡是法治精神的重要组成部分。通过法律对权力进行制约，能够有效防止个人或群体的专断，保障社会的公平与公正。在课程中，教师可以通过结合现代社会中的权力制衡机制，帮助学生理解法律在保护个人权利、防止权力滥用中的关键作用。通过对法家思想的学习，学生能够明白，法律不仅是约束民众的工具，更是规范和限制权力的重要手段，从而增强他们对权力与法律关系的理解。法治精神不仅是法律条文的体现，更是一种社会的行为规范。法家认为，法律是维护社会秩序的根本，而要真正实现法治，必须依赖社会成员的共同遵守与支持。学习法家思想能够帮助学生理解个人在法治社会中的责任与义务。通过对法家的学习，学生可以意识到，每个人都应当尊重法律、遵守规则，这不仅是对社会的责任，也是对自己权利的保障。

（六）传统文化节日与民俗的道德教育

中华优秀传统文化中的节日与民俗不仅承载了丰富的文化底蕴，还蕴含了深刻的道德教育价值。在春节期间，家家户户团聚在一起，孩子们给长辈拜年，表达孝顺和尊敬。这种仪式感不仅体现了代际之间的尊重，还通过代代相传的习俗，培养了孩子们对长辈的敬重和感恩之心。通过课程的学习，学生可以深入了解春节的文化内涵，体会其中的道德教育意义，增强对家庭观念与孝道的理解。端午节作为另一个具有悠久历史的传统节日，其背后蕴含的爱国精神和集体主义观念同样具有重要的道德教育意义。端午节纪念的是爱国诗人屈原，而赛龙舟、吃粽子等活动不仅是对这一传统的延续，更是体现了对团结协作精神的推崇。在课堂中，教师可以通过介绍端午节的历史背景和风俗习惯，引导学生理解爱国主义精神的深刻含义。同时，赛龙舟作为一种集体活动，也能够帮助学生认识到团队合作和集体力量的重要性。这种文化教育方式能够在学生心中种下集体意识的种子，培养他们在未来生活中注重合作、团结一致的品质。

中秋节作为传统的团圆节日，其内涵不仅仅是赏月和品尝月饼，更重要的是其背后所传达的团圆与和谐的道德观念。中秋节的故事与习俗，传递出家庭和睦、亲情温暖的道德价值观。在课程中，教师可以通过解读与中秋节相关的民间传说，如嫦娥奔月等，帮助学生理解节日背后所蕴含的伦理道德。同时，通过开展如亲子活动、家庭聚餐等节日庆祝方式，学生能够在参与这些传统活动的过程中，体会家庭团聚的温馨与和谐，感悟到珍惜亲情、关爱家人的道德意义。传统节日中的道德教育不仅限于家庭关系的培养，还涉及广泛的社会责任感与伦理观念。例如，清明节作为缅怀祖先、祭奠先人的日子，提醒人们不忘根本，尊重生命的延续。通过清明节的祭祀活动，学生能够体会到对生命的敬畏与对历史的尊重，这不仅仅是对亲人逝者的怀念，更是一种对家族和文化传承的敬重之情。课堂上，教师可以引导学生学习清明节的风俗，组织模拟的祭祖活动，帮助他们理解这一节日的道德内涵，并在思想上树立起对历史、传统和生命的尊重。

中华传统文化中的节日习俗往往也与道德教育紧密相连。比如，元宵节通过猜灯谜、闹花灯等活动，促进了亲友之间的互动与交流，增强了社区的凝聚力。这种节日氛围下的团结合作精神，在现代社会中同样具有重要的道德教育价值。教师可以通过让学生参与元宵节的文化活动，如制作灯笼或组织猜谜比赛，帮助他们体会节日中的互动与分享精神。这种通过亲身参与的体验式教育方式，能够让学生更直观地感受到节日文化中的道德教育意义，进一步加强他们的社会责任感与集体荣誉感。在传统节日的教学中，教师还可以结合现代社会中的道德议题，如环保、节约等，将传统节日的道德内涵与当代价值观相结合。比如，在讲述春节和元宵节的习俗时，可以引导学生思考如何以环保的方式庆祝节日，减少对环境的影响，从而培养他们的环保意识与社会责任感。通过这种结合现代与传统的教学方式，学生不仅能够学习到传统节日的文化内涵，还能在实践中理解这些节日背后的道德教育意义，并将其应用于现代生活中。

第三节 中华优秀传统文化德育融合课程

中华优秀传统文化德育融合课程旨在将传统文化与德育目标相结合，通过多学科交叉教学，全面提升学生的道德素养和文化素养。课程设置可以将中华传统文化的核心理念融入历史、语文、艺术等学科教学中，使学生在学习知识的同时，深刻领会传统文化中的价值观念。融合课程还应加强实践与体验，让学生通过实际参与文化活动感悟道德与文化的紧密联系，推动中华优秀传统文化的传承与德育教育的相互促进。

一、中华优秀传统文化德育融合课程的含义

中华优秀传统文化德育融合课程是将传统文化与德育教育相结合的创新教学模式。该课程旨在通过传统文化的教学，引导学生树立正确的价值观和道德观，培养其社会责任感。融合课程强调多学科交叉，以丰富的内容和灵活的形式，让学生在实际活动中体验和理解传统文化的深厚内涵。课程设计注重实践与反思，鼓励学生通过参与文化活动提升自我修养。这种融合课程不仅提高了学生的文化素养，还促进了他们对中华优秀传统文化的认同与传承。

二、中华优秀传统文化德育融合课程的内容

（一）传统美德的现代解读

在德育融合课程中，如何让学生在当今社会中理解和践行这些美德，成为教育工作者的重要任务。首先，可以通过现代案例的分析，将古老的美德与当代生活相结合。例如，在课堂上讲述一些当代年轻人如何在工作繁忙的同时坚持照顾父母的感人故事，让学生在感同身受的同时，认识到孝敬长辈不仅仅是传统的要求，更是一种社会责任和家庭责任的体现。通过这些真实的案例，学生可以更加直观地感受到美德在当今社会的现实意义。情景模拟也是德育课程中帮助学生理解传统美德的有效方式。通过设置现实生活中常见的情境，如"如果你的同学遇到困难,你该如何帮助他？"或"当你看到邻居老人行动不便时,你会怎么做？"，让学生在模拟情境中扮演角色，并做出自己的选择。通过情景模拟，学生不仅能够深刻体会到友爱同学、尊老爱幼等传统美德的重要性，还能够将这些道德观念内化为自己的行为准则。这种教学方式能够让学生在参与中体验、在体验中思考，进一步加深对传统美德的认知。

通过分享古今中外的道德故事，特别是那些与学生年龄、生活背景相符的现代故事，可以让学生在欣赏故事的同时，反思自己的行为。例如，通过讲述抗疫期间医护人员如何在逆境中坚守岗位、帮助他人的故事，激发学生对"助人为乐"这一美德的认同感，并鼓励他们在日常生活中也能积极参与志愿服务和公益活动。故事的力量不仅能够触动学生的情感，还能引发他们的共鸣，进而让他

们在潜移默化中接受传统美德的教育。与此同时，教师还可以利用互动讨论的形式，启发学生思考如何将这些传统美德与现代生活中的实际问题相结合。例如，在讨论环节中，教师可以提问："在现代社会，为什么孝敬父母仍然如此重要？"或"如何在快节奏的生活中坚持尊老爱幼的美德？"通过引导学生结合实际生活情况进行思考和讨论，不仅能让他们加深对传统美德的理解，还能培养他们独立思考和解决问题的能力。这样的课堂互动，能够激发学生的主动性，使他们在互动中学会如何在日常生活中践行这些美德。

教师还可以通过实践活动引导学生将传统美德融入日常行为。比如，组织学生进行社区服务活动，鼓励他们去关心老人、帮助需要帮助的同学等。通过亲身参与这些实践活动，学生能够将课堂上学习到的道德观念转化为实际行动，从而真正理解传统美德的现实价值。实践活动不仅能增强学生的责任感，还能让他们在与社会的接触中，更加深刻地体会到美德对于个人和社会的重要性。

（二）非物质文化遗产的保护与传承

非物质文化遗产作为中华文化的重要组成部分，承载着丰富的历史和文化内涵，其保护与传承在当今社会显得尤为重要。书法、国画、剪纸、京剧等传统艺术形式，代表着中华文化的独特魅力和智慧，是德育教育中不可忽视的资源。通过德育融合课程，学生不仅可以学习这些传统技艺，还能从中汲取深厚的文化滋养。书法作为中华文化的瑰宝，不仅仅是一种文字书写的技巧，更是中华民族几千年文明发展的象征。书法教学能够帮助学生培养耐心、专注力和审美能力，同时也让他们在书写过程中感受到中华文化的精髓。通过系统的书法训练，学生不仅能够掌握书法技巧，还能理解其中蕴含的道德修养，如"字如其人"的思想，培养他们的品格和精神风貌。剪纸作为一种古老的民间艺术，具有丰富的象征意义和文化内涵。在课堂上，学生可以通过学习剪纸技艺，感受传统艺术的创造力和美感。剪纸不仅考验学生的手工能力，还能让他们体会到中国人对生活的热爱和对自然的敬畏。教师可以通过讲解剪纸作品背后的文化故事，让学生更好地理解这些艺术形式与中国传统文化的关系。例如，剪纸中的龙凤、花鸟等图案，往往蕴含着吉祥、幸福的象征意义，教师可以借此机会讲述这些图案的文化背景，从而增强学生对中华文化的认同感和自豪感。

京剧作为中国传统戏剧的代表，在德育融合课程中的应用也具有重要意义。

通过组织学生观看京剧表演或参与简单的京剧演练，学生能够感受到中国戏曲的独特魅力。京剧不仅是一种表演艺术，更是中国传统文化的载体，它通过丰富的唱腔、脸谱和动作，传递着中华民族的价值观念和道德准则。在课堂上，教师可以通过引导学生了解京剧中的忠孝、仁义等核心道德观念，让他们在欣赏艺术的同时，也能从中学习到做人做事的道理。此外，国画作为中国传统绘画的代表，强调写意与神韵，体现了中华民族独特的审美观和价值观。学生可以通过学习国画技法，如笔法、构图等，领略到中国画的艺术魅力和文化内涵。国画不仅注重技巧的训练，更强调画家内在精神的表达，这与德育教育中的心性修养不谋而合。通过国画的学习，学生能够在潜移默化中培养自己的审美能力和心灵修养，增强对中国传统文化的理解和热爱。

除了艺术形式本身的学习，非物质文化遗产的保护和传承还需要与德育教育中的责任感和使命感相结合。在课程设计中，教师可以通过讲解非物质文化遗产的历史渊源和现状，增强学生的文化自信和保护意识。通过组织学生参与文化遗产保护活动，如参观文化遗产展览、参与传统工艺的制作等，可以让学生亲身感受到文化遗产的珍贵性，激发他们的责任感和使命感，从而自觉参与到文化遗产的传承与保护中来。

（三）家校合作与社区参与

家庭作为孩子的第一课堂，父母的言行举止在无形中影响着孩子的道德观念和行为习惯。教师可以通过加强家校合作，将家庭教育与学校教育有机结合起来。例如，组织亲子共读经典的活动，让家长与孩子一起阅读《论语》《孟子》等经典作品，既能增进亲子关系，又能让学生在父母的陪伴中感受到传统文化的深厚底蕴。在共读过程中，家长还可以引导孩子讨论书中的道德理念，将这些理念融入日常生活中，从而帮助孩子树立正确的价值观。家长的参与不仅仅限于亲子共读，还可以通过参与学校组织的文化活动来促进孩子的道德养成。例如，学校可以邀请家长参加传统文化体验活动，如书法比赛、剪纸展览、茶艺展示等。家长与孩子共同参与，既能让孩子感受到家庭的支持与关怀，又能让家长在活动中体验传统文化的魅力。通过这种形式的家校合作，学生不仅能够在学校接受系统的文化教育，还能在家庭的氛围中进一步加深对文化的认同和理解。此外，家长的积极参与也能够树立良好的家庭榜样，潜移默化中影响孩子的道德行为。

社区拥有丰富的文化资源，可以通过组织各种文化活动来增强学生对中华文化的认同感。例如，社区可以定期举办传统文化讲座，邀请文化学者或民间艺人向学生和居民介绍传统文化的起源、发展以及其在现代社会中的应用。这些讲座不仅能够拓宽学生的知识面，还能让他们在轻松愉快的氛围中理解和感受传统文化的魅力，增强他们对文化的认同感和自豪感。通过举办手工艺品展览、非物质文化遗产展示等活动，社区可以为学生提供一个直观感受传统文化的平台。例如，在手工艺品展览中，学生可以近距离接触剪纸、刺绣、陶艺等传统技艺，感受手工艺人精湛的技艺和对文化的执着追求。这种亲身体验不仅能够激发学生对传统文化的兴趣，还能让他们意识到保护和传承这些技艺的重要性，从而增强文化责任感。

社区的文化活动可以通过互动的方式，让学生参与其中，从而增强他们的文化认同和道德意识。比如，社区可以组织学生参与传统节日的庆祝活动，如春节、端午节、中秋节等。学生不仅能够了解传统节日的历史渊源和文化习俗，还能通过亲身参与体会到节日中的道德内涵，如孝亲敬老、团结友爱等。学生不仅学到了知识，更是将传统文化中的道德观念内化为自己的行为准则，从而在生活中践行这些道德规范。

第四节 中华优秀传统文化德育网络课程

中华优秀传统文化德育网络课程利用数字技术，将传统文化与德育内容相结合，打破了时空限制，方便学生随时随地学习。通过线上平台，学生可以学习经典文化知识，观看专家讲座，参与互动讨论等，全面提升文化认同感与道德素养。网络课程还应注重互动性与趣味性，通过多媒体资源、虚拟体验等方式，激发学生的学习兴趣，帮助他们在数字化环境中深入理解中华优秀传统文化的精髓，实现德育与文化传承的双重目标。

一、中华优秀传统文化德育网络课程概述

中华优秀传统文化德育网络课程旨在深入挖掘和传承中国文化的精髓，帮助学生理解和认同民族精神。这一课程通过丰富的多媒体资源，将古典文献、历史故事与现代德育相结合，提升学生的人文素养和道德修养。此外，课程设计注

重互动性与实践性，鼓励学生参与讨论与分享，增强学习的参与感和乐趣，从而在潜移默化中塑造他们的价值观和人生观。这种创新的教学模式为传统文化的传播开辟了新的路径。

二、中华优秀传统文化德育网络课程的内容

（一）经典作品的在线学习

在网络平台上，学生可以随时随地进行阅读和学习，这打破了传统课堂的时间和空间限制，让学生能够根据自己的节奏深入理解经典作品中的道德思想和哲学理念。通过网络平台提供的多样化学习资源，学生不仅能够接触到原文，还能通过现代语言的注释、翻译以及背景介绍，更好地理解这些经典作品的精髓。教师通过录制或直播课程，以生动形象的方式讲解经典中的难点和要点，帮助学生从不同角度思考问题。例如，在学习《论语》时，教师可以结合现代社会中的实际情况，解释其中的"仁"与"礼"等概念如何应用在当代生活中，从而让学生更容易理解和接受传统道德观念。同时，视频讲解能够让学生反复观看，巩固知识点，并且通过视觉、听觉的多重刺激，提升学习效果。

学生可以随时参与讨论，表达自己的看法与见解，这种互动方式极大地增强了学习的主动性和趣味性。通过与同学、教师的在线交流，学生能够分享各自的理解，互相启发，不断加深对经典的认识。例如，在讨论《道德经》时，学生可以就"无为而治"这一概念展开探讨，结合当代管理学的理论，提出自己的见解。学生不仅能够增强对经典作品的理解，还能培养批判性思维和创新能力。为了进一步强化学生对经典作品的掌握，网络课程还通过在线测试的方式进行评估。每个学习模块之后，平台通常会设计一些测试题目，帮助学生检测自己对所学内容的掌握程度。这些测试题不仅局限于简单的选择题或填空题，还可以设置一些开放性的论述题，要求学生用自己的话解释经典中的某些思想。学生能够更加深入地思考经典中的道德哲理，并通过文字表达来梳理自己的思路。这种在线评估不仅帮助学生检验学习效果，还为教师提供了有力的参考，便于根据学生的实际情况调整教学内容和策略。

每个学生的学习进度和理解能力不同，网络平台允许学生根据自己的节奏安排学习内容。例如，学习《孟子》时，部分学生可能对其中"性善论"的论述产生了浓厚的兴趣，而另一些学生则可能更关心其中的政治思想。网络平台提供

了丰富的资源，学生可以根据自己的兴趣选择不同的学习路径，深入研究某些特定的章节或思想。这种个性化的学习体验，不仅能够满足学生的求知欲，还能增强他们对经典的深层次理解。

（二）多媒体形式的文化展示

多媒体形式的文化展示是中华优秀传统文化德育网络课程中的重要环节，它通过多样化的手段，如动画、纪录片、音乐等，将深奥的传统文化生动地呈现给学生。通过这些丰富的视觉和听觉体验，学生不仅能够直观感受到中华文化的美感和魅力，还能在轻松的氛围中提升对文化的理解与认同。例如，书法作为中国传统艺术之一，其线条的运笔、字体的构造等在文字描述中可能显得抽象，但通过动画展示，学生能够清楚地看到书法的每一笔每一划是如何在宣纸上呈现出来的，帮助他们更好地掌握书法技法的精髓。通过真实的历史影像和对文化传承人的采访，学生可以深入了解国画、京剧等非物质文化遗产背后的历史与发展。例如，在一部关于京剧的纪录片中，学生不仅能欣赏到京剧表演中的唱腔与动作，还能通过京剧演员的讲述，了解这一艺术形式从清朝流传至今的历程，以及其中所蕴含的忠孝节义等道德内涵。这样的学习过程不仅丰富了学生的文化知识，还能激发他们对中华文化的敬畏与热爱。

无论是传统乐器的演奏，还是戏曲中的乐曲，都能够通过多媒体的方式清晰地传达给学生。例如，通过播放古琴演奏的视频，学生不仅能听到音律的变化，还能观察到演奏者指法的运用与情感的表达。这种多感官的学习体验帮助学生从听觉和视觉两个角度，深入理解音乐艺术的表现力和文化价值。而传统戏曲音乐的播放，更是让学生在欣赏音乐的同时，也能感受到戏曲中人物的情感变化与剧情发展。动画作为一种轻松易懂的呈现方式，尤其适合在德育课程中展示传统节日的文化习俗。通过生动的动画场景，学生能够看到春节、端午、中秋等节日中的传统习俗是如何进行的。比如，动画可以形象地展示春节贴春联、包饺子，或者端午节赛龙舟、吃粽子的习俗，这比单纯的文字讲述更加生动直观，让学生对这些节日有更为深刻的印象。动画中的人物和场景设计可以让学生在娱乐中学习，不仅能够加深他们对传统节日文化的理解，还能激发他们参与到这些节日活动中的兴趣，增强他们的文化认同感。

利用现代技术制作的虚拟现实（VR）或增强现实（AR）展示也为文化展示

提供了新的维度。学生可以"走进"古代的书法工作坊、国画画室，或者站在京剧舞台的中央，体验艺术创作的全过程。这种沉浸式的学习方式能够打破传统学习的空间限制，让学生仿佛亲身参与其中，从而极大地提升了他们的学习兴趣和对文化的深刻感受。例如，在虚拟的书法练习中，学生可以通过控制手中的虚拟毛笔，体验书法创作的每一个步骤，感受到纸墨之间的微妙关系，这比传统的课堂讲授更为直观有趣。通过多媒体形式的展示，学生还可以将自己的文化学习成果进行分享和展示。例如，网络课程中常会设置一些展示平台，学生可以将自己在学习过程中创作的书法作品、国画作品、剪纸等上传至平台，与其他同学交流学习心得。这种互动不仅增加了学生的参与感，还能够激发他们的创作热情，让他们在展示和交流中不断提高自身的文化素养。

（三）互动讨论与交流平台

互动讨论与交流平台在德育网络课程中扮演着至关重要的角色，它为学生提供了一个分享心得、交流思想的空间，使得传统美德的学习不再仅仅是单向的知识传授。通过互动讨论区，学生可以自由表达自己的观点，分享他们在学习经典文化、道德理念时的心得体会。例如，学生在学习《论语》中的"仁义"思想后，可以在讨论区提出自己的理解，并结合现代社会中的实际情况讨论这一传统美德在当代生活中的应用。这种分享和讨论不仅可以加深学生对道德理念的理解，还能激发他们思考传统美德的当代价值。在传统的课堂教学中，学生与教师的互动往往受限于时间和空间的限制，但通过网络平台，学生可以在任何时间提出问题，与教师进行深入探讨。这种交流方式鼓励学生主动学习，增强了他们的参与感与责任感。例如，学生在讨论儒家伦理时，可能会遇到一些困惑或疑问，教师可以通过在线回复的方式，及时为学生解答，并引导他们进一步思考和探索。这种即时反馈不仅提高了教学效果，也帮助学生更好地掌握和内化道德观念。

通过在线平台，学生能够看到其他同学的观点和见解，从中获取新的思路和灵感。例如，在讨论《道德经》中的"无为"思想时，不同的学生可能会有不同的理解，有的学生可能认为"无为"意味着顺应自然，不主动干预，而有的学生则认为"无为"是通过自我调节实现更好的行动效果。这种多元化的讨论能够让学生从不同的角度思考问题，激发他们的批判性思维能力。通过与同学的互动，学生能够在相互启发中加深对道德修养的理解，并逐步形成自己的价值判断。互动讨论平台能够营造出一种开放包容的学习氛围，让学生在讨论中感受到彼此之间的平等与尊重。这种氛围有助于学生在发表自己的意见时更加自信，同时也能鼓励他们积极参与讨论，表达自己的观点。例如，当学生在讨论传统节日中的孝道文化时，他们可能会结合自己的家庭经历，分享自己如何在生活中践行孝道。其他同学在看到这些分享后，可能会产生共鸣或反思自己的行为，进而在生活中更加注重孝敬父母的实践。通过这种开放的交流，学生能够在分享和倾听中共同进步，提升道德修养。

互动讨论平台不仅仅局限于文字交流，还可以通过多媒体的方式丰富讨论内容。例如，学生可以上传自己在学习过程中制作的书法作品、手工艺品或文化研究的短视频，与其他同学分享学习成果。学生能够更加直观地展示自己的学习成果，并在展示中获得成就感与自我认同。这种互动方式不仅增强了课程的趣味性和参与感，还能够帮助学生在创作和分享中加深对传统文化的理解与实践。教师可以通过观察学生的讨论内容，了解他们的学习状态和思想进展，从而根据实际情况调整教学内容和节奏。例如，如果教师发现多数学生对某一德育理念的理解存在偏差，或者对某一经典的内容感到困难，便可以在后续课程中进行针对性讲解与指导。这种基于互动反馈的教学模式不仅提高了课程的针对性和有效性，也使得教学过程更加动态和灵活。

（四）在线实践活动与任务

通过网络平台布置家庭礼仪实践、节日文化体验等任务，学生可以在日常生活中亲身体验传统文化的内涵，提升对道德观念的理解。例如，教师可以通过课程平台要求学生在家中进行礼仪实践，如敬长辈、表达感恩等，让他们在实际情境中感受和践行尊敬长辈的美德。这种任务不仅让学生更加深入理解礼仪的内涵，还能帮助他们将这些美德内化为日常行为规范。在线实践任务还可以通过节日文化体验的形式，让学生在特定的文化场景中进行道德教育。例如，在传统节日如春节、端午节、中秋节等期间，教师可以布置任务，要求学生参与家中的节日活动，如贴春联、包粽子、拜年等，并通过拍摄视频或照片的形式记录下他们的参与过程。学生在这些活动中不仅可以学习到传统节日的文化背景，还能体会到其中蕴含的团结、感恩、尊敬等道德价值。这种实际体验能够让学生更深刻地理解传统美德，并将其付诸实践，从而增强道德教育的实际效果。

在完成每项任务后，学生可以通过撰写心得体会或制作短视频的形式，记录他们在实践中的收获与感悟。例如，学生可以在完成家庭礼仪实践后，撰写一篇关于他们如何在生活中尊重长辈、与父母和谐相处的反思文章。学生能够系统地整理自己的实践经验，并通过反思进一步加深对传统道德观念的理解。这种任务不仅帮助学生巩固了课堂上学到的知识，还促使他们在实践中不断提升自己的道德修养。网络平台为实践任务的布置和反馈提供了极大的便利。教师可以通过平台随时发布任务，并根据每个学生的进展情况进行个性化的指导和反馈。例如，教师可以针对某些学生在家庭礼仪实践中的表现提出改进建议，或通过评价学生上传的节日体验视频，给予积极的鼓励和引导。这种及时的反馈机制不仅增强了学生的参与感，还能够帮助他们不断改进和提升自己的行为表现，从而在实践中不断成长和进步。

网络平台为学生提供了一个互动分享的空间，他们可以通过上传图片、视频等方式，展示自己在完成任务中的过程和收获。例如，学生可以分享他们与家人一起庆祝传统节日的照片，或展示他们如何在家庭中践行孝敬父母的具体行为。通过这些分享，学生能够相互学习和借鉴，增强集体的道德氛围，也进一步巩固了他们对传统美德的认知。在线实践活动的一个重要优势在于，它可以将课堂学习与生活实践紧密结合，让学生在真实的生活场景中进行道德教育。例如，在节日文化体验任务中，学生不仅可以学习到传统文化的知识，还能够感受到家庭和谐的重要性，这种亲身参与的学习方式比单纯的理论学习更具效果。通过这些在线实践活动，学生能够在日常生活中不断践行和反思道德观念，形成良好的行为习惯和道德素养。

（五）线上评估与反馈机制

通过定期的在线测验，教师可以评估学生对传统美德、经典作品等内容的掌握程度。测验内容可以涵盖选择题、填空题和简答题，既考查学生对知识点的记忆，也检测他们的理解和运用能力。例如，针对《论语》中的"仁"与"义"等概念，测验可以设计情景题，要求学生结合生活中的实际问题进行分析，从而考察他们对道德理念的理解深度。与测验相比，作业更注重学生的自主性和创造性，特别是在德育课程中，作业可以包括撰写心得体会、文化实践报告等多种形式。学生可以通过这些作业深入思考和总结自己的学习过程，并结合实际生活中的体验，提出对传统美德的个人见解。例如，学生在完成一次家庭礼仪实践后，可以撰写反思文章，分析自己在实践中的感悟与收获。这种形式的作业不仅能够帮助学生加深对德育内容的理解，还能够培养他们的独立思考和总结能力。

通过网络平台，教师能够实时查看学生的作业和测验结果，并给予个性化的建议和指导。这种即时性使得学生能够在第一时间了解到自己的不足，并及时进行改进。例如，教师在批改学生的作业时，如果发现某些学生在理解道德理念上存在偏差，便可以通过在线平台立即与学生沟通，提出针对性的建议，帮助他们纠正错误、深化理解。这种反馈机制不仅提升了教学的互动性，也增强了学生的学习积极性和责任感。此外，线上评估机制还可以通过多元化的方式进行。例如，除了传统的测验和作业评估，课程还可以引入学生自评与互评的环节。通过自评，学生可以对自己的学习情况进行反思和总结，发现自身的优势与不足；而通过互评，学生可以相互学习，借鉴同伴的观点和经验，从而进一步提升自己的学习效果。例如，学生在完成家庭礼仪实践后，不仅可以自己反思，还可以观看同学上传的实践视频，并在评论区进行反馈和讨论。这种双向互动不仅增强了学习的趣味性，也有助于学生在与同伴的交流中取长补短，共同进步。

线上评估与反馈机制的灵活性也为个性化教育提供了可能性。每个学生的学习节奏和能力各不相同，网络平台能够根据学生的具体情况进行分层评估与指导。例如，平台可以为不同层次的学生提供不同难度的测验和作业，帮助每个学生在适合自己的水平上逐步提升。同时，教师也可以根据评估结果，针对性地为学生提供个别辅导和补充材料，确保每个学生都能够达到课程的德育目标。这种个性化的评估方式，不仅提升了学生的学习效率，也增强了他们的学习自信心。通过网络平台的数据记录，教师可以随时查看每个学生的学习轨迹和进展，了解他们在整个学习过程中的表现。例如，平台可以生成学生的学习报告，详细列出每次测验的成绩、作业的完成情况以及教师的反馈内容。这些数据为教师提供了全面的评估依据，使他们能够更好地掌握学生的学习动态，并在必要时调整教学策略和内容，确保学生能够稳步达到德育课程的目标。

第六章　德育视域中高校中华优秀传统文化传承的实践体系

在德育视域下,高校中华优秀传统文化传承的实践体系应注重理论与实践相结合,增强学生对文化的真实感悟。通过组织学生参与传统节日、非物质文化遗产体验、文化遗址考察等活动,让学生在实践中深入理解文化内涵。同时,实践体系还需与校园文化建设相融合,如开展传统技艺工作坊、文化讲座等,使学生在日常生活中感受到传统文化的熏陶,从而提升他们的文化认同感和道德修养,实现文化传承的实践性与长效性。

第一节　德育视域中高校中华优秀传统文化传承的实践重要性

一、提升学生道德修养

中华文化中蕴含的道德理念,如仁、义、礼、智、信,构成了中华民族数千年来维系社会秩序和人际关系的社会主义核心价值观。通过将这些道德理念引入高校德育课程,学生能够在学习过程中不断提升自身的道德修养,逐步形成正确的价值观和人生观。这对于培养具有社会责任感、道德素质的高素质人才有着不可替代的作用。仁义礼智信作为传统文化的核心道德理念,贯穿了中华文化的各个层面。仁,是儒家思想中最为重要的道德标准,强调人与人之间的关怀和爱心;义,体现了正直和公正的道德操守;礼,指的是行为举止的规范与礼仪;智,意味着智慧和判断力的提升;信,则强调诚信和守诺。这些道德理念不仅有助于学生在与他人交往中形成良好的人际关系,还能帮助他们在复杂的社会中做出正确的道德选择。高校德育课程通过对这些道德理念的深入讲解和分析,能够帮助学生理解其在现代社会中的意义与应用,从而在实际生活中践行这些道德规范,提升自身的修养。

通过德育课程的引导,学生能够在思考和讨论中逐渐内化这些传统道德理念,使之成为自己行为的准则。例如,仁爱精神强调宽容、慈悲和助人为乐,教师可以通过历史案例、经典故事以及当代社会的实例,帮助学生理解如何在日常生活中展现仁爱之心。义的观念则可以引导学生在面对利益冲突时,如何坚守正义、不损人利己。礼的学习不仅仅停留在形式上,还要引导学生理解礼仪背后的尊重、谦逊和道德价值。通过这些思考,学生能够逐步将中华优秀传统文化中的道德理念内化为自觉的道德实践,从而不断提升自身的道德修养。中华传统文化中的智慧与道德观念也与当代社会的价值取向相契合,为学生提供了应对复杂社会挑战的指南。例如,智与信不仅仅关乎个人能力的提升,还涉及如何在社会交往中获得他人的信任与尊重。在德育课程中,教师可以通过案例分析和小组讨论,帮助学生理解如何运用智慧去解决问题,并在此过程中保持诚信。信的价值不仅体现在个人信用和社会信任关系中,还体现为对社会的责任和对他人承诺的践行。这些道德理念的实践,不仅有助于学生个人素质的提升,还能增强其社会责任感,促使他们成为具备道德修养、诚信正直的社会公民。

二、增强文化认同感与自豪感

高校作为文化传承的重要阵地,具有独特的责任和能力,通过课程教学、文化活动等多种方式,使学生深刻认识到中华文化的博大精深和独特魅力。在这样的氛围中,学生不仅能够加深对传统文化的理解,还能在这一过程中培养出强烈的文化认同感。这种认同感不仅体现在对传统文化的尊重与热爱,更是在内心深处产生一种深深的归属感,使他们自觉成为文化传承的主体。随着全球化进程的加速,文化交流的频繁让不同文化在高校中的影响日益加深。通过高校对传统文化的深入教育,学生可以从自身文化的角度去理解和对比其他文化,进而增强对本民族文化的认同。例如,通过学习中国古代的儒家思想、道家哲学以及其他经典文化作品,学生能够认识到这些文化在塑造民族精神、维系社会秩序中的独特作用。与西方文化相比,中华文化中蕴含的和谐、仁爱、尊重自然等观念不仅展现出深刻的人性关怀,也为现代社会提供了宝贵的思想资源。这种对比学习,不仅让学生理解中华文化的独特价值,也使他们对本民族文化产生深厚的自豪感。

高校通过对中华优秀传统文化的推广和教育，能够帮助学生认识到中华文化在全球化背景下的重要性。中华文化作为世界上历史最悠久、延续最为完整的文明之一，具有独特的全球影响力。通过对中国文化成就的学习，如四大发明、诗词歌赋、书法绘画等，学生能够理解中华文化对世界文明的巨大贡献。这不仅让他们认识到中华文化的广泛影响，也使他们感受到身为中华文化传承者的责任和使命。例如，学生通过了解中国古代科技对世界发展的贡献，感受到中华文化在世界科技史上的地位，从而更加坚定自己的文化自信。这种文化自信不仅体现在对本民族文化的自豪感中，还能够帮助学生在国际交流中自信地展现自己的文化根基。同时，高校可以通过举办各种文化活动，如传统节日庆祝、书法展览、国学讲座等，来增强学生对中华文化的体验与认同。这些活动不仅为学生提供了深入了解传统文化的机会，还能让他们通过亲身参与感受到文化的实际魅力。例如，通过亲手体验传统的书法艺术，学生不仅能够领略书法的美感，还能从中感受到古人注重修养、追求内心平和的价值观念。而传统节日活动，如春节、端午节等，通过让学生亲身参与其中，他们能够更深刻地体会到中华民族的文化底蕴与习俗传承。这种亲身体验不仅加深了他们对传统文化的理解，还能增强他们的文化归属感与认同感。

在全球化进程中，年轻一代面临着多元文化的冲击和选择。通过高校对中华优秀传统文化的深入教育，学生能够在多元文化的环境中保持对本民族文化的坚定信念，从而形成强烈的民族意识。这种民族意识并非封闭自守，而是在充分了解和尊重其他文化的基础上，树立起对本民族文化的自信与认同。例如，学生在学习儒家的"仁义礼智信"时，不仅能够理解这些价值观念在中华文化中的重要地位，还能够将其与其他文化中的道德观念进行比较，从而更清晰地认识到中华文化的独特性。这种比较学习帮助学生在全球化的背景下自觉认同自己的文化根基，并以开放的态度参与全球文化交流。文化认同感和自豪感的增强还能够推动学生在未来的社会生活中自觉传承和传播中华文化。当学生在高校中建立起对中华优秀传统文化的深刻认同后，他们将自觉地将这些文化内涵融入个人的生活和职业发展中，成为中华文化的积极传播者和继承者。例如，学生在走入职场后，能够将儒家文化中的诚信、责任、合作等道德理念应用到工作中，塑造良好的职业道德。同时，在面对国际文化交流时，他们也能够自信地展现中华文化的独特魅力，成为中华文化在全球范围内的重要传播者和弘扬者。

三、促进德育与学科融合

通过将德育理念与各个学科的教学紧密结合，学生不仅能够在课堂上学习到传统文化中的道德思想，还能在不同学科的背景下，全面理解和应用这些道德观念。例如，儒家思想中的"仁义礼智信"不仅可以在思想政治课程中教授，还可以结合历史、文学、社会学等学科内容进行深入探讨。这种跨学科的融合方式有助于学生在更广泛的知识背景下深化对中华优秀传统文化的理解，并在不同情境中加以运用，形成全面的道德素养。将道家哲学与理工类学科相结合，也能有效促进德育与学科的融合。例如，道家强调的"天人合一"思想与现代生态环境科学有着密切的关联。在高校的环境科学、生态学等课程中，教师可以将道家的自然观融入课程内容，帮助学生在学习现代环境保护知识的同时，领悟传统文化中的生态智慧。这种融合不仅能够增强学生对中华文化的认同感，还能够在他们的专业学习中体现道德修养的应用，从而提升他们的职业素养和社会责任感。

通过将传统文化中的德育理念融入多学科教学，德育的系统性与全面性得到了极大增强。例如，法学专业的学生在学习法律条文和法规的同时，可以结合中国古代的法家思想，探讨法治与德治的关系。在法家的"以法治国"理念中，虽然强调法的作用，但道德规范的引导力同样不可忽视。通过这种跨学科的德育融合，学生能够从法律和道德的双重角度理解社会治理，从而更加全面地认识到法律在维护社会秩序中的作用，以及道德在个人行为规范中的重要性。德育与学科的融合不仅仅体现在人文学科和社会科学领域，还可以通过理工科教学实现。以工程伦理为例，传统文化中的儒家思想强调责任与诚信，这对于工科学生来说具有现实意义。在工程项目中，工程师不仅需要具备过硬的技术能力，还应具有高度的社会责任感和道德自律意识。通过将儒家伦理融入工程类课程，教师能够帮助学生理解职业伦理的重要性，并将传统的道德观念转化为职业实践中的行为准则。这种融合有助于培养具有高度职业道德和社会责任感的技术人才。

高校在促进德育与学科融合的过程中，还可以通过多样化的教学方法，如案例教学、小组讨论等方式，激发学生的思考和参与。例如，在历史学科中，教师可以通过讲解历代治国理政的成功经验和失败教训，引导学生思考其中的道德因素，并结合当代社会问题进行分析。这种通过历史事实和现实问题结合的教学方法，既能够帮助学生从历史中学习智慧，也能增强他们在现代社会中的道德判断力。同样的教学方法也可以应用于文学课程，教师可以通过经典作品的情节和人物分析，引导学生思考道德与人性的复杂关系，从而进一步深化对传统文化的理解。此外，德育与学科的融合也为高校的德育课程注入了新的活力和创新性。通过跨学科的教学设计，传统德育课程不再局限于单一的理论讲解，而是与学生的专业学习和现实生活紧密结合，增强了课程的吸引力和实用性。例如，在经济学课程中，教师可以结合中国古代的经济思想，如儒家的"义利之辨"，帮助学生理解现代商业中的道德问题。这种德育与学科内容的结合，不仅丰富了教学内容，还能够帮助学生在面对现实的经济选择时，做出更加符合道德标准的决策。

四、推动创新思维与文化发展

中华文化中蕴含着丰富的哲学智慧与创新思想，这些思想不仅在历史上塑造了中国社会，也为当代社会提供了无尽的灵感和资源。通过将这些传统文化元素引入高校教学，学生能够在学习过程中汲取传统文化中的精髓，激发创造力与创新思维。这不仅帮助他们在现代社会中应对复杂的挑战，还为文化的持续发展注入新的活力。此外，中华优秀传统文化中的创新思想为学生提供了丰富的思想资源。例如，儒家思想中的"仁"与"中庸"，道家的"无为而治"，以及墨家的"兼爱非攻"等，都是极具哲学深度的思想体系。高校通过引导学生学习这些思想，能够帮助他们在解决现代问题时运用多维度的思考方式。例如，"中庸"思想倡导在各种对立中寻找平衡，这一理念对于现代社会中的团队管理、决策制定具有深刻的借鉴意义。学生在掌握这些思想的同时，能够跳出固有思维模式，从不同的角度审视问题，从而更好地应对复杂的现实情境。

古代中国在科技、艺术、建筑等领域的成就，离不开对细节的极致追求和对创新的执着探索。通过传承这些文化精神，高校可以引导学生在创新中秉持严谨、务实的态度。例如，工科学生在进行技术创新时，能够从古代匠人的精神中学习到精益求精的理念，促使他们在研究和开发过程中追求卓越。这种对传统文化的传承，不仅提升了学生的创新能力，还帮助他们将创新与实际应用紧密结合，实现技术与文化的双重突破。道家哲学中的"无为而治"也为现代管理学和创新管理提供了新的思路。道家主张的顺应自然、无为而治，其实质是强调顺应事物发展的规律，减少不必要的干预。这种思想在现代管理学中能够转化为"去中心化"的管理模式，强调团队的自我调节与合作创新。通过学习道家的智慧，学生能够在团队合作中更加注重自然发展与自我协调，从而在创新项目中实现更高效的团队协作。这种传统文化与现代管理理念的融合,推动了创新思维的发展,并为学生未来的职业生涯提供了独特的竞争优势。

推动文化的创新与发展不仅需要思想上的启迪,还需要实践中的探索。高校可以通过组织各种文化创新活动,如文化创意设计大赛、传统文化创新论坛等,鼓励学生将中华优秀传统文化与现代科技、艺术相结合,创造出新的文化成果。例如,学生可以利用现代科技手段,将传统的书法、国画等艺术形式进行数字化处理,设计出新的艺术作品或产品。这种创新不仅让传统文化焕发出新的活力,还能够在全球范围内传播中华文化,推动文化在国际舞台上的创新与发展。中华文化中的哲学智慧不仅限于文学、艺术领域,也在自然科学、社会科学中具有广泛的应用。高校可以通过跨学科的课程设计,引导学生将传统文化与现代科学技术相结合。例如,将中国古代的天文、地理、医药等传统知识与现代科学的研究方法相结合,推动科技创新。在这种跨学科的实践中,学生能够学会如何运用传统文化的智慧来解决现代科学问题,从而实现文化与科技的双向创新。

五、培育民族文化传承的责任意识

文化交流和融合日益加剧,许多本土文化面临着被弱化甚至消失的风险。在这样的时代,高校通过系统地传承中华优秀传统文化,能够有效增强学生的文化自觉和文化责任意识。学生不仅能够在学习过程中理解传统文化的深厚内涵,还能够认识到保护和传承这些文化的紧迫性与重要性,从而自觉承担起文化传承者的责任。同时,高校的文化教育具有广泛的影响力,可以通过多样化的教学形式,使学生深入了解中华文化的起源、发展及其在全球文化中的独特地位。这种系统的文化传承教育,使学生能够深刻认识到中华优秀传统文化不仅仅是一种历史遗产,更是中华民族的精神财富。通过这种认知的培养,学生能够更清晰地理解自己在全球化时代的角色,并产生强烈的文化传承责任感,主动参与到文化保护与传承的行动中来。

中华优秀传统文化中蕴含着丰富的伦理道德观念,如儒家的"仁义礼智信",道家的"天人合一",这些文化精髓不仅塑造了中华民族的道德框架,也对现代社会的文化发展有着重要的指导意义。高校通过德育课程和文化活动,能够帮助学生理解这些传统文化在当代社会中的应用价值,增强他们对文化传承的责任感。学生在学习过程中,能够认识到自己不仅是文化的受益者,更是文化的传承者,有义务将这些宝贵的文化财富传递给下一代。这种责任意识的培养,不仅有助于文化的延续,还能让学生在未来的社会角色中更好地践行文化传承的使命。全球化时代为文化交流提供了更多的机会和平台,但同时也带来了文化同质化的挑战在这一背景下,高校的文化教育必须注重增强学生的文化自信与文化自觉。通过对中华优秀传统文化的深入学习,学生能够在多元文化的冲击下保持对本民族文化的坚定认同,并自觉承担起保护与弘扬本土文化的责任。例如,学生通过学习中国古代的礼仪文化,能够认识到其对现代社会礼仪规范的重要影响,从而在实际生活中积极践行,并向外传播这些优秀文化传统,成为文化的守护者和传播者。

高校还可以通过实践活动进一步增强学生的文化责任意识。比如,组织学生参与文化遗产保护项目、传统工艺学习等实践活动,让他们在亲身体验中认识到文化保护的重要性。这种实践教育能够让学生将课堂上学习到的文化知识转化为实际行动,并在实际操作中加深对文化传承责任的理解。例如,学生通过参与非物质文化遗产的保护项目,可以更加深刻地认识到这些文化遗产的脆弱性和珍贵性,进而产生强烈的文化保护意识。这种实践经验不仅能够增强学生的社会责任感,还能促使他们在未来的职业生涯中将文化传承视为自己的责任和使命。高校可以通过跨文化交流活动,增强学生对民族文化的认同感和责任感。例如,组织学生参与国际文化交流活动,在与不同国家、不同文化的交流中展示中华优秀传统文化的独特魅力。这种活动不仅能够提升学生的文化自信,还能够让他们意识到自己在国际舞台上作为中华文化传播者的责任。在文化交流过程中,学生通过展示和传播中华文化,能够增强对本民族文化的认同,并激发出更强烈的文化责任感,推动文化的全球传播和本土发展。

第二节 中华优秀传统文化德育实践课程

中华优秀传统文化德育实践课程通过实际体验与操作,增强学生对文化的认知和道德修养。课程内容应涵盖传统手工艺、礼仪规范、节日习俗等,学生在亲身参与中感受文化的魅力。与此同时,实践课程还需结合校内外资源,如与文化遗产保护单位合作,组织学生参与社会实践活动,进一步推动传统文化的实际传承。通过这些实践环节,学生不仅能够学以致用,还能在文化体验中提升道德素养，增强对中华优秀传统文化的认同感。

一、文化实践活动的组织

（一）多样化的文化技艺学习

文化实践活动通过引导学生学习多样的传统技艺，如书法、国画、剪纸、古琴等，帮助他们深入接触中华文化的核心精髓。这些技艺不仅承载着中国数千年的文化积淀，也体现了深刻的哲学思想和美学理念。例如，书法不仅仅是一种书写形式，更是一门结合了线条运笔、结构布局的艺术，在一笔一划中流露出独特的审美观与精神追求。通过学习书法，学生不仅能掌握如何运笔、控制力度，还能通过书写理解"心正则字正"的内在哲理，培养耐心、专注和修养。国画同样是一项体现文化深度的技艺，它通过笔墨的浓淡变化、留白的处理以及构图的意境传达了中国艺术特有的"写意"精神。学生在国画学习中，不仅要掌握技法，更要体会作品中蕴含的自然之美与人文哲学。这种艺术形式让学生通过画笔感受到天地万物的和谐与统一，从而进一步领悟到传统文化中的"天人合一"思想。国画学习不仅仅是技艺的掌握，还是一场与文化精神的对话，让学生在实践中体会到中华文化的博大精深。

剪纸作为一种独具特色的民间艺术，承载着丰富的历史记忆和社会习俗。剪纸看似简单，但其中包含了设计构思、手工制作、图形创意等多个层面的学习内容。在学习剪纸的过程中，学生不仅能培养手眼协调能力，还能通过造型的设计了解中华传统艺术中的象征意义。剪纸作品通常带有浓厚的吉祥寓意，如"福"字、花卉、动物图案等，都反映了中华民族追求美好生活的文化信念。通过剪纸的学习，学生能够从简单的技艺操作中领悟到文化的象征性与艺术美感，进而增强对中华优秀传统文化的认同感。古琴作为中国古代的传统乐器，其优雅的旋律与深远的历史积淀使它成为文化传承中的重要部分。学习古琴不仅是一种音乐技艺的传承，更是一种心灵的修行。学生通过弹奏古琴，可以感受到音韵中的情感表达与精神境界。这种学习方式，不仅让学生理解音乐技巧，还能通过琴声体会到古人"以琴为友、以琴养德"的文化理念。在学习过程中，古琴的节奏与意境能够培养学生的情感表达和审美判断，同时帮助他们建立起与传统文化的精神联结。

多样化的传统技艺学习模式不仅在技艺层面为学生提供了丰富的实践机会，

还通过实际操作使他们感受到文化的深厚底蕴。每一项技艺背后都有其独特的文化哲学与审美价值，学生通过亲身体验，可以更深刻地理解这些技艺所蕴含的文化精神。例如，书法中的"字如其人"、国画中的"境由心生"、剪纸中的"民俗之美"、古琴中的"天籁之音"，都能够让学生在技艺的背后，发现中华文化的内在哲理与美学思想。这种亲身参与式的学习模式极大地增强了学生的文化感知力与认同感。不同于传统课堂上的理论教学，技艺学习让学生通过亲手操作直接接触到文化的精髓，真正实现了"学以致用"。通过这些实践活动，学生不仅掌握了具体的传统技艺，还能领悟到中华优秀传统文化中的审美价值与哲学思考。这种内化于心、外化于行的学习方式，使学生在实践中提升了文化素养，培养了他们对中华文化的深刻认同与情感归属。

多样化的文化技艺学习有助于培养学生的创新思维与综合能力。在技艺学习过程中，学生不仅仅是在模仿和复习传统技法，还可以通过创意设计、作品展示等环节，发挥自己的想象力与创新能力。例如，学生在剪纸学习中可以尝试加入现代元素，将传统技艺与当代艺术相融合，创造出具有个人风格的作品。这种学习方式不仅拓展了学生的文化视野，还鼓励他们将传统文化与现代生活相结合，推动中华优秀传统文化的创新与发展。

（二）激发学生的动手能力与创新意识

文化实践活动通过手工制作与艺术创作，为学生提供了一个锻炼动手能力与激发创新意识的平台。在这些活动中，学生不仅仅是被动接受知识，而是通过实际操作将文化与创意相结合。例如，剪纸等传统技艺的学习不仅要求学生掌握基本的剪裁技巧，还要求他们在创作过程中融入自己的想法和设计，创造出独特的作品。这种活动形式能够极大地激发学生的动手能力，使他们在动手操作中体验文化的魅力，同时提升他们的创造力与艺术思维。传统技艺如剪纸、陶艺、书法等活动需要学生在动手过程中全神贯注，精细操作，从而提高他们的动手能力。剪纸的过程不仅仅是简单的剪裁，更是一个精心设计、巧妙构思的过程，学生需要通过动手操作来实现自己的创意与想法。这种实践活动不仅能增强学生的手眼协调性，还能培养他们的细心和耐心。通过不断练习，学生能够掌握剪纸的技巧，并逐步提升动手能力，使他们在完成作品的过程中收获成就感。

传统文化技艺并不意味着一成不变，相反，它们为创新提供了丰富的素材与灵感。在学习剪纸时，学生可以将传统图案与现代设计元素相结合，通过大胆创新，创造出既保留传统文化韵味又具现代感的作品。比如，学生可以在传统的花鸟图案基础上加入当代的设计元素，打破传统与现代的界限。这种创作方式让学生在创新过程中更加理解传统文化的精髓，同时培养他们的创新意识。通过将传统技艺与现代艺术理念相结合，学生在实践中能够感受到文化创新的重要性。传统文化技艺的传承不仅仅依赖于原封不动的复制，更需要通过当代学生的创新实践，让这些技艺焕发出新的生命力。文化实践活动通过创作环节，给学生提供了广阔的创新空间。例如，在陶艺制作中，学生不仅可以学习传统的成型技法，还可以结合现代造型设计，创造出个性化的艺术作品。这种结合传统与现代的创新模式，既提升了学生的艺术设计能力，又使他们在实践中掌握了创新的方法。

　　文化实践活动还能够为学生提供一个不断挑战自我、实现自我突破的过程。通过实际操作，学生会发现技艺学习不仅仅是对既有技法的掌握，更是一个创新和自我表达的机会。随着他们在动手实践中的逐步深入，学生开始意识到创新并不是天马行空的想象，而是基于传统技艺的创造性延伸。无论是剪纸中的构图设计，还是陶艺中的形态创新，学生都能够通过实践找到自己独特的创作风格，激发他们的创造潜能。此外，文化实践活动中的创新不仅是个体创造力的体现，更能培养学生的团队协作能力与创新精神。在许多实践项目中，学生需要共同合作，分工完成任务。例如，在大型剪纸或壁画创作中，学生们必须协调各自的任务，提出创意，互相配合完成整个项目。这样的实践经历能够增强他们的沟通能力与团队协作意识，同时也培养了他们在合作中激发创新的能力。通过团队创作，学生学会如何在集体中找到个人表达与团队目标的平衡，这对他们未来的创新发展具有重要意义。

　　通过这种以动手实践为主的教学模式，学生能够在传统技艺的学习中不断锻炼动手能力，同时发掘自身的创新潜力。与单纯的课堂教学相比，文化实践活动的参与性与互动性能够激发学生对学习的兴趣，使他们更加主动地探索和创造。尤其是在剪纸、陶艺等技艺中，学生通过实践，不仅掌握了手工操作的技能，还学会了如何通过作品表达自己的创意与想法。实践活动让学生体验到了从无到有、从构想到成品的创作过程，这种成就感进一步激发了他们的创新动力。

（三）提高学生的审美素养

书法和国画等中华传统艺术形式，注重线条、布局和色彩的和谐美感，能够显著提升学生的审美素养。这些艺术形式不仅是一种技艺的展示，更是对美学原则的深刻体现。通过学习书法，学生可以感受到笔墨的轻重缓急和线条的曲直变化，这种富有节奏感的艺术表现，让他们逐步理解中国传统美学中"疏密有致""虚实结合"的原则。这种对细节和整体的关注，培养了学生在艺术创作中的审美敏感度，同时也帮助他们提升对自然与生活中美的感知力。国画作为传统艺术的代表，强调写意与写实相结合，通过意境表达情感和思想。学生在学习国画时，不仅要掌握技法，更要理解作品中所传达的意境与哲理。山水画中的空灵、花鸟画中的生机，都是通过简洁的线条与色彩表现出来的自然之美。在这样的学习过程中，学生的审美观念逐步从表面的"形美"上升到对艺术内涵和精神层次的"意美"的追求。这种艺术体验培养了学生的审美鉴赏能力，让他们能够从更高的层次理解和欣赏美，进而提升他们的审美修养。

传统艺术不仅展现形式上的美感，还蕴含着深刻的文化内涵，帮助学生在审美过程中提升对艺术与文化的综合理解。例如，书法中的每一笔、每一划都遵循着特定的美学法则，这种法则不仅源于技术上的精湛要求，还反映出对个体精神风貌的体现。学生在学习书法的过程中，不仅提升了对线条和结构的审美能力，还通过每一次挥毫体验到中国传统文化中的"心手合一"之道，从而增强了他们对美学与心灵的双重追求。在国画学习中，色彩的运用与布局的安排同样对学生的审美素养产生了深远的影响。与西方绘画的色彩浓烈、层次分明不同，国画讲究色彩的淡雅与虚实相生，追求"笔墨当随时代"的内在精神美。在这个过程中，学生不仅学习如何通过有限的笔墨表现无限的情感，还领悟到色彩背后所代表的文化情感和思想。例如，水墨的清淡象征着中国人对自然的敬畏与融合，通过这种艺术形式，学生的审美修养不仅局限于视觉层面，还延展到精神层面的文化审美。

传统艺术形式中所展现的简约之美，对学生的审美素养提升有着重要意义。简约并非简单，而是通过极少的元素表现丰富的思想与情感。书法中，字形的简练、结构的平衡都体现了这一原则；国画中的"留白"也表现出简约之美的独特艺术魅力。这种美学追求培养了学生在艺术创作中的概括能力与想象力，使他们能够通过简单的艺术形式表达深刻的情感与思想。随着对这种简约美的深入理解，学生逐渐形成了对美的精致追求，提升了他们的整体审美素质。传统艺术的学习不仅提高了学生的审美能力，还帮助他们在日常生活中更好地感知美。书法和国画所展现的自然之美、内在精神之美，与生活中的许多事物息息相关。通过这种艺术的熏陶，学生逐渐学会如何在日常生活中发现美、欣赏美、创造美。例如，学习书法的学生，能够在日常的文字书写中注重结构美与节奏美；学习国画的学生，能够在自然景色中发现色彩的变化与线条的流畅。这种对美的感知不仅仅局限于艺术创作中，而是延展到了学生的生活态度与审美情趣中，使他们在生活的方方面面追求美与和谐。

传统文化艺术的审美体验还培养了学生的文化自信与归属感。中华优秀传统文化中独特的美学价值，通过艺术形式展现在学生面前，帮助他们感受到自己所处文化的独特性与丰富性。这种文化自信在学生的审美培养中占据了重要位置，不仅提高了他们对传统艺术的热爱与认同，还促使他们在全球化背景下，更加自信地表达和传播中华文化的美学理念。审美素养的提升并不仅仅是艺术修养的体现，它还对学生的整体人格和思想情感产生了深远影响。通过书法、国画等传统技艺的学习，学生不仅能够在艺术层面体会美，更能够通过艺术的过程塑造自身的品格，培养耐心、专注、审慎等品质。正是通过对美学原则的领悟与实践，学生在情感、思想与艺术修养上都得到了全面提升，这不仅使他们具备更高的艺术鉴赏能力，还帮助他们在未来的生活与工作中，始终保持对美的敏感与追求。

二、传统节日的体验与弘扬

（一）节日习俗的讲解与教育

通过对传统节日习俗的详细讲解，学生能够深入理解每个节日背后所蕴含的历史渊源、文化背景和深刻意义。每个节日都承载着中华民族的精神与道德价值。例如，春节作为一年中的最重要节日，象征着辞旧迎新和家庭团聚。通过春节的习俗讲解，学生可以了解到放鞭炮、贴春联、拜年的背后是人们对新年美好生活的期盼与家庭和睦的象征。这种文化教育不仅让学生了解节日的历史背景，还让他们感受到春节中蕴含的团结、家庭责任和对未来的美好憧憬。端午节的习俗讲解可以让学生了解纪念屈原的历史与爱国主义精神。通过讲解赛龙舟、吃粽子等习俗，学生能够理解这些传统活动的起源与背后的文化意义。这不仅是对屈原忠诚与爱国精神的纪念，也是中华民族对历史人物的敬仰和追思的体现。端午节的教育不仅能让学生加深对节日习俗的理解，还能帮助他们认识到爱国主义精神的延续与传承，使他们更加珍惜民族的历史与文化遗产。

中秋节则是另一个蕴含丰富文化内涵的传统节日，通过对其习俗的讲解，学生能够感受到团圆与感恩的深刻含义。赏月、吃月饼等中秋习俗，不仅是一种传统形式，更是家庭团聚、亲情凝聚的象征。通过这些习俗的讲解，学生可以体会到家庭与亲情在中华文化中的重要性，并由此领悟到孝道、感恩等中华传统美德。这些教育有助于学生理解节日不仅是欢庆，更是道德价值的体现。传统节日习俗的教育还可以帮助学生理解这些节日的历史发展与演变。每个节日从古至今都在不断适应社会的发展，节日的庆祝方式也在不断变化。例如，春节的庆祝活动从最初的祭祀仪式逐渐演变为今天的家庭聚餐与现代化庆典。通过讲解这些演变过程，学生不仅能够更好地理解节日习俗的现代意义，还能意识到文化传承的动态性与延续性。理解节日的历史背景与发展脉络，有助于学生在现代社会中重新思考传统节日的价值，并结合当下的实际生活更好地传承这些习俗。

通过节日习俗的讲解，学生还能够更好地理解中华传统美德的多样性。每个节日不仅有其独特的习俗和庆祝方式，还承载着不同的道德价值与文化意义。例如，春节强调家庭的团结与孝道，端午节突出忠诚与爱国精神，而中秋节则体现了团圆与感恩。这些道德价值通过节日习俗代代相传，成为中华文化的重要组成部分。通过深入讲解这些习俗，学生可以更全面地理解中华文化中所强调的道德修养，并在日常生活中践行这些美德。中华民族悠久的历史和丰富的文化传统通过节日习俗得到体现和传承。当学生了解每个节日背后的文化渊源和意义时，他们不仅加深了对文化的理解，还增强了对自己所处文化环境的认同与珍惜。例如，通过对春节的讲解，学生不仅理解了辞旧迎新的象征意义，还感受到家庭团聚的温暖与亲情的重要性，这种情感共鸣能够帮助学生更加热爱和珍视中华文化中的传统价值观。

节日习俗的讲解不仅局限于对历史和文化的介绍，还能够将这些传统习俗与现代社会相结合。例如，通过讲解端午节的爱国精神，学生可以联系到当代的爱国主义教育，进而更加珍惜现有的幸福生活。将传统与现代相结合，能够让学生感受到传统文化的现代意义，使他们在全球化背景下更加坚定文化自信，主动参与文化传承。每个传统节日都包含了丰富的伦理道德教育内容，学生在理解这些习俗的过程中，能够自然地吸收其中的道德价值。例如，在春节期间讲解家庭孝道的重要性，可以引导学生反思自己在家庭中的责任与义务；在端午节讲解忠诚与爱国精神，可以让学生意识到个人对国家的责任与担当。这种潜移默化的道德教育能够帮助学生在文化学习中形成良好的道德素养，并将这些美德应用于日常生活中。

（二）民俗表演的参与体验

传统节日体验活动通过组织学生参与民俗表演，如舞狮、赛龙舟、灯笼制作等，能够让他们在实际参与中切身感受到节日的独特魅力和浓厚的文化氛围。这种参与式学习方式，打破了传统课堂教学的局限，使学生能够更加直观地接触并体验传统文化。在民俗表演中，学生不仅是观众，更是参与者，他们通过亲身实践，不仅感知了节日的外在形式，还深刻体会到节日背后蕴含的社会价值观与道德准则。这种实际的体验让学生对传统文化的理解更为深刻，并加深了他们对中华优秀传统文化的认同。舞狮、赛龙舟等民俗表演不仅是节日庆祝的象征，更承载了中华文化中的团结、勇敢、协作等重要的社会价值观。通过参与这些活动，学生能够感受到民俗表演中所传递的精神力量。舞狮表演需要参与者之间的默契与合作，学生在排练和表演过程中，不仅锻炼了体能和团队协作能力，还深刻理解到集体力量在传统文化中的重要性。赛龙舟则是另一个充满活力的民俗活动，参与者需要通力合作才能取得胜利。通过参与赛龙舟，学生能体会到团结协作的重要性，这种体验比单纯的课堂讲解更加生动有力，能在实践中深化对传统文化的理解。

民俗表演的参与还为学生提供了理解传统文化与节日背后道德准则的机会。比如，舞狮活动通常用于新年或节日庆典，象征着驱邪避害、祈求平安，这种表演不仅表现出喜庆的气氛，还蕴含着对美好生活的期盼和对社会和谐的追求。通过亲自参与，学生不仅仅感受到了节日的欢乐气氛，还体会到中华文化中对和平、健康、家庭和谐等美好生活理念的追求。同样，赛龙舟活动纪念爱国诗人屈原，学生在参与中不仅能感受到竞赛的乐趣，还能领会到屈原所象征的爱国精神。通过这些活动，学生能够在娱乐与体验中，领悟到中华文化的核心价值观，并将这些理念内化为自己的道德准则。灯笼制作等传统手工艺活动的参与，也为学生提供了实践传统技艺的机会。灯笼制作虽然看似简单，但其中包含了传统工艺的巧思与文化符号的传承。学生在制作过程中，不仅锻炼了动手能力，还能通过不同的设计表达对节日的理解与期待。灯笼象征着光明、团圆与希望，制作灯笼的过程让学生不仅学习了手工艺技法，还体会到传统文化中象征意义的深层含义。这种亲自动手的活动，不仅增强了学生的动手能力与创新意识，还使他们更加亲近和理解中华传统文化的审美和精神。

通过参与这些民俗表演和节日活动，学生对中华文化的亲近感与认同感得以增强。相较于理论知识的学习，亲身体验能够让学生更为直观、深刻地感受到中华文化的丰富性与多样性。例如，灯笼制作不仅是一个传统节日活动，还是学生通过手工艺与文化交融的过程，他们可以在其中表达自己的创意，增强对文化的亲近感。同时，参与舞狮、赛龙舟等集体活动，不仅培养了他们的团队合作精神，还使他们更好地理解了中华文化中的集体主义精神。通过这些活动，学生对传统文化的体验从被动接受转化为主动参与，这种方式加深了他们对中华文化的情感联系。参与式的民俗表演和节日活动还能够增强学生的实践能力。通过这些活动，学生不仅是文化的学习者，更成为了文化的实践者。他们通过亲身参与民俗表演，不仅加深了对传统文化的认知，也提升了实践能力和动手操作能力。特别是一些需要团队协作的民俗活动，如赛龙舟、舞狮等，更能锻炼学生的沟通能力、领导力与团队合作精神。这种实践活动为学生提供了展示自我、锻炼能力的机会，同时也在活动中提高了他们的责任感与集体意识。此外，这类参与体验活动还可以让学生通过互动和交流更好地理解中华文化的开放性与包容性。不同地域的民俗表演和节庆习俗各具特色，学生在参与不同类型的民俗表演时，能够感受到中华文化的多样性与丰富性。这种体验不仅拓宽了他们的文化视野，也增强了他们对文化多样性的包容和尊重。通过与同伴或其他文化传承者的互动，学生在实践中能够更深刻地认识到中华文化是如何在多元共生中保持其内在一致性的。

（三）节日活动中的道德教育与美德实践

通过参与和体验传统节日的文化活动，学生不仅能够感受到节日的喜庆气氛，还可以亲身实践节日中所传递的道德价值。在春节期间，学生参与送祝福、走访亲友等活动，能够深刻体会到中华文化中尊老爱幼、感恩亲友的道德理念。这些活动不仅是节日的习俗，也是中华传统美德的体现。通过与家人和社区的互动，学生从中学习到如何表达关怀、感恩和尊重，进一步提升了他们的道德修养。这种亲身参与的道德教育，远比单纯的课堂讲解更加生动和有效。同时，端午节的活动如包粽子或赛龙舟，能够让学生在实践中感受到团结协作和爱国精神的价值。包粽子需要耐心与技巧，学生通过与家人或同学一起完成这一传统工艺，体会到了相互合作、共同努力的重要性。而赛龙舟作为集体竞技项目，要求团队成员之间的高度配合，这让学生在活动中深刻体会到团结一心、协作共进的力量。这种节日活动不仅带来了乐趣，更通过集体合作的形式培养了学生的团队精神和集体意识，使他们在实践中理解并认同这些传统美德。

节日活动所传递的道德价值并不仅限于具体的习俗活动，还体现在整个节庆过程中的社会互动中。例如，在春节走访亲友的过程中，学生可以通过给长辈拜年、向小辈赠送红包等行为，体会到家庭和睦、亲情纽带的重要性。这种尊老爱幼、家庭团结的观念，贯穿于春节的每一个环节，让学生在实际生活中不断接触并实践这些道德价值。这种互动不仅能够增强学生对家庭和社会责任的认知，还能在潜移默化中帮助他们养成尊重他人、关爱家人的道德品质。另外，节日活动中的道德教育不仅是对个人品德的培养，还涉及到学生对集体和国家的责任感。例如，端午节的赛龙舟活动不仅是对屈原爱国精神的纪念，更是一种鼓励学生弘扬集体主义和爱国精神的实践形式。通过亲自参与这些活动，学生不仅理解了历史人物的忠诚与责任感，还能在现实中将这些精神转化为自己的道德修养。通过体验这些传统文化活动，学生能够从节日的历史和文化背景中汲取爱国主义精神，并在日常生活中自觉践行这些美德，增强他们的民族自豪感和文化认同感。

节日活动中的道德教育与美德实践，还能通过传统手工艺和礼仪的学习得到进一步的强化。例如，中秋节的制作月饼、赏月活动，不仅让学生感受到团圆与感恩的美好氛围，还能通过亲自动手制作月饼体会到传统美德中的勤劳和奉献精神。在这样的节日实践中，学生通过具体的活动参与，不仅学会了如何动手制作传统食物，还在制作过程中领悟到了中华文化中的谦逊与奉献精神。这些道德价值通过节日的实际体验，生动而具体地传达给学生，使他们能够在活动中自然地接受和理解中华美德。节日活动中的道德教育，不仅仅是对个人和家庭美德的培养，还与学生的社会责任感紧密相关。许多传统节日中的习俗和活动都包含着对社会的关怀与奉献。例如，春节中的互赠礼物、端午节纪念屈原的爱国主义精神，都在提醒学生尊重他人、服务社会。通过这些活动，学生学会了如何在集体中承担责任、如何在社会中践行公德。这种道德教育不仅提升了他们的社会意识，也让他们更加懂得尊重传统、珍视文化。

三、社会服务与文化传承

（一）非物质文化遗产保护与文化认同

通过参与非物质文化遗产的保护工作，学生能够亲身体验并了解这些文化遗产的重要性。这种亲身实践的参与方式，不仅让学生深入接触到传统技艺的核心，还能让他们在动手实践中体会到中华文化的深厚历史与丰富内涵。例如，学生参与剪纸、陶艺、京剧等传统手工艺的保护与推广活动，不仅可以提升他们的动手能力，还能让他们深入了解这些技艺背后所承载的历史记忆和文化意义。这种实践式的学习与保护能够让学生感受到文化遗产所承载的智慧与美感，激发他们对中华优秀传统文化的尊重与热爱。通过这些活动，学生可以直接与非物质文化遗产的传承人、工匠或艺术家互动，近距离了解这些文化形式的创作过程与历史背景。这种面对面的交流让学生更加深入地理解传统技艺的复杂性与独特性，同时也让他们感受到保护与传承这些文化的责任感。例如，学生在参与陶艺或京剧的学习与推广中，不仅能够学习到技艺的具体操作方法，还能够理解这些艺术形式在中国历史中的重要地位，以及它们如何在不同时代反映出独特的文化和社会价值。通过这种深度的接触，学生不仅仅是文化遗产的学习者，还是文化保护的实践者和传承者。

参与非物质文化遗产保护的过程，能够让学生更加理解文化传承的意义，并从中体会到保护这些文化遗产的责任感。例如，在学习剪纸技艺时，学生不仅掌握了这种传统艺术的技巧，还能够从剪纸的图案设计中领会到传统文化中的吉祥、喜庆和民俗象征。通过这种深度参与，学生能够感受到中华文化中的精神传承，并认识到这些传统文化形式在现代社会中的独特价值。这种实践让他们逐渐认识到，保护文化遗产不仅是为了保留过去的记忆，更是为了维护文化的多样性和延续性，使得学生在文化认同感和文化自豪感上有了显著的提升。此外，通过与非物质文化遗产的传承人和社区合作，学生能够更深刻地理解文化传承的社会意义与挑战。很多非物质文化遗产正面临消亡的威胁，主要是因为年轻一代对这些文化形式的接触较少，传承的链条逐渐断裂。学生通过参与这些文化保护活动，能够意识到每个人在文化传承中的角色和责任。例如，他们在参与京剧推广活动中，不仅能够学习到表演艺术的独特性，还能够感受到这门传统艺术在当今社会中的地位与挑战。这种体验让他们更加珍视文化遗产的保存，并理解保护与传承的紧迫性和重要性。

这种实践参与的方式，不仅仅是对文化技艺的学习，更是对文化认同感的增强。通过亲自参与保护工作，学生逐渐建立起对中华文化的深厚情感，这种情感不仅来源于对传统技艺的掌握，更是源于对文化传承责任的认知。学生在参与这些活动的过程中，会逐步认识到保护和传承文化遗产，不仅仅是保存一种技艺或形式，更是保护一个民族的精神和历史记忆。通过这种深入的文化体验，学生的文化自豪感也会随之增强，他们会更加积极地在日常生活中传播和弘扬中华文化。参与非物质文化遗产保护活动还可以帮助学生理解中华文化的多样性和包容性。中国拥有丰富多样的文化形式，来自不同地区、民族和历史时期的非物质文化遗产共同构成了中华文化的多样性与复杂性。学生在参与不同地域、民族的非物质文化遗产保护时，能够认识到这些文化形式的独特魅力，同时感受到中华文化的多元融合与共存。这种多样性的认知，能够增强学生对中华文化的全面理解，并帮助他们在全球化的时代背景下更加坚定地传承和弘扬自己的文化。

通过非物质文化遗产的保护实践，学生不仅仅是文化的学习者和传承者，更成为了文化认同与文化自信的代言人。这种体验式的学习让学生不仅在技艺上得到了锻炼，也在精神上感受到了中华文化的强大魅力与影响力。这些实践活动为学生提供了一个丰富的文化认知平台，通过参与保护和推广工作，学生能够更加全面、深入地理解中华文化的内涵，并将这种文化认同感融入到自己的日常生活中去。

（二）传统手工艺展示与文化传播

组织学生参与传统手工艺展示活动，如社区手工艺展览和工艺品制作课堂，能够有效促进文化的传播和传承。通过这些活动，学生不仅能够向社区居民展示和解释传统手工艺的制作技法，还能将这些技艺背后的文化意义传达给公众。学生通过实际操作，不仅展现了他们对传统手工艺的掌握，还展示了中华文化的丰富多样性。这种展示与交流，不仅使社区居民对传统文化有了更深的了解，同时也让学生在实践中体验到传承中华文化的重要性和价值，增强了他们对文化传播的责任感。通过参与这些手工艺展示活动，学生能够直观地向他人介绍如剪纸、刺绣、陶艺等传统技艺的历史背景和文化内涵。例如，在展示剪纸技艺时，学生不仅仅是展示他们的剪裁技巧，更能够通过讲解图案背后的象征意义，帮助观众理解这些技艺如何反映出中华文化中的美学与哲学思想。这种互动过程加深了学生对技艺的理解,使他们不仅停留在技法的层面,更深入地理解和传播了文化精神。同时,社区居民通过近距离观看和参与,能够从学生的讲解中感受到中华文化的博大精深,这种体验对文化的普及和传承起到了积极作用。

组织这样的展示活动,还能够让学生深刻感受到自己在文化传播中所扮演的角色。作为手工艺的展示者,学生不仅仅是技艺的学习者,更多地成为了文化的传播者与实践者。通过向他人传授技艺和讲解文化背景,学生意识到自己的责任,不仅在于保护这些传统技艺,更重要的是通过自己的行动让更多人了解和珍视这些文化遗产。这种展示方式使得学生不再局限于课堂内的学习,而是在真实的社会场景中应用所学,这种现实中的文化传播体验对他们的文化认同感和自信心有很大帮助。此外,这种展示活动还促进了中华文化在现代社会中的发展和传播。通过展示和推广传统手工艺,学生能够将这些古老的技艺与当代社会进行对话。例如,在展示陶艺时,学生可以结合现代审美和设计理念,将传统的工艺与现代生活相结合,从而吸引更多年轻人对这些文化形式的兴趣。这样的展示不仅仅是在传承技艺,更是在探索如何让传统文化在现代社会中焕发出新的生命力。学生在这种展示和创作中,不仅感受到了文化传承的意义,还在实际操作中思考如何创新,使得传统文化能够在当代继续传承和发展。

通过这些展示活动,学生与社区居民建立了直接的互动关系。这种互动不仅促进了社区对传统文化的了解,还让学生感受到传统文化在现代社会中的实际影响力。例如,学生在展示过程中,能够从观众的反馈中获取新的灵感,这种双向互动使得文化传播不再是单向的传授,而是一种动态的交流。这种展示方式帮助学生形成了作为文化传播者的责任感和使命感,使他们认识到文化传播不仅是学术知识的传递,更是日常生活中人与人之间的情感纽带。传统手工艺的展示活动不仅促进了文化传播,还为学生提供了实践的机会,培养了他们的创新能力和表达技巧。学生通过组织和参与这些活动,不仅锻炼了他们的沟通能力和团队合作精神,还培养了他们的创新意识。例如,在展示传统刺绣时,学生可以尝试将现代元素融入传统技艺,通过创新的方式吸引更多观众的关注。这种创造性的实践,让学生在尊重传统的基础上,能够大胆探索如何在当代社会继续推广和创新这些文化遗产。

社区手工艺展览和课堂的互动性,也能够加强文化在现代社会中的认同感。

社区居民通过参与这些活动，不仅加深了对中华文化的理解，还能够从中感受到文化遗产在当代生活中的现实意义。学生通过与社区居民的互动，能够感受到文化传播的价值，也增强了自己作为文化传承者的自豪感。这种活动不仅仅是一次展示，更是文化与生活的融合，帮助学生认识到传统文化在现代社会中依然具有重要的社会和教育意义。

（三）德育课程与社会服务的融合

将德育课程与社会服务相结合，能够为学生提供更加全面的学习体验，使他们在文化传承过程中增强社会责任感。这种融合不仅使德育教育不再局限于课堂内的知识传授，还通过实际行动培养学生的社会参与意识与责任感。通过参与非物质文化遗产的保护或传统手工艺的推广，学生能够深刻体会到文化传承不仅是学校教育的一部分，更是服务社会、回馈社会的重要内容。通过这种实践活动，学生将所学的德育理念与文化自觉融入社会服务之中，进而成为积极的文化传承者。德育课程与社会服务的融合为学生提供了一个将理论付诸实践的机会。在非物质文化遗产保护中，学生通过学习传统技艺的背景、内涵以及保护方法，不仅深化了他们对中华文化的理解，还通过实际行动帮助传承这些宝贵的文化遗产。例如，学生在社区内推广剪纸、陶艺等传统手工艺，不仅帮助大众了解和体验传统文化，还为文化的延续和传播贡献了自己的力量。这种社会服务不仅锻炼了学生的实践能力，还增强了他们的社会责任感，促使他们认识到文化传承是每个人都应参与的社会任务。

德育课程通常传授道德观念、社会责任感与文化认同感，但这些观念只有通过具体的社会服务才能真正融入学生的行动中。例如，学生在参与非物质文化遗产的保护过程中，不仅要展示和讲解技艺，还要与社区居民进行互动、传播文化价值。在这一过程中，学生学习到如何用具体行动展现尊重、关爱和责任感，这些德育理念通过服务社会得到内化。这样，学生不仅是文化的学习者，更是德育理念的践行者，帮助他们在现实社会中发挥积极作用。通过文化传承活动，学生还能够认识到德育不仅仅是个人修养的提升，更是集体责任的承担。在参与社会服务时，学生不仅传播了文化，还为社区注入了新的活力。例如，学生通过在社区举办传统文化讲座、组织传统节日活动等，不仅增强了社区成员的文化认同，还让学生感受到团结合作的重要性。这种合作不仅是文化传承中的集体意识，也是德育课程所强调的社会责任感。通过这些社会服务活动，学生学会如何与他人合作，共同推动文化的延续和发展，并在这一过程中培养了高度的社会责任感。

德育课程与社会服务的结合还能够让学生体会到文化传承与社会进步的相互关系。传统文化虽然源自历史，但它在现代社会中的作用依然不可忽视。学生在参与传统手工艺推广时，能够体会到这些古老技艺如何通过现代化的传播手段与社会需求相结合，焕发出新的活力。例如，学生通过线上平台宣传非物质文化遗产，或者通过现代设计赋予传统手工艺新的功能和美感，这不仅是对传统文化的保护，也是对其创新和发展的推动。这种社会服务体验让学生认识到文化传承的社会意义，并激发他们在新时代背景下更加积极地参与文化传播与创新。通过将德育与社会服务结合，学生能够更加自觉地承担起文化传承的责任。在参与非物质文化遗产的保护工作中，学生能够深入理解这些文化形式背后的道德价值和社会意义。例如，京剧、书法等传统艺术形式不仅是一种技艺，更是中华民族精神和道德观念的体现。在推广这些文化形式时，学生能够从文化的深层次价值中汲取德育的营养，将其转化为推动文化传承的动力。这种责任感不仅增强了他们的文化自觉，也让他们在社会中更积极地参与文化建设，成为文化传承的积极推动者。

社会服务的实践还能够帮助学生体会到文化传承中需要面对的实际挑战和问题。例如，在非物质文化遗产的保护过程中，学生可能会发现年轻一代对传统文化的兴趣和认知不足，这就促使他们思考如何用更具吸引力的方式将传统文化推广到更广泛的群体。通过这些思考与实践，学生不仅强化了他们的德育理念，还提高了他们解决社会问题的能力。这种能力的培养，不仅帮助学生在文化传承中找到更有效的途径，也让他们在未来的社会服务和文化推广工作中更有担当。

四、文化创作与创新

（一）数字化技术与传统艺术的结合

通过引导学生运用数字化技术进行文化创作，传统艺术如书法、国画等能够焕发出新的生命力。这种结合现代科技的方式，能够打破传统艺术的时间与空间限制，使其更容易被年轻一代所接受。例如，学生可以使用数字绘图软件进行现代化的书法创作，通过电脑程序自由调整笔画粗细、线条流动，甚至赋予书法作品动态效果，从而创造出全新的视觉体验。这种技术与艺术的融合，不仅丰富了创作手段，还拓展了传统书法的表达形式，使其在数字时代具有更广泛的传播力与吸引力。运用数字技术进行创作，学生能够在国画创作中融入新的元素和创意。通过数位绘图工具，学生可以在保留国画独特的笔墨韵味的基础上，加入现代视觉设计中的光影和色彩变化，甚至通过动画效果让画作动起来。这样一来，国画不再仅仅是静态的艺术作品，而是通过数字技术变得更加生动和富有表现力。这种创新不仅让学生感受到艺术创作的自由度，还能够将传统艺术与现代审美相结合，创造出更多符合当代观众需求的作品，推动了国画在现代社会中的传播和接受度。

学生可以通过数字建模工具，重现古代建筑的结构与细节，将传统的建筑设计转化为可以全方位欣赏的三维立体模型。例如，通过虚拟现实技术，学生可以带领观众进入数字化的古建筑中，体验其内部空间和外部设计的美感。这种虚拟呈现方式，不仅能够帮助学生深入了解古代建筑艺术的精髓，还能让观众通过数字化平台轻松欣赏到原本只能通过实地考察才能看到的文化遗产，极大地推动了文化的现代传播。这种将传统艺术与现代科技结合的方式，不仅推动了文化创新，还增强了学生的技术能力。在数字创作过程中，学生必须熟练掌握绘图软件、3D建模工具等数字技术，这使得他们的科技应用能力得到了提升。同时，运用现代科技手段创作的过程，也培养了学生的创新思维能力。传统文化的现代传承不再是单一的模仿和复制，而是需要学生通过创意和技术来重新解读和表现，这种创造性思维不仅增强了他们对传统文化的认同感，还帮助他们以新的视角理解并弘扬中华优秀传统文化。

这种数字化的文化创作也让学生意识到，传统文化与现代科技并非对立的存在，而是可以相互促进、共同发展。例如，传统书法在数字平台上可以通过程序的精确控制实现高度的表现力，而数字技术则为书法提供了更丰富的视觉表现形式和传播手段。这种互补关系让学生看到科技并不是割裂传统的工具，而是帮助文化焕发新生的动力源泉。在这种认知中，学生能够更加积极地拥抱现代科技，并通过数字技术推动传统艺术的传承与创新。此外，数字化技术的应用使得传统文化在全球范围内的传播更加便捷。学生在进行数字化创作时，可以通过互联网平台向全球观众展示他们的作品。通过社交媒体、虚拟展览等现代传播手段，传统艺术的影响力不再局限于特定的地理区域。学生的数字化作品可以在全球范围内迅速传播，吸引到来自不同文化背景的观众，从而实现中华文化的全球化传播。

学生在这种全球化的文化传播过程中，不仅拓宽了自己的文化视野，还增强了文化自信，进一步意识到中华优秀传统文化的普世价值。

数字技术与传统艺术的结合，推动了文化在现代社会中的持续创新。通过虚拟现实、增强现实等先进技术，学生能够创造出全新的文化体验形式。例如，利用增强现实技术，学生可以设计出虚拟的文化体验项目，观众只需通过手机或其他设备，就能在现实空间中看到虚拟的传统艺术作品。这种新颖的互动形式，极大地增强了传统文化的趣味性和吸引力，尤其能够吸引年轻观众参与其中。通过这种创新形式，学生不仅传承了传统文化，还在现代科技的支持下，为文化传播注入了新的活力。

（二）现代审美与传统题材的创新融合

现代审美与传统题材的融合是当代文化创作的一大趋势，它不仅是对传统文化的继承，更是对传统进行创新与再造的一种方式。在当今全球化、多元化的社会背景下，如何将传统文化与现代审美结合，使其在新的时代焕发出独特的光彩，成为了文化教育中的重要课题。对于学生而言，创新文化创作的过程不仅是一个艺术实践的过程，更是他们了解、感受和重塑传统文化的机会。通过这样的创作活动，学生能够在现代语境中发现传统文化的魅力，并赋予其新的生命。在文化创作中，鼓励学生以现代审美为基础对传统题材进行重新设计，无疑是激发其创意的有效方式。比如，通过结合当代艺术的风格去诠释古代人物，或是在现代时尚设计中融入传统节日的元素，这些都是将传统文化与现代审美相结合的创新实践。学生在创作过程中，不仅需要理解传统文化的内涵，还要用现代的眼光去审视它们。这种对传统文化的再解读，使得学生在保留文化精髓的同时能够更加自由地表达自我，实现个性化的创作。

通过创新的文化创作，学生可以从多种角度探索传统文化与现代审美的契合点。传统文化往往蕴含着深厚的历史与社会背景，而现代审美则注重简约、创新与时尚感。将二者结合起来，需要学生在创作过程中进行深刻的思考与探索。例如，他们可以通过改变传统绘画的构图、色彩或形式，来表达现代审美对传统题材的诠释。这样的创作不仅展示了学生对传统文化的理解，更体现了他们对现代艺术潮流的敏锐把握。此外，学生在将传统文化融入现代艺术时，不仅提升了个人的创造力，还在无形中加强了对文化认同感的理解。在创作过程中，学生不仅是在模仿或复古，而是以创造性的方式重新诠释传统文化。通过现代的艺术语言与手法，传统文化可以在新的时代语境中获得新的表达方式，这为其持续传播与发展提供了可能。例如，将传统节日的元素如舞龙舞狮、节庆服饰等融入到现代的服装设计中，既保留了节日的文化意义，又使其具备了当代的时尚感。这种文化创新不但丰富了当代艺术的表现形式，也使得传统文化在现代社会中更加具有吸引力。

文化创作活动不仅仅是对传统的传承，它更是推动传统文化在新时代发展的动力源泉。在学生参与这些创作时，他们不仅是文化的接受者，更是文化的创造者。在这个过程中，学生可以通过自己的创新视角，找到传统文化与现代审美之间的平衡点。这种平衡不仅体现在形式上，更体现在内涵上。在保持传统文化内核不变的前提下，学生可以大胆地进行形式上的创新，这种创新能够让传统文化焕发新的生机。

（三）跨学科融合与文化创新

文化创作不仅局限于艺术领域，学生还可以通过跨学科的方式进行创新。例如，将传统文化元素与现代科技、设计、商业结合，设计出具有文化内涵的产品或应用程序，推动文化的商业化与科技化发展。这样的跨学科文化创作活动，能够培养学生综合运用多种知识的能力，并提升他们的创新思维和文化自觉意识。学生既是文化的传承者，也是文化的创新者，通过现代手段延续和发扬中华优秀传统文化。

五、评价与反思机制

（一）自我评估与反思能力的培养

在现代社会，文化创作不再局限于艺术领域，而是可以通过多种学科的交叉与融合，呈现出更加丰富、多样的形式。学生在跨学科文化创作的过程中，不仅能够发挥他们在艺术、设计等领域的才能，还可以结合现代科技、商业等方面的知识，设计出具有深厚文化内涵的产品或应用程序，从而推动文化的科技化与商业化发展。这种跨学科的文化创新，使得学生在传承传统文化的同时，能够适应并引领当代文化潮流。通过跨学科的文化创作，学生能够将传统文化元素融入现代科技中，创造出具有时代感的文化产品。例如，利用虚拟现实技术（VR）

或增强现实技术（AR），学生可以重新演绎中国古代的文化场景，带给观众更加沉浸式的体验。这不仅能够提升传统文化的传播效果，还能够吸引更多年轻一代的关注，使他们通过科技手段对传统文化产生浓厚的兴趣。同样，学生还可以利用人工智能技术，开发具备文化教育功能的应用程序，让更多人通过智能终端设备了解并体验中华优秀传统文化。

在商业化方面，跨学科文化创作也为学生提供了丰富的实践机会。通过将传统文化与现代商业设计相结合，学生可以设计出具有文化内涵且符合市场需求的文化产品。这类文化创作不仅局限于纪念品或艺术作品，还可以涉及到服装设计、家居装饰、日用品等多个领域。例如，学生可以通过研究传统刺绣工艺，将其应用到现代服装设计中，创造出兼具时尚感与文化传承意义的产品。这样的跨界设计，不仅能够提高产品的文化附加值，还能够推动传统文化在日常生活中的应用与推广。跨学科融合为文化创新提供了新的思路，同时也提高了学生的综合素质。通过多学科的交叉学习，学生不仅要掌握艺术创作的技巧，还需要具备一定的科技知识、商业意识和创新思维。在这样的学习与创作过程中，学生能够培养跨领域的综合能力，学会从不同学科的角度去思考问题，解决问题。这种多元化的思维方式，有助于他们在未来的文化创作与职业发展中取得更大的成功。

文化创新并不意味着割裂传统，相反，它是在传统文化的基础上，通过现代手段与新兴技术的应用，赋予文化新的时代意义。在跨学科文化创作中，学生可以通过现代科技对传统文化进行数字化保存与再现，从而让这些文化瑰宝得以长期流传。例如，通过3D打印技术，学生可以将古代工艺品或建筑的数字模型复原出来，供公众欣赏和研究。这种结合现代科技的文化创作，不仅能够推动传统文化的现代化转型，还为其保护与传承提供了新的方式。学生作为文化的传承者与创新者，肩负着延续和发扬中华优秀传统文化的责任。通过跨学科的方式，学生可以站在更广阔的视角上思考文化传承与创新的路径。在利用现代手段进行文化创作的过程中，学生不仅是在传承传统文化的精髓，更是在结合时代背景和科技进步的基础上，赋予传统文化新的生命力和影响力。他们通过实践证明，传统文化可以通过现代科技和商业手段焕发新的光彩，成为当代社会中不可或缺的重要部分。

（二）教师反馈与指导的重要性

教师反馈与指导的重要性在教育过程中不言而喻。尤其是在文化创作和实践活动中，教师的及时评价能够有效引导学生理解课程内容的核心价值，帮助他们在实践中不断进步。反馈不仅仅是对学生完成作业的评价，它更是一种双向互动的教学方式。通过反馈，教师不仅可以指出学生在学习和实践中的不足，还可以为他们提供改进的建议和指导，从而帮助他们在认知和能力上实现进一步的提升。教师的反馈作用远不仅限于指出错误或不足。恰当的反馈能够帮助学生加深对中华优秀传统文化的理解，并且在创作过程中获得更多的灵感和方向感。例如，在学生完成一项与传统文化相关的创作时，教师不仅可以指出作品中的问题，还可以提供相关的文化背景知识，帮助学生更好地理解自己所创作的内容。这种反馈有助于学生意识到传统文化中的深刻内涵，并在日后的创作中更注重对文化的尊重与传承。

反馈的另一个重要作用在于激励和引导学生进一步探索学习。教师在给予反馈时，往往会通过鼓励的方式帮助学生树立自信，激发他们的创造力和学习动力。尤其是在文化创作活动中，学生可能会遇到对文化元素的理解偏差或表现手法上的局限，教师的鼓励性评价可以帮助他们勇敢面对挑战，敢于在学习中犯错并从中吸取经验。同时，通过教师的正向引导，学生能够逐步增强对中华优秀传统文化的认同感和责任感，进而在未来的创作中更加自觉地传承和发扬这些文化。在道德修养方面，教师的反馈也起到了举足轻重的作用。文化创作活动不仅是技艺上的锻炼，更是一种精神和道德修养的提升过程。教师通过反馈，不仅可以对学生的作品进行技术层面的点评，还可以从作品的文化内涵、道德教育等角度进行引导。例如，教师可以通过评价学生在作品中对传统文化价值观的表达，帮助他们在创作中进一步认识到传统文化中蕴含的道德教化功能。这种引导有助于学生在文化创作中形成正确的价值观和世界观，从而在日常生活中更好地践行这些道德准则。

通过反馈，教师能够及时了解学生的学习状态和创作水平，并在此基础上调整教学策略。例如，当学生在文化创作中遇到困难或理解偏差时，教师可以通过个性化的反馈为他们提供具体的指导，帮助他们更好地掌握学习内容。与此同时，学生通过教师的反馈，能够更清楚地认识到自己的优点和不足，从而有针对性地进行改进。这种良性的互动不仅增加了教学的针对性和有效性，也使得学生能够在不断反思和改进中获得实质性的进步。通过反馈，教师还能够在课程内容的核心价值上给予学生更深入的指导。尤其是在涉及中华优秀传统文化的课程中，教师的反馈可以帮助学生更好地理解文化背后的价值观和意义。例如，学生在实践过程中可能只关注创作的表面形式，而忽略了文化内涵的传达。这时，教师的反馈可以及时指出这一问题，并通过详细的解释帮助学生认识到中华文化中的道德、伦理和精神内核。这种反馈不仅提升了学生的文化理解能力，还能够促使他们在未来的创作中更加注重文化内涵的表达。

（三）持续改进与提升的反馈机制

持续改进与提升的反馈机制在教育中具有重要意义，它不仅是评价学生学习成果的方式，更是促进学生不断进步的有效途径。在课程结束后，学生通过实践报告和作品展示能够全面展示他们的学习成果，而教师则可以根据学生的表现，提出针对性的改进建议。这种持续的反馈不仅限于一次性的评估，而是通过一系列的反思与实践，帮助学生在未来的学习过程中逐步提升自己的文化素养和德育修养。持续的反馈机制不仅是对学生已有成绩的总结，更是帮助他们规划未来学习任务的有效工具。通过对实践报告和作品的详细分析，教师能够发现学生在学习过程中存在的盲点或不足，进而为学生提出切实可行的改进方案。这种反馈不仅仅停留在表面的评价上，而是通过具体的指导，帮助学生在后续的学习中有的放矢地改进。例如，在文化创作中，教师可以指出学生对传统文化的理解不够深入的地方，并推荐相关的阅读材料或实践活动，帮助学生加深对中华文化核心价值的理解。这种个性化的建议能够引导学生在日后的创作中更加注重文化内涵的表达，从而逐步提升他们的文化素养。

学生在课程中获得反馈后，不应将其视为学习的终点，而应将其作为进一步提升的起点。在教师的指导下，学生可以通过反思自己的作品和学习过程，逐步改进自己的创作思路和方法。这种反思的过程不仅能够帮助学生更好地理解自己的不足之处，还能够激发他们的创新思维。例如，当学生在文化创作中遇到困难时，通过反思他们可以思考自己的问题出在哪里，是在文化知识储备不足，还是在表现手法上出现了问题。通过这种自我反思和教师的指导，学生能够逐步解决问题并提升他们的文化理解能力和创作水平。在持续改进的反馈机制中，学生的文化素养和德育修养得到了双重提升。文化创作不仅是对学生艺术才能的考验，更是他们文化认同感和德育修养的反映。在反馈过程中，教师不仅需要关注学生的技术水平，还要帮助他们在创作中内化中华文化的核心价值。例如，教师可以在评价学生作品时，着重指出作品中对文化价值观的表达是否准确，以及学生在创作过程中是否理解了中华优秀传统文化中蕴含的道德内涵。通过这种反馈，学生不仅能够提高他们的创作能力，还能够在德育修养上得到提升，逐步形成正确的价值观和文化认同感。

长期有效的反馈机制能够帮助学生形成良好的学习循环。每一次的反馈和反思都为学生提供了新的学习目标和方向，而学生在实践中不断改进和提升的过程，也促使他们逐渐形成自我驱动的学习方式。例如，在文化创作课程中，学生通过反复的创作与反馈，逐渐意识到自己在文化理解、创作技巧等方面的不足，并通过学习和实践进行改进。这种循环不仅提高了学生的文化素养，也帮助他们养成了持续学习和改进的良好习惯。在这个过程中，学生不仅是知识的接收者，更是学习过程的主动参与者，逐步实现自我提升。在课程的实践与反馈中，学生不仅仅是单纯模仿传统文化的形式，更是通过不断的学习与反思，真正理解文化背后的核心价值。教师的反馈为学生提供了新的视角，帮助他们在创作中更加自觉地融入中华文化的精神内涵。这种深刻的文化认同感，能够激发学生在未来的创作中进行更多的创新和探索。例如，学生在接受教师反馈后，可能会思考如何在作品中更好地表达传统文化的价值观，并通过新的表现手法或技术手段，赋予传统文化新的生命力。这种创新能力不仅体现在创作过程中，还将在未来的学习和工作中对学生产生深远的影响。

第三节　社会德育实践在中华优秀传统文化传承中的拓展与应用

社会德育实践在中华优秀传统文化的传承中起到了重要的拓展作用。通过多种形式的社会实践活动，如社区志愿服务、传统节庆参与等，学生能够将课堂上学到的文化知识运用于实际生活中。与此同时，这些活动帮助学生在真实的社会情境中体验并内化中华文化的核心价值，促进了道德修养的提升和文化认同感的增强。通过社会德育实践，传统文化得以在当代社会中继续发扬光大，进一步深化了文化教育的实际效果。

一、社会德育实践在中华优秀传统文化传承中的拓展

(一)将德育内容延伸至社区和社会

将德育内容延伸至社区和社会是社会德育实践的重要途径,通过这一方式,学生可以在课堂之外更深入地参与中华优秀传统文化的传承。学校通过课堂教学传授学生理论知识,而社会德育实践则通过拓展这一过程,将德育的内容从课堂延伸到更广泛的社会层面,使学生能够在实际生活中体验和应用这些文化知识。例如,学校可以组织学生参与社区活动,如非物质文化遗产的保护、传统节日的庆祝等,学生不仅能够加深对中华文化的理解,还能感受到传统文化在当代社会中的现实意义。将德育内容扩展到社区和社会,能够增强学生的文化认同感和社会责任感。在学校里,学生通过书本和教师的讲解学习到传统文化的理论,但这些知识往往较为抽象,缺乏实践的具体性。通过社会德育实践,学生有机会直接接触到真实的文化场景,体验传统文化在现代社会中的应用。例如,学生可以参与社区的传统手工艺展示活动,亲眼见证非物质文化遗产的保护与传承。这种体验式的学习不仅能够帮助学生将课堂上学到的德育内容转化为实际行动,还能增强他们对中华文化的认同和理解。

社会德育实践将德育内容从学校延伸至社区和社会,可以更好地促进学生全面发展的能力。通过参与社会实践,学生不仅要学会如何与他人合作,还要学会如何在复杂的社会环境中应用他们所学的文化知识。例如,学生在参与传统节日庆祝活动时,不仅要理解节日背后的文化意义,还要考虑如何组织和策划活动,这就要求他们具备沟通、组织和执行能力。这种多层次的实践活动能够帮助学生在实际生活中全面提升他们的综合素质,并为将来进入社会做好准备。社会德育实践将学校和社会紧密连接起来,使得学生能够在更广泛的社会背景下理解德育的价值。中华优秀传统文化不仅仅属于课堂,它是社会的根基和集体记忆。在社区中,学生能够观察到文化传承的各种形式,如在传统节日中长辈对文化习俗的遵守和维护,通过这些观察,学生可以学会尊重和珍惜这些文化遗产。同时,学生的积极参与也为社区注入了新鲜活力,使传统文化能够在年轻一代中继续传承和发展。

在参与非物质文化遗产保护的活动中,学生不仅是学习者,还是文化的传

承者和保护者。通过亲身体验，他们能够深刻体会到传统文化的脆弱性和珍贵性，从而更加自觉地承担起保护和弘扬中华文化的责任。比如，学生可以参与古建筑的保护工作，或者参与传统技艺的传承活动，通过这些实地操作，学生能够认识到文化传承不仅是政府或文化机构的责任，也是每个社会成员的义务。将德育内容扩展至社区和社会，还能够增强学生的文化传播能力。在参与社区活动的过程中，学生有机会将中华文化的精髓传播给更多人群，无论是社区居民还是游客。通过这些文化传播活动，学生不仅能够提高自己对文化的表达和传播能力，还能通过与他人的互动，进一步加深对文化内容的理解。这种社会化的传播实践，为学生提供了丰富的德育经验，也让他们在实践中体验到文化传播的意义和挑战。

（二）通过志愿服务弘扬中华传统美德

学生在参与志愿服务的过程中，不仅能够将课堂上学习到的儒家伦理道德付诸实践，还能够亲身感受到传统美德在现代社会中的深刻意义。中华优秀传统文化中的孝、仁、义等美德通过志愿服务得到具体化，使学生在服务他人的过程中体会到这些道德观念的实际作用。例如，学生参与关爱老人的活动，不仅是在履行孝道，也是将尊老爱幼的传统美德与现代社会相结合，让他们在行动中理解并继承这些价值观念。志愿服务活动提供了一个将儒家伦理应用于实践的真实场景。比如，学生在保护环境的志愿活动中，不仅践行了传统文化中关于人与自然和谐共生的理念，也培养了他们的责任感和使命感。道家的"天人合一"思想在环保活动中得以体现，学生通过身体力行去保护自然环境，能够在实践中深刻领会到传统文化中关于敬畏自然、珍惜资源的道德观念。通过这样的活动，学生不仅学会了如何服务社会，还能够感受到中华文化中的道德智慧如何为现代社会服务，从而增强了他们的文化认同感。

儒家倡导的仁爱和义的观念，通过文化推广、社区服务等活动，得到了进一步的扩展。学生可以通过帮助弱势群体、参加社区公益活动，实际体验到"仁"与"义"的含义。例如，在志愿服务中关爱老人或帮助有困难的家庭，学生能够从实际行动中领悟到仁爱之心和义务感的力量。这种实践过程不仅强化了他们的道德修养，还增强了他们对中华文化的认同和传承意识。通过参与志愿服务，学生不仅能够锻炼自身的社会服务能力，还能够在服务中将传统文化中的美德付诸实践。例如，在社区内组织文化推广活动，学生不仅能传播孝敬父母、邻里和谐等传统价值观，还能通过讲解和互动让社区成员参与进来。这种互动形式让学生成为中华文化的传播者，同时也激发了他们对传统美德的进一步思考与实践。志愿服务成为学生传承和弘扬中华优秀传统文化的重要途径。

在实践中，学生还能够体验到传统美德与社会责任之间的紧密联系。学生能够认识到，中华优秀传统文化中的美德不仅是一种历史遗产，更是一种在现代社会中具有深远影响的行为规范。例如，参与文化遗产保护的活动，学生能够感受到保护与传承这些文化遗产的责任感，同时也明白这些遗产所承载的历史价值和道德意义。这种责任意识，促使学生在社会中更加自觉地承担起保护和弘扬传统文化的责任。中华文化中的"义"不仅指个人的道德修养，还包含了对社会集体的责任。在志愿服务中，学生需要与他人合作，共同完成一项任务，例如在社区活动中组织文化表演或环保活动，学生们通过合作学习到如何在集体中展现个人的责任和精神。这种体验能够帮助他们理解"义"的广泛意义，并在未来的社会生活中自觉承担起更大的社会责任。

学生不仅能够在行动中感受到传统美德的价值，还能够在反思中提升道德修养。例如，在活动结束后，学生可以撰写心得体会，反思自己在服务过程中的收获与成长。这种反思不仅能够帮助他们加深对传统美德的理解，还能够促使他们在今后的生活中继续践行这些美德，成为更具责任感和文化认同感的社会成员。

（三）利用现代媒介传播传统文化

利用现代媒介传播传统文化是社会德育实践的一种创新方式，能够让学生通过互联网和社交媒体等现代工具，广泛推广和传播中华优秀传统文化。随着科技的发展，信息传播的速度和覆盖范围提升，这为传统文化的传播提供了新的契机。学生可以通过制作短视频、开展在线文化讲座等方式，将中华文化中的精髓内容向更多的受众传递。这种现代化的传播方式，不仅打破了时空限制，还为传统文化的传承开辟了新的渠道，让更多的人了解和参与到文化保护和弘扬的过程中。现代媒介的使用能够让传统文化在年轻群体中获得更多关注和接受。通过互联网平台，学生可以设计出更符合当代审美和趣味的内容，将传统文化元素以创新的方式呈现。例如，在短视频平台上，学生可以结合现代流行文化，创作内容生动、画面丰富的文化传播视频，如展示书法技艺、讲解中国节日背后的文化内涵等。这些视频能够吸引年轻观众，让他们在轻松有趣的观看过程中潜移默化地接受中华优秀传统文化的熏陶，增强他们对传统文化的兴趣和认同。

社交媒体平台提供了强大的互动功能，学生可以通过线上互动的方式，与观众进行文化交流。通过评论区、在线讨论、直播问答等形式，观众可以提问、发表见解，学生则可以在回应中进一步传播和解释中华文化的内涵。比如，学生在文化讲座直播中可以即时与观众互动，解答关于传统技艺、历史故事等问题。通过这种形式的互动，不仅丰富了文化传播的内容，还增强了受众的参与感和文化认同感。学生在这一过程中也能够从反馈中不断改进，提升自己对传统文化的理解和传播能力。现代媒介传播还可以利用数据分析工具来了解传播效果，并进行针对性调整。学生可以通过查看视频的观看次数、点赞量、评论数等数据，了解哪些内容受到了广泛的关注，哪些传播形式最有效，从而进行优化和改进。通过数据分析，学生能够不断提升文化传播的精准度，将最具吸引力的内容呈现给更广泛的受众群体。借助这些技术手段，学生能够在实际操作中提升传播策略，增强文化传播的效果，进一步推动中华优秀传统文化的全球传播。

中华优秀传统文化的传播不再局限于国内，而是可以通过互联网触及世界各地的观众。学生可以通过制作带有字幕的双语视频、开展国际文化交流线上活动，将中华文化介绍给更多的国际观众。学生不仅能让更多外国朋友了解中国的文化魅力，还能促进跨文化的对话与交流。这种跨文化传播形式，有助于提升中华文化的全球影响力，并让更多人理解和欣赏中华文化的价值。学生在文化传播的过程中，不仅是在传承已有的文化内容，还可以进行创新创作，结合现代元素让传统文化焕发新的生机。例如，他们可以利用数字技术将古代故事改编成短视频或动画，借助游戏设计的方式介绍传统节日的习俗，甚至通过虚拟现实（VR）技术让观众沉浸式体验中国古代建筑和艺术。这些创新形式，不仅丰富了文化传播的手段，还吸引了更广泛的受众参与到中华文化的传承和保护中。

通过参与文化传播的实践活动，学生需要掌握视频剪辑、内容策划、媒体推广等技术，不仅是文化的传递者，也是创作者。这种全方位的参与能够让学生在文化传播过程中，提升自己各方面的能力，包括团队合作、时间管理、内容创新等。这种以实践为基础的学习方式，有助于学生在具体操作中深入理解中华文化的核心价值，同时发展他们的创造力和媒介素养。

（四）跨文化交流中的传统文化传播

跨文化交流中的传统文化传播是社会德育实践的一个重要方面，能够通过国际化的拓展将中华优秀传统文化带到全球舞台。在参与国际文化交流项目中，学生有机会向其他国家的朋友介绍和展示中国的传统文化，如书法、茶道、武术、古典音乐等。这种活动不仅能够让世界了解中华文化的博大精深，还能够通过文化对话促进多元文化的交流与理解。学生不仅仅是中华文化的传播者，也通过与他国文化的碰撞与交流，获得了新的文化视角，深化了对世界文化多样性的理解。同时，跨文化交流为中华优秀传统文化的传播提供了独特的契机。在与其他国家的交流中，学生通过具体的文化展示，如书法表演或茶道演示，能够直观地展现中华文化的美与内涵。这种面对面的文化传播方式，打破了语言和文化的壁垒，使得外国朋友能够直接体验和感受到中华文化的独特魅力。这些活动不仅加深了国际社会对中国传统文化的了解，还让学生在全球化背景下增强了文化自信，认识到中华文化在世界舞台上独特的价值和意义。

跨文化交流中的传统文化传播还能够通过文化对话的形式，帮助学生在传递中华文化的同时，吸收和学习其他国家的优秀文化。通过对话，学生能够在展示中国书法、京剧等艺术的过程中，倾听他国文化的声音，理解不同文化背景下的艺术表达和社会理念。这种双向的文化交流，不仅丰富了学生的文化视野，还增强了他们对自身文化的认同感。通过这种跨文化对话，学生可以更好地理解全球文化的多样性，并在与他国文化的对话中更自信地表达和传递中华优秀传统文化。此外，国际文化交流为学生提供了一个在全球舞台上传播中华文化的机会。在参与国际文化节、全球文化论坛或留学交流活动中，学生能够利用这些国际平台，展示中华文化的精髓。例如，他们可以通过书法作品展览、汉服展示、传统音乐表演等活动，让更多国际友人了解中华文化的多元性与丰富性。通过这种全球性的展示，中华文化得以在国际范围内传播开来，学生也在这个过程中获得了宝贵的国际文化传播经验，提升了他们的文化自信与国际视野。

通过跨文化交流，学生还能够增强对全球文化多样性的尊重与包容。在与世界各地的文化交流过程中，学生可以学习到其他文化中的优秀思想与艺术形式，从而推动中华文化与世界其他文化的融合与创新。例如，通过学习西方的音乐体系，学生可以创新性地将中国的古典音乐与现代音乐相结合，创造出具有时代特色的跨文化艺术作品。这种文化的融合与创新，不仅能够丰富中华文化的内涵，还为世界文化的共同繁荣做出了贡献。跨文化交流中的文化传播，不仅是一种文化输出的形式，也是中华文化在全球化背景下的一种主动适应与创新。在国际交流中，学生可以根据受众的文化背景和审美偏好，灵活调整文化传播的方式。例如，在欧美国家，学生可以更多地展示中国的视觉艺术，如书法、剪纸、国画等，而在亚洲国家，可能更注重传统美食、茶道等方面的文化推广。这种灵活的传播方式，不仅增强了文化传播的效果，还能够让中华文化在不同的文化环境中获得更广泛的认同和接受。

跨文化交流中的文化传播也为中华文化的现代化发展提供了新的动力。通过国际化的交流，学生不仅将传统文化带向世界，还能够从全球文化中汲取新的灵感，推动中华文化的创新与发展。例如，在与西方艺术的交流中，学生可能会发现中国水墨画与西方油画之间的共通点，从而进行融合性的创作。通过这种文化的碰撞与交融，中华文化得以在全球化的语境下不断发展壮大，展现出强大的生命力与适应性。

二、社会德育实践在中华优秀传统文化传承中的应用

（一）在社区文化活动中践行传统美德

在社区文化活动中践行传统美德是社会德育实践的重要方式，能够通过实际行动将中华优秀传统文化融入现代社会生活。学生通过参与社区的文化活动，如文化讲座、节日庆典等，不仅能够传播和弘扬孝敬父母、尊重长辈、邻里互助等传统美德，还能在与社区居民的互动中深刻理解这些美德在现代社会中的重要性。通过实际参与，学生能够体验到传统文化如何与当代生活融合，从而进一步增强文化认同感。社区文化讲座是学生传承传统文化、践行美德的有效平台。通过组织和参与讲座，学生可以将书本中的理论知识转化为实践中的具体行动。例如，学生可以通过讲述孝道、礼仪等儒家美德，向社区成员传播中华优秀传统文化的价值观念。在讲座中，不仅可以分享经典故事，还可以通过现实案例展示如何在现代生活中践行这些美德。这种理论与实践相结合的方式，能够让学生更好地理解传统文化的实际意义，并将其应用于日常生活。

传统节日的庆祝活动为学生提供了丰富的文化实践机会。例如，在重阳节这样的传统节日期间，社区活动通常围绕尊老敬老的主题展开，学生可以参与组织和策划相关活动，陪伴社区的老人，开展如送温暖、敬老表演等活动。在这样

的活动中,学生不仅践行了孝敬父母、关爱长辈的传统美德,还能通过与长者的交流,了解到他们对于传统文化的理解和感悟。这种代际间的互动,有助于学生深刻体会到孝道文化的内涵,同时也使老人感受到社会的关爱与尊重,增进了社区内的代际和谐。学生通过参与社区中的邻里互助活动,可以将传统文化中的"和为贵"理念践行于实际生活中。中国传统文化强调家庭和谐、邻里和睦,学生可以通过参与社区的公益活动,如帮助有需要的邻居、清理公共环境等,来体现这种美德。通过这种集体合作的方式,学生能够体验到中华文化中对集体主义、责任感的重视,也能够增强他们在社区中的归属感和社会责任感。在这些具体的实践中,学生不仅学习了如何帮助他人,还感受到了邻里互助带来的温暖和团结。

通过与社区居民的互动,学生能够更好地理解传统文化如何在现实生活中传承和演变。例如,在参与社区的春节、端午节等传统节日活动时,学生能亲身体验这些节日中蕴含的文化意义和社会价值。通过这些体验,学生不仅加深了对中华传统节日的认识,还能够从中感受到文化的延续性和生命力。这种体验式学习有助于学生从实践中体会到文化的魅力,增强他们对传统文化的认同感和自豪感。学生在参与这些活动时,不仅是文化的传播者,也是传统美德的践行者。例如,通过与社区中的长者、邻居交流,学生能够学会倾听和尊重他人的意见,培养自己的责任感和社会意识。这种互动不仅有助于学生的个人成长,还能够提升他们的社会适应能力,使他们在实际生活中成为积极的文化传承者。

通过社区文化活动,学生还能够将传统美德与现代社会生活结合起来,思考如何在当今的多元化社会中实践这些美德。例如,在现代都市中,邻里关系可能不像传统社会那样密切,但学生可以通过组织社区活动,增强人与人之间的联系与互动,重建社区内部的互助网络。这种努力不仅能够增强社区的凝聚力,还能让学生理解到传统美德在现代社会中新意义和价值。

(二)结合地方特色进行文化传承

每个地区都有其独特的文化遗产和传统技艺,这些文化元素不仅丰富了中华优秀传统文化的多样性,还构成了中华文化整体的重要组成部分。学生参与地方特色文化的传承和推广,能够在现代社会中推动这些文化的复兴与发展。学生在这一过程中,不仅能够学习和体验传统技艺,还能体会到文化传承的责任感与使命感。通过这种形式的实践,学生与地方文化紧密结合,共同推动中华优秀传统文化的传承。地方特色的传统手工艺是文化传承的宝贵载体。例如，在中国不同的地区，各种独特的手工艺品，如苏绣、景泰蓝、剪纸等，都具有悠久的历史和深厚的文化底蕴。学生可以通过参与这些手工艺的学习和创作，深刻感受到其中蕴含的文化内涵与技艺的精妙之处。在传承这些手工艺的过程中，学生不仅能够体验到动手操作的乐趣，还能在亲身实践中体会到中华文化的精髓。这种结合地方特色的实践活动，不仅能让学生掌握一项传统技能，还能够增强他们对地方文化和民族文化的认同感。

戏曲作为中华优秀传统文化的代表，也在不同地区有着丰富的地方特色。京剧、昆曲、粤剧等不同流派的戏曲在各自的地域内发展出独特的表现形式和艺术风格。通过学生的参与，地方戏曲的传承和推广得以实现。例如，学生可以参与地方戏曲的表演、编排，或是通过新媒体进行戏曲的宣传与推广。学生能够更加深入地理解和欣赏地方戏曲中的艺术价值和文化意义。同时，他们在与地方文化的互动中，能够为这些传统戏曲注入新的生命力，推动其在现代社会中的传播与复兴。结合地方特色进行文化传承的另一种方式是参与地方的民俗活动。每个地区的民俗活动都具有独特的文化背景和社会功能，例如西安的庙会、云南的火把节、安徽的端午龙舟赛等。这些活动不仅承载着地方历史记忆，还凝聚了当地人的集体情感。学生通过参与这些民俗活动，不仅可以体验地方特色的风俗习惯，还能够帮助推广和弘扬这些文化传统。例如，学生可以组织当地的民俗展览，或是通过拍摄记录片、编写文章等方式，将这些民俗活动的背后故事和文化内涵传播给更广泛的受众群体。这种地方文化的传承实践，能够让学生更好地理解中华文化的多样性，并通过他们的参与和推广，使这些文化遗产得到更广泛关注和认同。

结合地方特色进行文化传承，不仅能弘扬中华优秀传统文化，还能帮助学生深入理解文化在不同地区的具体表现形式。例如，学生在参与非物质文化遗产保护工作时，能够深入到地方社区，了解和学习当地独特的文化资源。这种深入实践的方式，不仅使学生得以亲身体验地方文化，还能培养他们的社会责任感和文化传承意识。通过这种实践，学生能够意识到，中华文化并不是单一的，而是由多元的地方文化共同构成的。学生在参与和推动地方文化传承的过程中，也逐渐意识到自身在文化保护与传承中的重要作用。结合地方特色进行文化传承的实践，也有助于推动文化的现代化创新。学生在传承地方传统文化时，能够结合现代科技、艺术和审美，赋予这些文化新的表现形式。例如，学生可以通过数字媒体技术，将地方手工艺品的制作过程记录下来，并通过互联网传播，扩大其受众范围；或者通过设计现代化的产品，将传统文化元素融入现代生活用品中，让地方文化以新的方式继续在当代社会中发光发热。这种将地方特色与现代创新相结合的文化传承方式，不仅能让学生更好地理解和掌握传统文化，还能够为地方文化的长远发展注入新的活力。

（三）在公益项目中融入传统文化教育

在公益项目中融入传统文化教育是社会德育实践的一种创新方式，通过这种结合，学生能够在服务社会的同时，参与到中华优秀传统文化的传承工作中。这类公益性实践项目不仅能够使学生加深对传统文化的理解，还能在实际行动中践行传统文化中的善行和道德理念。例如，组织学生参与传统文化书籍的捐赠活动，不仅是对贫困地区文化资源的补充，还通过这种方式传播了中华文化中的经典思想，激发了学生对于传统文化的责任感与使命感。这种方式帮助学生在实践中感受和学习中华文化的精髓，提升其社会责任意识。传统文化教育与公益项目的结合，还能使学生在服务社会的过程中，进一步体会到中华文化中的仁爱和慈善精神。儒家文化一直强调"仁者爱人"，公益项目正是这种理念的具体体现。通过参与为乡村地区提供传统文化教育资源的项目，学生不仅能够帮助那些缺乏教育资源的孩子获得文化熏陶，还能将中华优秀传统文化中提倡的善行理念传递给他们。这种善行不仅体现在物质上的援助，还包括精神上的引导，帮助受助者通过传统文化的学习，树立正确的道德观和人生观。这种公益活动对学生来说，是一次道德实践的历程，也是文化传承的过程。

传统文化公益项目可以通过多种形式丰富学生的公益体验。例如，除了捐赠书籍、提供教育资源，学生还可以参与组织传统文化相关的公益讲座或课程，深入到社区或乡村地区，亲自传授传统文化的知识和价值观。这种面对面的文化教育活动，不仅能让受助者直接感受到中华文化的魅力，还能帮助学生在实践中锻炼自己的表达能力和领导力。学生在为他人传授知识的过程中，也能更加深入地理解中华文化的内涵，并在互动中提升自身的文化素养和社会责任感。通过在公益项目中融入传统文化教育，学生还能够在公益行动中将中华文化中的慈善精神与现代社会需求相结合。现代社会中的公益活动，不仅需要物质上的支持，更需要精神和文化的关怀。中华优秀传统文化中提倡的"己欲立而立人,己欲达而达人"的思想,强调在帮助他人的过程中实现自我成长。学生在参与这些公益项目时,可以将传统文化中的这类思想贯穿其中,通过自己的实际行动帮助他人,并从中获得心灵的升华与道德的提升。这种结合不仅让公益项目充满文化深度,还增强了学生对中华文化的认同感与归属感。

公益项目中的传统文化教育还可以帮助学生培养对弱势群体的关怀意识。许多公益项目关注的对象是生活条件较差的群体,如偏远乡村的孩子、老年人等。学生能够切身体会到中华文化中的"老吾老以及人之老,幼吾幼以及人之幼"的价值观。在帮助这些群体的过程中,学生不仅在物质上提供援助,还能通过文化教育的方式,帮助他们提升精神生活的质量。这种帮助与关怀,体现了中华文化中对于弱者的同情与支持,帮助学生在实践中内化这些传统美德。通过将传统文化融入公益活动,学生可以探索新的传播方式,如通过现代科技平台将传统文化教育资源带给更多有需要的人。例如,学生可以通过网络平台,组织远程教育课程,向偏远地区的孩子传授中华文化的知识,或者通过录制文化讲座,分享给更多感兴趣的人群。现代化的传播方式不仅扩大了公益项目的影响范围,还提升了传统文化的可及性,使得更多人能够享受到中华文化的教育资源。

(四)学校与社会组织合作的文化推广

学校与社会组织的合作是推动中华传统文化传承的有效途径,通过这种合作模式,社会德育实践能够拓展到更广泛的社会层面,不再局限于学校的课堂。学校可以与文化保护协会、博物馆、文化研究机构等社会组织联合,开展各种文化体验活动或德育课程,让学生在真实的项目中学习、传承和传播中华优秀传统文化。这种模式不仅能丰富学校的德育内容,还能加强学生的社会实践能力,使他们更深入地了解并参与文化保护与推广工作。学校与文化保护协会的合作能够为学生提供直接参与传统文化保护项目的机会。通过参与这些项目,学生可以深入了解中华文化遗产的现状,学习如何通过实际行动保护这些文化遗产。例如,学生可以参加文物修复、传统手工艺保护等工作,在专家的指导下动手实践。这不仅让学生对文化保护的工作有了更直观了解,还能通过实际操作提升他们的文化认知与技能。这种实践活动不仅丰富了学校的德育形式,还让学生成为文化保护的直接参与者和推动者,有助于增强他们的文化责任感。

博物馆作为传统文化的展示场所，是传承和推广文化的重要平台。通过与博物馆的合作，学校可以组织学生参观展览，开展文化主题讲座，甚至与博物馆合作策划和实施专题展览。这种合作模式让学生不仅是文化的受众，还能够主动参与到文化的传播和推广中。例如，学生可以通过博物馆提供的资源，学习到如何讲解展品的历史背景和文化价值，并在展览活动中担任志愿讲解员，向公众传播中华优秀传统文化。这种方式既锻炼了学生的表达和组织能力，也让他们在实践中深刻领会到文化推广的重要性。文化研究机构拥有丰富的研究资源和专业的学术支持，学校可以借助这些资源，开设深入探讨中华传统文化的课程或项目。学生通过参与这些研究项目，可以获得更系统的文化知识，并学习到如何运用科学的研究方法去分析、解读和传播传统文化。例如，学生可以参与一个关于传统戏曲的研究项目，在导师的指导下进行资料收集、分析和研究成果展示。这种学术研究与社会实践相结合的模式，能够提升学生的文化素养，增强他们对中华文化的理解和传播能力。

文化推广不仅需要理论知识，还需要丰富的社会实践活动。通过与社会组织合作，学生可以参与到文化节、传统技艺展示、民俗活动等具体的文化活动中。这些活动不仅能够帮助学生理解中华传统文化在现代社会中的应用，还能让他们在实践中体会到文化推广的意义。例如，在地方的传统文化节庆活动中，学生可以与当地文化协会合作，参与组织和策划活动，并在活动中向公众展示传统技艺、讲解文化背景。学生能够将所学的文化知识应用于实际情境中，从而加深对中华文化的理解。中华传统文化是历史的积淀，但同时也需要在现代社会中不断发展和创新。学生可以在文化推广的过程中，结合现代科技和艺术形式，探索新的文化传播方式。例如，学生可以与文化创意公司合作，利用数字技术、虚拟现实等新兴技术，设计出与传统文化相关的数字化展示，或将传统文化元素融入现代产品设计中。这种创新形式，不仅丰富了文化推广的内容，还能够让传统文化焕发出新的生命力，吸引更多年轻人关注和参与。

在这些合作项目中，学生能够接触到文化领域的专业人士，与他们交流经验和见解，拓宽自己的视野。例如，通过与文化保护专家、博物馆工作人员的交流，学生能够了解文化推广与保护的前沿动态，学习到专业的文化推广技巧。同时，这种合作也为学生未来的职业规划提供了方向，他们能够通过实际项目的参与，发现自己在文化传承与推广方面的兴趣和潜能。

第七章 德育视域中高校中华优秀传统文化传承的评价体系

在德育视域下，高校中华优秀传统文化传承的评价体系应注重学生的道德修养与文化认同的培养。通过课程考核、实践活动表现、以及文化认知的深度理解，评价学生对传统文化的内化程度。同时，该评价体系应结合理论与实践，既关注学生在学术上的表现，也注重其在社会活动中对文化价值的践行与传承，以全面衡量高校在中华优秀传统文化传承中的教育效果。

第一节 评价依据

在德育视域下，高校对中华优秀传统文化的传承评价应基于多维度的标准。首先，需关注文化认同感的提升，考量学生对传统文化的理解与接受程度。其次，评价应包括实践活动的有效性，分析学生参与传统文化活动的积极性和参与度。此外，教育内容的传承与创新也不可忽视，需检视课程设计中如何融合传统文化元素，以激发学生的创造性思维。最后，应重视学生德育素养的提升，评估其在日常行为中的传统文化体现。

一、知识

（一）文化知识的掌握程度

中华优秀传统文化传承评价的核心是学生对文化知识的掌握程度。在高校德育工作中，传承中华传统文化不仅仅依赖于表面的学习，更在于学生对经典文化思想的深入理解和熟练掌握。特别是儒家、道家、佛教等思想体系中的核心理念，构成了中华文化的重要基础。通过系统的课程安排，高校可以引导学生全面了解这些传统思想的精髓，从而奠定坚实的文化基础。许多古典文化思想通过文本的形式代代相传，例如《论语》《道德经》与《金刚经》这类经典作品，不仅承载了丰富的思想内涵，还体现了中华文化的语言之美。学生在学习这些经典文本的过程中，不仅可以感受到文字的力量，还能深刻理解其中的文化精髓。因此，高校应在课程设置中重视经典的诵读与解析，鼓励学生深入钻研这些经典文本，使其能够在文化传承的过程中掌握扎实的知识基础。此外，定期的经典背诵、诵读比赛等活动也可以有效促进学生对这些传统文化知识的掌握。

通过师生互动，学生可以对传统文化中的复杂思想进行更深入理解。讨论不仅有助于学生澄清自己的观点，还能通过与他人的交流，扩大自己的视野。例如，儒家思想中的"忠恕之道"如何在现代社会中应用，道家"顺应自然"的理念如何在当今环境保护中发挥作用，都是课堂讨论中可以探讨的主题。这些互动活动，不仅有助于学生理解文化思想的现代意义，也能促使他们在实际生活中将这些知识内化为行动。同时，高校在评估学生的文化知识掌握程度时，可以通过考试等传统方式加以考察。考试作为知识掌握程度的量化评估工具，能够有效衡量学生对经典文本和文化思想的记忆和理解程度。然而，考试不应仅限于背诵和记忆，而应更多地注重学生的理解和应用能力。例如，在考试中设置开放性问题，要求学生将儒家、道家、佛教的思想与现代社会问题结合，提出有见地的观点，这不仅能考查学生的记忆力，也能衡量他们的综合思维能力。

学生在文化实践中不仅能进一步加深对文化知识的掌握，还能通过实践检验这些知识的实际价值。例如，通过参与传统文化节日的组织和参与，学生能够更直观地感受到中华优秀传统文化的魅力。这类活动能够将理论与实际相结合，使学生在亲身体验中掌握文化知识。此外，实践活动中的表现也可以成为文化知识掌握情况的重要考量因素，鼓励学生将所学知识应用于实际情境中，从而增强他们对文化的认同感和责任感。

（二）知识应用能力的提升

高校在德育工作中，不应仅仅停留在对传统文化理论的灌输上，而更应注重学生能否将这些理论有效地运用于实际生活中。中华优秀传统文化的价值不仅在于其思想的博大精深，更在于这些思想能够为现代社会提供解决现实问题的智慧。因此，评价学生的文化传承情况，必须综合考察他们在实际行动中如何运用所学文化知识。这种知识的实践性将有助于学生从单纯的理论理解，向深层次的文化内化转变，从而实现文化的真正传承。在具体的德育实践中，许多传统文化中的社会主义核心价值观能够为学生提供日常生活中的行为指南。比如，儒家的"忠恕之道"强调忠诚与宽恕，这不仅适用于古代人际关系，也同样适用于现代社会。在当今竞争激烈的环境中，个人与群体之间难免出现矛盾冲突，学生是否能够借鉴"忠恕"的理念，通过理解与包容化解矛盾，正是文化应用能力的重要表现。同样，尊重他人、以诚待人等行为准则也是中华文化的体现，学生是否能够在与人相处中将这些文化思想付诸实践，能够直接反映他们对文化知识的实际掌握程度。

知识应用能力的提升，还体现在学生能否将传统文化与现代社会问题相结合并提出解决方案上。比如，道家"天人合一"的理念在当代环保行动中有着重要的启示意义。面对全球气候变化、环境污染等问题，学生是否能够通过对传统文化的理解，提出基于"天人合一"思想的环保策略，是其知识应用能力的重要体现。学生不仅能加深对文化思想的理解，还能感受到传统文化在现代社会中的实际价值和意义。因此，高校在进行德育工作时，应注重通过各种实践活动和问题导向型学习，促进学生将传统文化融入现代社会的方方面面。在实践活动中，学生的表现也能够体现出他们知识应用能力的提升。比如，通过组织和参与传统节日活动、文化展示或公益活动，学生能够将所学文化知识付诸实践。他们不仅是文化的受众，更是文化的传播者。组织文化活动时，学生需要运用所学的文化知识去策划、协调和执行，从而加深他们对文化的理解。这种从理论到实践的转化过程，有助于学生在活动中加深对传统文化内涵的理解，并促使他们在未来的生活中，继续承担文化传承的责任。

通过设定现实中的社会问题，如伦理道德、环境保护或社会公平等问题，学生可以运用儒家、道家、佛教等思想体系中的知识，尝试提出有效的解决方案。例如，讨论如何在全球化背景下保持文化多样性，或是在信息技术时代如何坚持传统道德价值观。这种结合实际问题的讨论，不仅能够锻炼学生的思维能力，也能促使他们在文化实践中不断反思和调整自己对传统文化的理解。评价学生的知识应用能力时，还可以通过实际案例来进行。例如，可以通过记录和分析学生在团队合作中的表现、与他人的交往方式，以及他们是否能够在日常生活中践行传统文化的核心理念来判断他们的应用能力。这种评价方式不仅能够反映出学生的文化知识掌握情况，还能通过具体的行为表现，评估他们对文化的深度理解与应用。知识的应用并非停留在理论层面，而应通过学生的日常行为表现出来，只有将文化融入生活，才能真正实现文化的传承与发展。

（三）文化知识传承的创新性

在当前社会发展的大背景下，高校不仅要重视对传统文化知识的继承，还要将创新性作为评价学生文化素养的重要标准。创新不仅是对旧有知识的传承与延续，更是将这些文化资源进行现代化的重塑与升级。因此，文化传承的创新性评价应从学生如何将传统文化与现代科技、艺术形式及社会需求相结合的角度进行考量。这一创新性的体现，不仅有助于让传统文化在新时代焕发出新的生命力，还能推动文化的多元发展，激发学生的创造性思维。在考查学生的文化传承创新性时，首先应关注他们是否能够利用现代科技手段，重新诠释中华文化的核心内容。比如，虚拟现实技术和增强现实技术为文化传承提供了新的可能性。学生可以将历史场景、传统节日等文化元素以全新的方式展现在大众面前。这种方式不仅能让现代人更直观地感受到文化的魅力，还能为传统文化提供一种跨越时间和空间的传承途径。举例来说，利用虚拟现实技术重现春节庙会场景，或者通过数字化手段再现古代名胜和遗址，不仅提高了文化的参与感与互动性，还能够吸引更多年轻人参与到文化的传播与保护中。

学生可以通过现代艺术手段，如影视制作、动画设计、数字音乐等，将传统文化元素融入其中，创造出具有时代特色的文化产品。比如，将传统戏曲与现代舞台科技结合，创造出富有视听冲击力的表演形式；或是利用新媒体平台如短视频、直播等传播中华经典，使传统文化内容变得更加生动、有趣，吸引更多年轻人关注。这些创新性的文化表达形式，不仅让传统文化更具生命力，还能够通过多样化的渠道扩大文化的传播范围。在评价学生的文化创新性时，还应考察他们如何将传统文化与现代社会的需求结合起来。传统文化中的许多理念和价值观在现代社会中依然具有现实意义，如何让这些文化内容为当代社会服务，是文化传承创新的重要一环。比如，儒家的"修身齐家治国平天下"思想，可以通过现代社会管理学的视角进行重新解读；道家的"道法自然"理念，可以与当前的环保理念相结合，推动生态文明建设。学生能够通过对这些传统思想的再创造，提出符合现代社会需求的解决方案，不仅能为文化的传承注入新的活力，还能增强其社会价值。

通过组织和参与各种文化活动，学生能够锻炼自己将传统文化与现代生活相结合的能力。例如，策划一个将传统文化与现代生活方式融合的节庆活动，如将传统节日中的文化元素与现代流行的生活方式相结合，通过线上线下结合的方式推广中华传统文化。这种活动不仅能够吸引更多的年轻人参与到文化传承中来，还能够提高文化的普及率和影响力。学生在这些活动中的创新表现，能够反映出他们对文化的深入理解与创造力，值得作为创新性评价的重要依据。此外，数字技术的迅猛发展为文化创新提供了广阔的舞台。学生可以利用社交媒体平台、数字文化产品等，将中华传统文化传播得更加广泛和便捷。比如，通过制作短视频、建立文化类博客或微信公众号，将中华传统文化以更加灵活的方式展现在公众面前。这种基于新媒体的文化传播，不仅极大地降低了文化传播的门槛，还能够让更多的人，尤其是年轻人，接触到丰富多彩的传统文化内容。因此，高校在进行文化创新性评价时，应鼓励学生积极利用新媒体平台，探索更加多元的文化传播途径。

（四）文化认同与责任感的培养

只有当学生真正认同并理解传统文化的内涵，并能够将其融入个人发展和社会责任中时，文化的传承才能具备持续的动力。因此，评价学生在这一方面的表现，直接关系到文化延续与发展的成效。通过多种途径，如问卷调查、访谈及个别案例分析，高校能够较为全面地了解学生对传统文化的认知态度和行为表现，进而促使他们自觉承担起文化传承的责任。高校在培养学生文化认同与责任感时，首先应通过系统的教育体系，引导学生深入理解中华传统文化的核心价值。例如，儒家的"仁爱"、道家的"无为而治"、佛教的"慈悲为怀"等理念，都是中华文化的精神象征。通过这些社会主义核心价值观的教学，学生可以理解到传统文化不仅仅是历史的遗产，更是个人修身与社会发展的重要指导原则。这种认同感的形成，不仅体现在理论学习中，还应通过多种实践活动得到深化。例如，学生参与文化遗产保护活动，能够让他们亲身感受到文化传承的意义，进一步增强他们对文化的认同。

当学生能够将个人成长与文化传承的社会责任联系起来，他们在学习和生活中就会有更强的使命感。这种内在的驱动力将促使学生更加主动地参与到文化传播与保护的各类活动中。高校可以通过鼓励学生参与文化传播项目，如组织中华文化讲座、策划文化展览、开展传统文化相关的研究项目等，激发他们的文化责任感。这些活动不仅可以提升学生的综合素质，还能帮助他们在个人发展过程中感受到自身在文化传承中的独特作用。通过个别案例分析，高校可以进一步了解学生在实际行动中体现出的文化认同感与责任感。例如，有的学生在国际交流中主动弘扬中华文化，通过介绍中国的历史、传统节日和文化习俗，增强了国际社会对中国文化的理解与认同。这种行为不仅表现了学生对自身文化的认同，也展示了他们作为文化传播者的社会责任感。高校可以通过记录和分析这些案例，形成对学生文化认同与责任感的有效评价体系，从而帮助更多的学生意识到文化传承的意义。

文化认同感的培养离不开学生对文化传承中社会责任的深刻理解。传统文化不仅是个人的财富，也是整个社会的精神资源。学生应当认识到，文化的延续与发展需要社会各界的共同努力，而他们作为未来社会的中坚力量，更应承担起这一重任。高校可以通过组织社会实践活动，增强学生对文化责任的认识。例如，鼓励学生走进社区，参与非物质文化遗产的保护工作，或者通过志愿服务的形式，帮助更多的人了解和认同中华优秀传统文化。这类活动能够让学生在实践中感受到传承文化的责任感，并将其转化为长期的行动动力。高校还可以通过问卷调查和访谈等形式，评估学生对文化认同与责任感的态度。在这些评估中，重点考查学生是否能够将文化认同与个人发展有机结合，是否能够自觉地承担起文化传承的责任。例如，通过设计一些开放性问题，询问学生如何看待中华优秀传统文化在现代社会中的地位，是否愿意参与文化传播项目，以及他们对文化传承的未来发展有何看法。这类评估不仅能够帮助高校了解学生当前的认知水平，还可以为未来的文化传承教育提供有价值的反馈信息。

二、认同

（一）学生对传统文化价值观的认同

对于儒家、道家、佛教等思想中的社会主义核心价值观，如"仁义礼智信""天人合一""慈悲为怀"等，学生是否能够深入理解并形成认同感，不仅关系到个人的道德修养，也影响到社会整体的文化氛围。这些价值观是中华文化的精神支柱，不仅指导着个人行为，还在现代社会中扮演着调节人际关系、社会秩序的角色。因此，如何促使学生对这些社会主义核心价值观产生认同，并在生活中自觉践行，是文化认同评价的关键。为了有效评估学生对传统文化价值观的认同，首先需要通过课堂教学进行系统化引导。高校在课程设计中，应将儒家"仁义礼智信"等道德规范，道家"天人合一"的自然观，以及佛教"慈悲为怀"的慈悲理念融入教学内容中，并通过具体案例和经典文本帮助学生理解这些价值观的现代意义。例如，教师可以通过讨论现代社会中的道德困境，引导学生结合儒家"仁"的概念进行分析，从而深化他们对这一价值观的理解。同时，通过道家"无为而治"思想与当代生态环保的结合，学生能够更好地理解人与自然的和谐关系。

通过撰写关于传统文化价值观的论文或反思性报告，学生不仅可以表达他们对这些文化思想的理解，还可以通过分析这些思想与现代生活的关系，进一步加深对传统文化的认同感。例如，学生可以在作业中探讨如何将儒家"礼"的理念融入当代人际交往中，或者探讨佛教"慈悲为怀"的精神在现代公益活动中的体现。这类作业不仅能够帮助教师了解学生的学习情况，还能为学生提供一个反思自身行为与传统文化关系的机会。学生能够更加主动地在日常生活中运用传统文化的价值观。高校可以组织各种文化活动，例如传统节日庆祝、文化遗产保护、经典诵读比赛等，让学生在实践中体验传统文化的魅力。这类活动不仅能够增强学生对文化的情感认同，还能通过实际参与帮助他们将价值观内化为行为习惯。例如，在庆祝端午节时，学生通过亲身参与赛龙舟或包粽子等活动，不仅能够加深对节日习俗的了解，还能在集体活动中感受到"团结互助"的价值观。同样，参与文化遗产保护活动的学生，通过与传统文化遗产的接触，更能感受到文化保护的责任感，这种体验式的教育有助于增强学生的文化认同。

通过这种多维度的文化教育与评估方式，学校不仅可以帮助学生理解中华传统文化中的社会主义核心价值观，还能促使他们在日常生活中主动践行这些道德规范。文化认同的培养并非一蹴而就，它需要通过长期的理论学习与实践参与逐渐内化为学生的行为准则。因此，高校必须在多方面为学生提供机会和平台，让他们能够接触并参与到传统文化的传承与实践中。课堂讨论、课后作业以及文化活动的多层次互动，能够帮助学生从认知层面逐步过渡到情感和行为层面，从而实现文化认同的深层次转化。

（二）学生对传统文化的情感认同

情感认同是指学生是否在内心深处与传统文化产生共鸣，是否愿意在日常生活中自发地将这些文化内化为自己的价值观和行为准则。与知识层面的认知不同，情感认同更多的是一种深层次的情感联结，它决定了学生对文化的归属感和主动性。因此，学生是否能够在传统文化的熏陶下，感受到对民族文化的自豪和归属感，是高校评估其文化传承效果的重要标准。学生可以更直接地感受到传统文化的魅力。例如，春节、端午节、中秋节等传统节日，不仅仅是历史的符号，它们蕴含着丰富的文化情感和价值观。高校可以通过举办这些节日庆祝活动，观察学生是否积极参与，是否能够从中感受到传统文化带来的喜悦和归属感。例如，参与包粽子、舞龙舞狮等活动，不仅能够让学生体验节日的传统习俗，还能使他们在活动中与文化产生深刻的情感联系。这种体验式的参与有助于学生加深对文化的情感认同，并自觉地将这些文化内化为个人行为的一部分。

学生对文化活动的积极性和参与度也能很好地反映他们的情感认同。情感认同并非强制性的，而是一种自发的行为表现。因此，观察学生是否愿意主动参加与传统文化相关的活动，是否在活动中表现出高度的情感投入，是评估其情感认同的重要指标。例如，学生是否愿意参加传统诗词诵读比赛、书法比赛，或是在校园内参与非物质文化遗产保护项目，都是衡量其文化认同的关键。学生不仅能够通过亲身参与感受到传统文化的独特魅力，还能在活动中与其他同学产生情感共鸣，这种共鸣进一步增强了他们对文化的认同感。通过设计有针对性的问题，学校可以深入了解学生对传统文化的情感态度。例如，问卷可以询问学生在参与传统文化活动时的感受，他们是否感受到对文化的自豪，是否愿意继续参与类似的活动等。学校可以判断学生是否真正从情感层面认同中华优秀传统文化，并了解他们在日常生活中是否愿意将这些文化融入个人行为规范中。同样，访谈也能够进一步挖掘学生的情感共鸣，尤其是在与他们深入探讨文化价值时，可以听取学生对文化的真实感受和体会。这种主观情感的表达，往往能够揭示出学生的内在认同程度。

高校还可以通过对学生情感表达的观察来评估他们的情感认同。例如，学生在文化活动中的表现、与传统文化相关的讨论中表达出的热情、在社交平台上对传统文化的分享，都是情感认同的重要表现。一个真正认同传统文化的学生，不仅会在活动中表现积极，还会在日常生活中自觉传播这些文化价值。例如，学生在参与传统文化节日时，是否主动与家人、朋友分享这些文化经历，是否愿意在社交平台上传播中华文化的相关内容，都是他们情感认同的重要体现。这种自发的情感表达，是学生将文化内化为自身价值观的重要标志。通过这些方式，高校可以全面了解学生对中华优秀传统文化的情感认同程度。这种认同感不仅影响学生的文化传承意识，还直接关系到他们是否能够积极参与到文化传播和保护中。因此，情感认同的培养不仅仅依赖于知识的灌输，更需要通过丰富多彩的文化活动、体验式教育以及与传统文化的深层次接触来增强学生的文化归属感。高校在设计德育课程时，应该注重通过多种途径提高学生对传统文化的情感共鸣，帮助他们在情感层面上与传统文化建立更加紧密的联系。

（三）学生对传统文化的社会认同

学生对中华优秀传统文化的社会认同，不仅体现了他们对文化的理解和接受，更代表了他们是否愿意将文化融入社会责任中。社会认同不同于单纯的个人认同，它强调的是学生能否将个人的发展与文化的传承紧密结合，并在社会层面上积极参与到文化的传播与实践中。这种认同感是文化传承的关键，因为文化只有通过社会实践才能真正得以延续。社会认同体现在学生是否能够在日常社会实践中运用传统文化的智慧。中华优秀传统文化中的价值观，如儒家的"仁爱"、道家的"天人合一"、佛教的"慈悲为怀"等，不仅是个人道德修养的基础，也为社会问题提供了解决方案。例如，学生在参与社会公益活动时，是否能够运用这些传统价值观指导自己的行为，体现出他们对文化的社会认同感。如果学生能够将这些价值观应用于环保、慈善或社区服务等社会实践中，表明他们不仅对文化有深刻的认同，还愿意在社会层面上为文化的传播和发展贡献力量。

文化的传承不仅依赖于自我修养，更需要主动传播和推广。高校可以通过鼓励学生参与文化传播活动，观察他们是否愿意承担文化传播的责任。例如，组织传统文化讲座、参与文化遗产保护项目、策划传统文化展示等活动，都是学生展示文化传播责任感的途径。学生在这些活动中的积极表现，能够反映出他们是否具备社会责任感，是否愿意为文化的传承和传播做出贡献。通过这些活动的参与，学生不仅能够更好地理解和认同传统文化，还能够培养出强烈的社会责任意识，这对于文化的延续具有重要意义。学校可以通过多种形式的社区文化活动来增强学生的社会认同感。例如，鼓励学生参与社区内的传统节日庆祝活动、文化遗产保护活动或其他形式的文化宣传工作,让他们在实际的社会环境中感受到文化的价值与重要性。这种参与不仅能够提高学生的社会责任感,还能帮助他们将文化认同从个人层面延展到社会层面。学生可以更加深入地理解传统文化在社会生活中的实际作用,并通过参与这些活动增强对文化的归属感和责任感。这种社会实践活动,能够有效培养学生的社会认同感,并促使他们在未来成为文化的积极传播者。

高校可以通过观察学生在组织文化活动中的表现,来评估他们的社会责任意识。文化活动的组织需要学生具备较强的领导力和协调能力,而这些能力的培养往往依赖于他们对文化的认同和责任感。例如,在策划一次传统文化展览或举办一场文化遗产讲座时,学生是否能够主动承担组织工作,是否能够有效协调各方资源,都是展示其文化社会认同的机会。通过这种实际的活动组织,学校可以进一步了解学生是否具有文化传播和传承的责任意识。在此基础上,学校还可以通过学生的长期表现来评估他们的社会认同感。例如,学生是否能够在毕业后继续参与传统文化相关的社会工作,是否愿意在职业生涯中推广中华优秀传统文化,都是文化社会认同的延续表现。学校可以通过校友追踪调查,了解毕业生是否在社会中延续了文化传承的责任感,这不仅有助于评估高校的文化教育成效,还能为未来的文化教育提供有利的参考。

(四)学生对传统文化的行动认同

学生对中华优秀传统文化的行动认同,是文化认同的最终体现。真正的文化认同不仅仅是停留在理论和情感上的理解,而是要将这些价值观和理念内化为个人的行为准则,并在实际生活中付诸实践。这种行动上的认同,意味着学生不仅知道中华文化的核心理念,还能够自觉地将这些理念融入日常行为中,成为个人生活方式的一部分。因此,学生是否能够通过实际行动来展示他们对传统文化的认同,是高校评估文化传承成效的重要依据。在日常生活中,学生的行为是否符合中华优秀传统文化中的核心价值观,如尊重他人、诚信待人、爱护自然等,都是其行动认同的表现。例如,儒家思想中的"仁义礼智信"强调人与人之间的和谐相处,学生是否能够在日常交往中尊重他人、遵守礼仪、保持诚信,反映了他们是否真正将这些价值观融入日常生活中。道家的"天人合一"理念则注重人与自然的和谐相处,学生在生活中是否体现出环境保护的意识,是否积极参与公益活动或环保行动,展示了他们是否将传统文化的价值观转化为实际的社会行动。这些具体的行为表现,是评估学生文化行动认同的关键。

行动认同不仅限于个人行为,还体现在学生如何通过集体活动和社会实践展现文化理念。例如,学校组织的各种文化活动、公益项目和社会实践,都是学生展示行动认同的舞台。在这些集体活动中,学生是否积极参与并将中华文化中的"义"与"德"融入其中,是其文化行动认同的重要体现。例如,学生在参与志愿者服务时,是否表现出强烈的社会责任感,是否通过行动表达出对他人和社会的关怀,都是评估其行动认同的依据。高校可以通过对这些集体活动的观察和记录,判断学生在多大程度上将传统文化的价值观付诸了实践。通过长期的行为观察,高校能够更全面地了解学生的行动认同。文化认同的真正价值在于它能否长久地影响学生的行为习惯,而不仅仅是一时的表现。学生是否能够在长期的学习和生活中,一直保持对中华优秀传统文化的遵从,是评估行动认同的长效机制。例如,学生在日常生活中的细节,诸如对待室友的礼貌、与同学的合作精神、在校园活动中的责任感等,都是其行为是否受到文化认同影响的表现。通过对学生日常行为的持续观察,高校可以准确评估学生是否将传统文化内化为长期的行为准则。

学校还可以通过定期的行为记录和反馈机制,帮助学生更好地理解并提升行动认同。通过记录学生在文化活动、社会实践和日常生活中的表现,教师可以为学生提供反馈,指出他们在文化认同中的优点与不足,帮助他们进一步内化这些价值观。这种反馈机制不仅有助于学生的个人成长,也能够加强高校在文化传承方面的教育成效。例如,通过组织反思性讨论,教师可以引导学生分享他们在实践中的收获与困惑,帮助他们更好地将文化理念转化为行动力。学校可以设置特定的文化传承任务,例如鼓励学生参与文化遗产保护项目、策划与传统文化相关的社会服务活动等,通过这些实际的任务观察学生的表现。学生在这些任务中的领导能力、责任心和执行力,能够清晰展示他们是否真正将文化理念落实到行动中。通过这些具体的任务评估,学校能够更直观地了解学生是否具备高度的行动认同,并以此作为文化传承的有效评价依据。

三、践行

（一）文化价值观的日常践行

文化价值观的日常践行，是高校评价学生是否真正内化和传承中华优秀传统文化的核心标准。学生能否将儒家、道家、佛教等思想体系中的核心理念融入他们的日常行为中，反映了文化传承的深度。对于儒家提倡的"仁爱"和"诚信"，高校可以通过学生在日常人际交往中的行为来进行评估。例如，学生在与他人交往时是否能够表现出宽容与善意，是否注重诚实守信，都是衡量他们是否将"仁爱"与"诚信"内化为行为准则的依据。尊重他人、关心同学以及在团队合作中展现出的诚实守信态度，是儒家思想在现代生活中的重要体现。道家的"无为而治"与"天人合一"理念也可以通过学生的行为来考察。道家提倡顺应自然、注重和谐，这些思想不仅限于人与自然的关系，还包括人与人的相处方式。学生是否在面对问题时能够以平和心态处理，而不是急功近利或过分追求个人利益，展示了他们对道家思想的践行程度。例如，面对生活或学业中的压力，学生是否能够保持内心的平衡与和谐，体现了他们对"无为"的理解与应用。此外，学生是否注重环境保护，是否通过小到垃圾分类、大到参与环保活动等实际行为来展现对自然的敬畏与保护意识，则是"天人合一"理念在生活中的具体体现。高校可以通过这些日常行为的观察，评估学生是否将道家思想融入他们的日常生活实践中。

佛教提倡慈悲心，关爱众生，这在当代社会中可以体现在学生对社会弱势群体的关怀和对他人困难的同情心上。例如，学生是否参与到公益活动中，是否愿意帮助他人，或者在学校组织的社会服务项目中表现出积极性和责任感，都是体现佛教慈悲精神的重要表现。参与志愿服务活动、捐助贫困地区的学生，或者在校内积极帮助有需要的同学，都是对"慈悲为怀"理念的具体践行。这些行为不仅展现了学生对文化理念的理解，还反映了他们是否真正将这种价值观应用到了现实生活中。高校可以通过多种方式来评估学生对文化价值观的日常践行。观察学生在宿舍、课堂或社交活动中的行为，是评估其文化内化的重要手段。例如，学生在日常生活中如何对待同学、老师，如何处理与他人的关系，是否在团队活动中展现出尊重他人、关心集体利益的态度，都可以作为文化践行的具体表现。此外，教师和辅导员也可以通过与学生的日常交流和观察，收集有关他们行为的信息，进一步判断学生是否真正内化了这些传统文化价值观。

除了观察和记录，学校还可以通过设置反思性作业或讨论，促使学生思考自己在日常生活中如何践行中华优秀传统文化。通过要求学生撰写关于个人行为与文化价值观的反思报告，或在课堂上组织与文化相关的讨论，教师能够帮助学生深入思考自己的行为与传统文化的联系。这样的反思和讨论，不仅能让学生更好地理解传统文化的核心价值，还能促使他们在生活中更加自觉地践行这些理念。

（二）社会实践中的文化应用

在评估学生对中华优秀传统文化的践行时，社会实践中的文化应用是一个重要的考察维度。学生是否能够将传统文化的智慧与现实社会问题相结合，运用于社会实践中，直接反映了他们对文化价值观的理解与内化程度。社会实践不仅是课堂知识的延伸，更是学生展示他们对传统文化认知的有效平台。因此，学生在环境保护、社会公平、社区服务等社会实践活动中的表现，能够全面展示他们是否能够将传统文化的理念转化为解决实际问题的策略。学生能否在环境保护等问题上运用道家的"天人合一"理念，是评估其文化应用能力的重要方面之一。道家主张人与自然的和谐共存，这一思想在现代社会中对环境保护具有深远的指导意义。高校可以通过观察学生在环保志愿活动中的表现，评估他们是否能够将这一理念付诸实践。例如，参与植树造林、垃圾分类宣传等活动，或是在环保项目中提出基于"天人合一"理念的解决方案，都是文化应用的具体体现。学生在这些实践中是否展现出对自然的敬畏与保护，是否能够积极推动人与自然和谐共处的行动，能够反映出他们对道家思想的理解深度。

儒家强调个人修养、家庭和谐与社会治理之间的关系，这一思想在现代社会管理和团队协作中依然具有指导价值。高校可以通过考查学生在团队项目、社会服务或社会调研中的表现，评估他们是否能够将儒家的修身齐家理念运用于社会管理和集体活动中。例如，学生是否在团队协作中展现出良好的领导力和协作精神，是否能够在社会调研或公益项目中展示出对社会责任的关注，都是评价其文化应用能力的有效方式。学生不仅能够展示自己对儒家思想的理解，还能够通过实际行动将这些思想付诸社会服务和管理之中。通过参与有关社会公平的项目或公益活动，学生能够展示他们是否具备将传统文化的仁爱精神运用于现实问题的能力。例如，儒家思想中的"仁"不仅强调对他人的关爱与宽容，还呼吁关注社会底层和弱势群体。学生在参与扶贫、支教或社会援助项目时，是否能够体现出这一文化精神,是否愿意为社会公平作出贡献,都是评估其文化应用能力的重要指标。通过这些公益实践,学生可以将儒家的社会关怀转化为实际行动,展现他们对传统文化的深刻认同与践行。

高校在评估学生的文化应用时,可以通过多个维度进行观察和记录。学生参与的志愿者活动、社会调研以及公益项目,都是反映他们文化应用的具体场景。学校可以通过定期的项目汇报、实践总结和反思性报告等形式,了解学生在社会实践中如何将传统文化的智慧应用于现实问题。例如,在志愿者活动的总结报告中,学生是否能够反思他们在环境保护或社会服务中的文化价值观应用,是否能够从文化的角度分析社会问题并提出解决方案,都是衡量其文化应用能力的有效方式。实践中的文化应用不仅是对学生个人能力的展示,也有助于他们对文化认知的深化。学生能够在具体问题的解决过程中,更加深刻地理解中华优秀传统文化的现代意义。例如,学生在一次环境保护活动中,通过思考人与自然的关系,可能会对道家思想产生更深刻的认知和共鸣;在一次社会调研中,学生通过关注社会弱势群体,可能会更加理解儒家的仁爱精神。这种在实践中体悟文化的过程,能够帮助学生更好地内化文化价值观,并在未来的生活和工作中持续践行。

(三)文化传承活动中的责任感

文化传承活动中的责任感,是高校评估学生是否真正践行中华优秀传统文化的重要方面。文化的传承不仅仅关乎个人修养和学术理解,还需要学生具备将这些文化主动传播和推广的意识。这种责任感意味着学生不仅愿意接受文化的熏陶,还愿意承担起将文化传承给他人、延续文化生命力的任务。因此,学生在文化传承活动中的表现,特别是他们的主动性和领导力,能够反映出其文化责任感的强弱。学生是否积极参与文化传承活动,能够直接反映他们对文化传承责任的认知与行动力。高校可以通过组织一系列与传统文化相关的活动,如节日庆祝、传统文化讲座、文化遗产保护等,观察学生的参与情况。例如,学生是否主动报名参与这些活动,是否表现出强烈的兴趣,能够显示出他们对文化传承的责任感。在节日庆祝活动中,学生若能够积极参与组织工作、带动其他同学一起参与,体现了他们不仅仅是文化的接受者,更是文化传播的践行者。这种主动性反映了学生对中华优秀传统文化的内在认同和责任感,也为文化的传播提供了动力。

文化的传承不仅需要个人的参与,更需要有人能够起到领导作用,带领更多的人共同参与。高校可以通过观察学生在文化活动中的表现，评估他们是否具备领导力和组织能力。例如，学生是否愿意担任文化活动的组织者，是否能够协调资源、分配任务，推动活动的顺利开展，都是其文化责任感的体现。通过文化遗产保护项目、校园文化推广活动等，学生可以展示其在文化传承中的领导能力。一个具备责任感的学生，不仅能够主动参与，还能够通过自身的领导力影响和带动更多的人加入文化传承的行列。文化传承中的责任感还体现在学生是否能够将文化传播的任务视为长期的责任，而不仅仅是一次性的活动表现。高校应当考查学生在文化传承活动中的持续性表现，是否能够长期参与并推动文化的延续。例如，学生是否愿意在校园内外长期组织与传统文化相关的活动，是否能够通过新媒体、社交平台等方式，将传统文化推广到更广泛的受众群体。这种长期的参与和推广，表明了学生将文化传承视为一种持续的社会责任，而不仅仅是短期的任务。通过这种持续的文化传播行动，学生不仅展示了对传统文化的深刻认同，也体现了他们在文化传承中的责任意识和行动力。

高校还可以通过特定项目评估学生的文化责任感。例如，文化遗产保护项目是一个重要的考察平台。学生是否愿意主动承担责任，参与到文化遗产的保护与传承工作中，是评估他们责任感的重要标准之一。保护文化遗产需要长期的投入与坚持，学生若能够在这个过程中表现出强烈的责任感和使命感，能够有效展示他们对文化传承的践行深度。此外，学生是否在文化遗产保护项目中展现出团队协作、任务执行和创新思维，也反映了他们在文化传承中的实际行动力。通过对这些文化传承活动的评估，学校能够全面了解学生在文化传承中的责任感和实际行动。学生是否能够通过个人的参与组织，推动中华优秀传统文化的传播与推广，是他们文化责任感的体现。文化的延续需要每一代人都具备传承与传播的意识，而高校通过培养学生的文化责任感，能够确保这些传统文化在新时代中继续传承并焕发新的生命力。

（四）文化理念的创新践行

文化理念的创新践行在新时代背景下，已成为高校评价学生中华优秀传统文化传承能力的重要维度之一。随着社会的发展和技术的进步，文化传承不再仅仅是对传统的复制，而需要注入新的生命力与时代元素。学生是否能够通过创新的手段，赋予传统文化新的表达方式，是其文化传承能力的关键体现。高校在评估学生时，不仅要关注他们如何继承传统文化，还要考察他们是否能够运用现代工具与方法，使这些文化理念在当代社会焕发新的光彩。如今，互联网和数字技术的普及为文化传播提供了前所未有的机会。学生通过短视频、直播、社交平台等方式，可以将传统文化传播到更广泛的受众中。高校可以通过观察学生是否能够有效地运用这些技术平台，将传统文化元素进行创意性展示，来评估其创新能力。例如，学生是否通过视频平台传播传统节日文化，或者利用虚拟现实技术再现古代文化场景，都是其创新践行的具体表现。通过这些新兴技术的运用，学生不仅可以让更多的人接触到中华优秀传统文化，还能使这些文化以更加生动、现代的方式与年轻一代产生共鸣。

高校可以考查学生是否能够将中华传统文化元素融入现代艺术和设计作品中，通过创意性的表达形式赋予文化新的生命力。例如，学生在现代平面设计、服装设计、插画创作等艺术领域中，是否能够灵活运用传统文化符号，如中国书法、剪纸、京剧脸谱等元素，来创造具有时代感的文化作品。通过这些艺术创作，学生不仅展示了对传统文化的理解和掌握，还体现了他们将传统与现代结合的创新思维能力。高校可以通过组织文化艺术展览或设计比赛，评估学生在这些创作中的表现，从而判断其是否具备创新践行文化的能力。此外，创新文化践行的另一个重要体现是学生能否在文化推广中结合社会需求与文化内容，为传统文化的传播找到新的应用场景。例如，学生是否能够设计出符合现代人生活方式的文化产品，或者将传统文化元素融入现代商业项目中，都是其文化创新能力的表现。例如，学生可以通过设计具有传统文化元素的文创产品，将传统文化带入现代生活中，或是通过策划与传统文化相关的商业项目，如文化旅游线路或传统手工艺品体验活动，使传统文化与当代生活紧密结合。这种创新性的推广方式，不仅能够扩大传统文化的影响力，还能让更多人从实践中体验到文化的价值。

高校在评估学生文化理念创新践行的过程中，还可以通过创新项目或文化实践活动，进一步观察学生的创造性表现。例如，学校可以设置与传统文化相关的创新创业项目，让学生通过团队合作，探索如何将传统文化的理念与现代社会需求相结合，形成新的文化产品或服务。这种项目不仅能够培养学生的创新思维，还能够检验他们在文化传承中的实际行动力。创新文化践行不仅展示了学生对传统文化的深刻理解，也反映了他们在文化传承中的责任感和行动力。高校通过这些创新项目的评估，可以判断学生是否真正具备了将传统文化与现代社会相融合的能力。创新不意味着背离传统，而是通过现代手段让传统文化在新的社会背景下继续焕发出独特的魅力。学生不仅能够继承中华文化的精髓，还能够使这些文化理念在新时代中得到延续和发展。

第二节 评价目标

一、文化知识掌握目标

在高校德育过程中，文化知识掌握目标起着至关重要的作用，旨在评估学生对中华优秀传统文化的基本知识掌握情况。这不仅包括对文化的广泛了解，还需要学生对其历史背景、核心思想、经典著作以及重要人物有全面深入理解。学生的传统文化知识不仅体现在课堂上所学的理论知识，还应通过更广泛的课外阅读、文化活动和实践体验来加深理解。因此，文化知识掌握目标的实现，需要多元化的教学手段和评价方式，以确保学生在不同维度上都能展示出对传统文化的熟悉程度。通过考试，教师可以系统地评估学生对中华优秀传统文化基本内容的掌握情况，特别是在历史背景、文化思想等理论层面的理解。然而，考试并非唯一的评估方式，课外阅读也扮演着不可忽视的角色。课外阅读不仅能够拓宽学生的知识视野，还能让他们在学习经典文化时形成更深刻的感悟。通过布置阅读任务，教师可以鼓励学生自主探索传统文化的丰富内涵，同时通过阅读报告的形式，进一步考查学生在阅读过程中是否能够理解并解释所学内容。

报告要求学生在某一文化主题上进行深入研究和思考，而专题讲座则通过专家的讲解，帮助学生从更专业的角度理解传统文化。通过这类形式的评价，不仅能考查学生的理论理解能力，还能提升他们在特定文化领域的研究水平。在参与报告撰写和讲座讨论的过程中，学生能够逐渐形成对传统文化更加系统和深刻认识，从而在文化知识的掌握上达到更高层次。同样地，文化知识的掌握还体现在学生是否具备批判性思维和独立见解上。教师不仅要考查学生是否能背诵文化经典，还需关注他们是否能够在学习过程中提出自己的观点和见解。这意味着学生不应仅仅满足于记忆文化知识，还应学会用自己的思维方式去理解和解读这些内容。课堂讨论和互动式教学显得尤为重要，它们为学生提供了表达自我见解的机会，同时也能激发学生对文化知识的进一步探索。

除了传统的教学评价方式，高校还应注重通过实践活动来评估学生的文化知识掌握情况。文化体验活动、传统节日庆祝以及参观文化遗址等实践活动，能够帮助学生将课堂上所学的理论知识与现实生活相结合，从而加深对传统文化的理解。例如，学生在参与春节、端午等传统节日庆祝活动时，可以通过亲身体验这些文化现象，加深对其中蕴含的历史和思想的认识。这种实践性评价方式，可以为学生提供更多直观的学习体验，使他们对传统文化有更加深刻和真实理解。高校还可以通过定期组织文化竞赛或知识竞答等活动，来进一步评估学生对中华优秀传统文化的掌握情况。这类活动不仅能激发学生的学习兴趣，还能帮助他们巩固所学知识，并发现自己的薄弱环节。在竞赛的过程中，学生不仅能够展示自己的文化知识储备，还能通过与同学的互动和比拼，提升自己的学习动力和思维敏捷度。这种形式的评价，不仅丰富了文化知识的掌握手段，也让学生能够在轻松有趣的氛围中提升文化认知水平。

为了全面评估学生的文化知识掌握情况，教师还可以结合学生的日常表现进行综合评估。课堂上的发言次数、课后作业的质量以及平时参与文化活动的积极性，都是评价学生文化知识掌握情况的有效参考指标。通过日常表现的积累，教师可以更加全面地了解学生在文化学习中的成长情况，从而为每个学生制定个性化的教学计划，帮助他们进一步提升文化知识的掌握水平。

二、文化价值观认同目标

在德育的视域下，文化价值观认同目标是评价学生在中华优秀传统文化中的核心价值观是否得到了内化的重要指标。这些价值观包括孝敬、忠义、诚信、礼让等，不仅仅是学生理论上的理解，还应体现在他们的实际生活和行为中。高校德育不仅要教导学生掌握这些传统文化的核心理念，更重要的是让他们在日常生活中能够自觉践行这些价值观。因此，文化价值观认同目标的实现不仅要求教师在教学内容上融入传统文化的价值观，还需通过具体的教育方法和评估手段，观察学生的价值观认同程度。教师可以通过角色扮演和道德情境分析的方式，帮助学生在特定情境中理解和实践传统文化的价值观。在这种教学方法下，学生通过扮演不同角色，置身于各种道德情境中，可以更加深刻地体验和理解诸如孝敬、诚信等价值观的实际意义。这种体验式学习方式，不仅能让学生在实践中思考这些价值观的道德内涵，还能帮助教师更好地评估学生对这些价值观的认同与接受程度。学生在这种情境中所表现出的道德判断和行动，能够直观反映他们是否真正内化了这些传统文化的核心价值。

教师可以通过引导学生参与文化主题的讨论和辩论，进一步深化他们对传统价值观的认同。在课堂上，教师可以提出与中华传统文化价值观相关的实际生活问题，如在面对诚信与利益冲突时应该如何抉择，或是讨论孝敬在现代家庭生活中的重要性。在讨论中，学生的发言、立场以及所表现出的道德思维，都是衡量他们是否真正认同并接受这些价值观的重要依据。高校可以组织各种形式的传统文化活动，如敬老爱幼志愿服务、道德讲堂、中华经典诵读等，让学生在参与这些活动的过程中，深入感受孝敬、忠义、诚信等价值观的实际意义。在这些文化活动中，学生通过实践直接接触传统文化的核心理念，在行动中逐渐体会到这些价值观的深刻影响。这种将理论与实践相结合的方式，能够更有效地帮助学生内化这些价值观，并在日常生活中践行。

教师还可以通过道德情景模拟和案例分析的形式，帮助学生更好地理解传统文化中的价值观。例如，教师可以设置一些现实生活中的道德困境情境，让学生在分析和讨论中去探讨诚信、礼让等价值观的适用性和实际作用。在这些情景模拟中，学生需要做出道德判断和决策，这不仅能加深他们对这些价值观的理解，还能通过他们的行为选择和反应来评估其认同程度。这种教学方法特别适用于检验学生在面对复杂道德问题时，是否能够将传统文化的价值观融入自己的思维和行动中。教师可以通过观察学生的日常行为习惯、人际交往中的态度等来判断他们是否将孝敬、忠义、诚信、礼让等社会主义核心价值观融入了自己的生活。比如，学生是否在与家人相处时表现出尊敬与关爱，是否在与同学交往中表现出诚信与友善，这些都是评价学生是否认同和内化了传统文化价值观的关键指标。通过这样的观察，教师可以更全面地评估学生的价值观认同情况。

教师可以定期要求学生撰写心得体会，反思自己在日常生活中是如何践行这些价值观的，并对自己的行为进行评估和改进。在反思的过程中，学生不仅能够加深对传统文化价值观的理解，还能通过自我评估的方式，审视自己的道德行为是否符合这些价值观的要求。这种自我反思的过程，有助于培养学生的道德自律性和责任感，进一步促进价值观的内化。

三、文化实践与应用目标

在德育视域下，文化实践与应用目标是评价学生是否能够在实际生活中运用和践行中华传统文化核心价值观的重要标准。仅仅理解这些文化理念是不够的，真正的文化传承需要通过具体的行动和实践来体现。因此，文化实践与应用目标的核心在于评估学生能否将课堂上所学的传统文化融入日常生活、社会实践和志愿服务中，并在这些过程中展示出对文化价值观的内化与应用。高校通常会组织丰富多样的文化活动，如传统节日庆祝、经典文化表演、传统手工艺体验等，这些活动不仅能够增强学生对传统文化的感知，还为他们提供了践行文化价值观的机会。例如，在庆祝春节或中秋节的活动中，学生不仅能够通过参与了解这些节日的文化背景，还能够通过传递节日的祝福、为长者送礼等具体行为来表现孝敬、礼让等传统美德。通过这样的文化实践，教师可以观察学生是否能够在这些活动中表现出对文化的深刻理解，并将文化理念付诸实践。

传统文化中强调奉献、关爱和社会责任感，而这些价值观可以通过学生的志愿服务活动来体现。高校可以通过组织学生参与社会公益活动，如关爱孤寡老人、环保行动、社区服务等，帮助学生在实践中体会和践行传统文化的核心理念。在志愿服务过程中，学生通过帮助他人、奉献时间和精力，能够展示出自己对传统文化价值观的认同与践行。通过评估学生在志愿服务中的表现，教师可以进一步了解他们是否真正将传统文化的精神内化为自己的行动指南。社会实践不仅能够将学生置身于现实情境中，还可以帮助他们在真实的社会互动中运用传统文化中的道德价值。例如，在社会调研、企业实习、社区互动等实践活动中，学生不仅需要处理现实问题，还应当以传统文化的道德标准为指导，展示出诚信、忠义、合作等社会主义核心价值观。通过观察学生在这些实践中的言行举止，教师可以评估他们是否能够在不同的社会场景中运用和传承中华优秀传统文化。

教师可以通过与学生及其家长的互动、家校合作的反馈来评估学生在家庭生活中的表现，观察他们是否在日常生活中践行了孝敬、礼让等传统美德。此外，在人际交往中，是否能够展现诚信、互助、包容等品质，也是衡量学生是否成功将文化价值观应用于实际生活的重要标准。高校可以引导学生围绕中华优秀传统文化中的某一主题，开展深入的研究和实践项目。例如，学生可以选择传统手工艺、古建筑保护、非物质文化遗产等项目，通过亲身参与和实践，来体会和应用传统文化中的工匠精神、敬业态度以及对文化传承的责任感。在这种实践过程中，学生不仅能够获得动手能力和实际经验,还能更加深刻地理解和传承中华文化的精髓。

为了更全面地评估文化实践与应用目标,教师还可以通过多样化的评价方式来获取学生在文化实践中的表现。例如,教师可以设计文化实践报告或反思日记,要求学生详细记录和反思自己在文化活动、志愿服务和社会实践中的所见所闻以及个人收获。通过学生的书面表达,教师可以进一步了解他们在这些活动中是否真正理解了传统文化核心价值观,并如何将其应用于实际行动中。学生的反思不仅是对过去行为的总结,也是对未来行为的指导,能够帮助他们进一步完善和提升自己对传统文化的实践能力。

四、创新与发展目标

继承传统文化核心价值观是基础,但这并不意味着停滞不前。学生应在学习过程中,通过理解和尊重这些价值观基础上,积极探索其在现代社会中的应用方式。这种探索不仅可以帮助学生更好地理解传统文化的精髓,还能激发他们的创新思维。例如,教师可以设计课程,让学生运用传统文化中的理念解决当下的社会问题,如环保、道德困境或技术伦理等。这种学习方式,不仅可以增强学生的文化认同感,还能提高他们的批判性思维和解决问题的能力。为了确保学生能够真正将传统文化与现代社会相结合,教师可以通过项目设计、创新活动等实践性教学环节来评估学生的理解程度。通过实际操作,学生有机会将理论知识转化为具体的应用。例如,教师可以组织学生进行与传统文化相关的创新设计,如古典艺术与现代设计的结合,或者运用儒家思想开展现代企业管理的创新。这种项目不仅能够激发学生的创造力,还可以让他们意识到传统文化并不是陈旧的历史遗留,而是具有现实意义的宝贵资源。

在撰写论文的过程中,学生不仅需要深入研究传统文化,还要学会如何在现代语境下对其进行重新诠释。这不仅考验学生的知识积累和分析能力,更要求他们具备独立思考和批判性评估的能力。例如,学生可以探讨如何将传统道德规范应用于现代社会中的个人行为规范,或分析传统文化与当代科技发展的关系。教师应给予适当的引导,帮助学生找到创新点,并对其应用进行科学评估。通过组织各类文化创新竞赛或创意展示,学生可以在实践中检验他们对传统文化的理解和创新应用能力。例如,结合传统节日文化,学生可以设计现代化的庆祝活动或节日产品,既尊重传统文化,又体现时代特点。这种活动不仅可以激发学生的创新思维,还能增强他们的动手能力和团队协作精神。

创新不仅仅是一时的灵感,而是通过长期的积累和实践逐步形成的能力。通过持续的教学引导,教师可以帮助学生树立长期目标,鼓励他们不断反思和改进自己的创新方法。例如,教师可以鼓励学生在参与创新项目的过程中,定期记录他们的想法、遇到的挑战以及如何克服这些困难。学生可以更好地了解自己的思维模式,并逐步提高他们的创新能力和问题解决能力。

五、文化传承意识与责任感目标

传承中华传统文化不仅仅是知识的学习,更是情感的认同与责任的担当。因此,教师在教学过程中,应积极引导学生理解中华传统文化的丰富内涵,并激发他们的文化认同感。这不仅体现在课堂教学内容的选择上,更应通过课外实践活动让学生真正感受到文化传承的重要性。例如,教师可以结合传统节日或文化纪念日,组织学生参加相关的文化活动,让他们在参与中理解传统文化的现实意义,从而自觉形成文化传承的意识。文化传承的意识并非一朝一夕能够形成,它需要在长期的教育和实践中逐步培养。通过引导学生主动参与各类文化传播活动,高校可以有效提高学生的文化传承责任感。例如,教师可以组织学生开展传统文化的推广活动,如民俗展览、传统技艺传承等。这些活动不仅能够让学生深入了解传统文化的各个方面,还可以帮助他们在实践中体验文化传承的责任感。此外,学生能够意识到他们作为文化承载者,在社会中具有重要的传承和传播使命,从而增强他们对传统文化的认同感和使命感。

通过组织和参与文化项目,学生可以更加全面地理解文化传承的过程,并在实践中提升他们的文化责任感。例如,学校可以与文化机构、博物馆或非物质文化遗产保护组织合作,提供学生参与文化保护项目的机会。在这些项目中,学生不仅能够学习到传统文化的保护和传播方法,还能够亲身体验文化传承的艰辛与责任。学生可以更加深刻地认识到文化传承的重要性,并愿意为其贡献自己的力量。教师还应通过多样化的评估方式,考查学生对文化传承的意识与责任感。例如,教师可以通过学生的文化活动表现、文化项目参与情况以及相关论文或报告来评估学生在文化传承方面的态度与行动力。除了简单的成绩考核,教师还可以采用项目评价、活动总结等多元化的方式,全面了解学生在文化传承方面的自觉性和责任感。这种评价方式，不仅有助于学生反思自己在文化传承中的作用，还能够激励他们在今后的学习和生活中，继续践行文化传承的使命。

文化传承不仅是个人的责任，它更是集体的使命。因此，高校在培养学生文化传承意识的过程中，也应注重团队合作与集体意识的培养。通过组织团队文化项目，学生可以在合作中共同学习与传承中华传统文化。这不仅有助于提高学生的团队协作能力，还能够让他们在互相启发与支持中，增强文化传承的责任感。例如，教师可以组织学生团队开展传统文化的调研或创新活动，通过团队协作的方式，探讨如何在现代社会中更好地传承和发扬传统文化。这样不仅能够培养学生的合作精神，还可以提高他们在文化传承中的集体责任感。高校应为学生创造一个浓厚的文化氛围，通过校园文化建设、传统文化课程开设以及文化传承讲座等方式，让学生能够在耳濡目染中逐步形成文化传承的意识。例如，学校可以定期举办传统文化讲座或展览，邀请专家学者分享他们在文化传承方面的经验与见解。学生可以更加直观地感受到文化传承的紧迫性与责任感，从而在潜移默化中，自觉承担起文化传承的使命。

第三节　评价主体

一、教师作为评价主体

教师在中华优秀传统文化传承评价中扮演着核心角色。他们不仅是文化传承的推动者，也是评价学生学习效果的主要承担者。教师可以通过课堂教学、课后作业、项目报告等方式，全面评估学生对传统文化的理解、认同和实践能力。除了知识层面的考核，教师还应注重评估学生在文化传承中的情感态度和责任感。通过对学生日常表现的观察，教师能够及时发现问题，并进行相应的教育引导，确保学生不仅能够掌握传统文化的知识，还能真正体会其精神内涵。

二、学生自我评价作为主体

学生的自我评价在传统文化传承的过程中同样重要。自我评价不仅能够帮助学生反思自己的学习过程，还能促使他们主动发现自身在文化认同与实践中的不足。通过自我反思，学生可以更好地意识到自己在传统文化学习中的强项与弱点，进而有针对性地进行改进。例如，教师可以设计自我评价表格，让学生在每个学习阶段结束时，对自己在传统文化课程中的收获、感悟与不足进行总结，并提出改进措施。这种评价方式能够增强学生的自主学习意识，提升他们对文化传承的参与感与责任感。

三、同伴评价作为评价主体

同伴评价在中华优秀传统文化传承的评价中也起到积极作用。同学之间的相互评价，不仅能够促进学生间的交流，还可以帮助学生从不同的视角看待文化学习。例如，学生可以通过小组讨论、互相反馈的方式，对彼此在传统文化学习中的表现进行评价。这种方式不仅能够激发学生的合作精神，还可以通过相互交流，发现自己未曾意识到的问题与不足。此外，同伴评价还可以为教师提供更加多元的评价依据，帮助其更全面地了解学生在文化传承中的学习状态。

四、校外专家和文化传承者作为评价主体

在评价高校中华优秀传统文化传承效果时，校外的专家学者和非物质文化遗产传承者也应作为重要的评价主体。这些专家和传承者在传统文化领域有着深厚的知识积累与实践经验，他们的参与可以为评价过程提供专业性与权威性。通过定期邀请校外专家进行文化传承的讲座、评审或项目指导，学生不仅可以接受更加专业的反馈，还能够在与文化传承者的互动中，深化对传统文化的理解。专家和文化传承者的评价，还可以为学校的文化传承教学提供有益的建议，帮助教师优化教学内容与方式。

五、社会和社区作为评价主体

社会群体与社区作为文化传承的重要受众，也应成为中华优秀传统文化传承的评价主体。通过组织学生参与社区文化传播活动，如文化讲座、传统节日庆祝等，社会群体可以通过学生的表现，反馈他们对传统文化的实际应用能力。这种反馈不仅可以通过直接的评价形式表现出来，还可以通过学生在社会活动中的表现、社区居民的反应等间接体现。例如，社区居民对学生传统文化活动的参与度、满意度以及活动后学生文化认同感的提升等，都是评价学生文化传承效果的重要依据。这种社会反馈机制能够帮助学校调整文化传承的教学策略，使其更加符合社会发展的实际需求。

第四节 评价平台

一、线上评价平台

（一）数据收集与个性化反馈

线上评价平台的核心优势在于其能够高效地收集和管理学生在传统文化学习中的数据。这些数据涵盖了学生的课堂参与度、作业完成情况以及项目成果展示等，通过系统的收集与存储，平台可以全面呈现学生的学习轨迹。教师能够快速掌握学生的学习状况，并识别他们在传统文化学习中遇到的困难和优势。线上平台还能生成个性化的反馈报告，帮助学生更清晰地了解自己在哪些方面有进步、哪些方面需要进一步改进，从而实现精准化教学和个性化辅导。

（二）动态学习档案与长期跟踪

线上评价平台不仅记录了学生的当下学习表现，还能通过动态档案的方式追踪学生在整个学习阶段的成长与变化。这种动态学习档案可以系统地展现学生在传统文化学习中的进步，反映他们对知识的掌握情况、文化认同度的提升，以及文化传承意识的增强。通过长期跟踪，教师和学生都能够清晰地看到文化传承学习的效果和学生个体的成长曲线。这种档案式的记录方式，还能为教师在制定后续的教学计划时提供参考，帮助教师根据学生的实际发展情况调整教学策略。

（三）提升自我反思与改进能力

线上评价平台为学生提供了一个自我反思和改进的良好机制。通过随时查看自己在平台上的学习进度和反馈，学生能够更好地认识到自己的学习状态，增强自我管理能力。线上平台的透明化、数据化优势，使得学生能够清晰地看到自己在学习中的优势与不足，激发他们自主学习的动力。同时，平台上的个性化反馈也能够引导学生进行有针对性改进，推动他们在文化传承学习中的不断进步。这种自我反思与改进的循环，不仅有助于提升学生的学习效果，也培养了他们在文化传承中的自主意识和责任感。

二、课堂互动评价平台

(一)实时反馈与教学调整

课堂互动评价平台通过智能工具,如实时投票系统、在线答题等,能够在教学过程中即时收集学生对文化内容的反馈。教师可以根据学生的即时反应,了解他们对所教授内容的掌握情况,并据此调整教学进度与方法。例如,在教授某个复杂的传统文化概念时,教师可以通过投票或互动问题来测试学生的理解程度。如果平台数据显示多数学生存在困惑,教师便可立即进行解释或加深讲解。这种即时调整的功能,确保了教学的灵活性与针对性,有效提升了课堂教学的效率。

(二)增强学生参与感与互动性

互动性评价平台的应用极大提升了学生在课堂中的参与感。传统教学往往以教师讲授为主,学生的参与度较低,而通过互动平台,学生能够在课堂上积极发表自己的看法与问题。这不仅使课堂更加生动有趣,还能激发学生对中华传统文化的兴趣与热情。例如,通过在线答题或小组讨论功能,学生可以就某一文化话题表达自己的理解,并与其他同学分享观点。这样的互动过程,不仅增强了学生的文化认同感,还促进了彼此间的交流与学习。

(三)软性指标的评估与综合评价

课堂互动评价平台不仅限于考核学生的知识掌握情况,还可以用于评估学生的文化认同度、责任感等软性指标。通过互动平台的反馈数据,教师能够观察到学生对中华传统文化的情感态度,特别是他们在文化讨论、活动参与中的表现。这些软性指标有助于全面衡量学生在文化传承中的发展情况。例如,教师可以设计一些互动问题,测试学生在不同情境下对文化责任的理解与反应,进而丰富文化传承的评价内容。这种综合性的评价方式,能够更加深入地反映学生在中华传统文化学习中的成长过程。

三、项目展示与评价平台

(一)多样化的展示形式与创新空间

项目展示与评价平台为学生提供了展示其文化学习成果的多样化途径。学生可以通过视频、文章、设计作品等不同形式,展示他们在中华传统文化方面的学习成果和创新应用。这种多样化的展示形式不仅能够激发学生的创造力，还鼓励他们将传统文化与现代技术或设计相结合。例如，学生可以运用现代数字技术将古代文学作品转化为短视频或动画，生动展现传统文化的内涵。这种平台为学生提供了一个将知识实践化的空间，培养了他们在文化传承中的创新意识和动手能力。

（二）多元化评价机制的引入

项目展示与评价平台的另一个优势在于它能够引入多元化的评价主体，不仅包括教师，还可以涵盖校内外的专家、同行学生等多方参与者。通过这种多角度评价，学生的作品能够得到更为全面和专业反馈。例如，教师可以从教学目标的实现、学生的学习深度等方面进行评价；专家则可以从文化的传承性、创新性等角度提供专业意见；同学则能分享对项目的感受与建议。这种多元化评价机制，不仅提升了评价的客观性与科学性，还能够让学生从不同角度获得反馈，从而在今后的文化学习与创作中加以改进。

（三）线上展示平台的开放性与持续性

线上项目展示平台打破了时空限制，使得项目展示不再局限于线下的固定时间和空间。学生的作品可以在任何时间上传至线上平台，接受校内外的广泛评审和反馈。这种开放式展示不仅扩大了作品的传播范围，还为校外专家、社会观众提供了参与评价的机会。通过线上平台，学生能够展示他们的传统文化创作成果，获得更广泛的社会关注和认可，从而增强他们的文化自信心。此外，线上平台具有持续性，学生的作品可以长期保存，未来仍然可以供他人观摩与学习。这种开放与持续的展示渠道，有助于中华传统文化的长效传播与推广。

四、综合素质评价平台

（一）多维度数据整合与全方位评价

综合素质评价平台通过整合学生在课堂表现、课外活动参与、文化项目实践等多个维度的信息，能够全方位反映学生在中华传统文化学习中的综合表现。平台不仅记录学生的课堂参与度和作业完成情况，还能够追踪他们在文化传承项目和社会实践中的表现。例如，学生参加传统文化节日活动或参与非物质文化遗产保护项目的次数和深度，都会被记录并纳入评价。这种多维度的数据整合，使得评价结果更加全面客观，能够准确反映学生在文化传承中的知识掌握和实践应用能力。

（二）文化认同感与责任感的评估

综合素质评价平台不仅关注学生的知识和技能表现，还特别强调文化认同感、责任感等软性素质的评估。通过大数据分析，平台能够追踪学生在文化活动中的参与积极性、责任心等。例如，平台可以分析学生是否自发参与文化传播活动、是否积极承担文化项目中的领导责任，以及在团队合作中展现出的文化传承意识。通过这些数据，教师能够更清晰地了解学生在文化认同和社会责任方面的成长情况，从而为其进一步引导和培养提供依据。

（三）职业发展与未来规划的支持

综合素质评价平台不仅为学生的学习过程提供了全面评价，还能够帮助他们规划职业发展路径。中华传统文化的传承不仅仅局限于学术领域，它与多个行业如文化产业、教育、公共服务等都有密切联系。通过平台的评价数据，学校可以分析学生的文化素质报告，并结合他们的兴趣和职业志向，提供个性化的职业发展建议。例如，平台可以分析学生在文化创新项目中的表现，结合社会反馈，判断其是否适合从事文化推广、教育或相关行业。这样，学生能够通过平台的反馈，更加清晰地了解自己的优势和潜力，为未来的职业发展做出合理规划。

五、专家评审平台

（一）权威性的专业评价

专家评审平台为学生提供了更具权威性的评价来源。通过邀请传统文化领域的专家、学者、非物质文化遗产传承人等权威人士，对学生的文化传承学习成果进行评审，学生能够获得来自行业内的专业意见。这不仅为学生提供了高质量的反馈，还能使他们在文化传承项目中意识到自身的不足与改进方向。例如，专家可以通过在线平台评审学生的研究论文、传统工艺作品或文化传播方案，提供具体的改进建议，帮助学生更深入地理解中华传统文化的内涵。这种专业性的评价，有助于学生在文化学习中获得更加全面和深刻指导，促进其学习水平的提升。

（二）教学方案的优化与提升

专家评审平台不仅为学生的学习成果提供评价，还能帮助学校和教师优化教学方案。专家的意见可以为学校文化传承课程的设计和实施提供宝贵的反馈。例如，专家可能会发现课程内容中某些传统文化知识点的讲解不足，或某些教学方法未能有效激发学生的文化兴趣。通过专家反馈，教师可以根据这些专业建议，及时调整课程内容和教学方式，以确保文化传承教学更加符合专业标准和学生需求。这种双向反馈机制，能够推动学校不断提升文化传承教学的质量，使中华传统文化教育更加有效和深入。

（三）资源整合与合作机会的拓展

通过专家评审平台的建立，学校可以与文化机构、非遗保护组织、学术界等建立更加紧密的合作关系。专家评审平台不仅为学生的作品提供评审，还能够为学校引入更多的资源与机会。例如，专家可能会推荐一些传统文化的研究项目、传承人工作坊或文化交流活动，供学生参与，从而扩大他们的学习与实践机会。此外，通过平台的专家评审反馈，学校可以探索与文化机构的合作，共同开展文化传承项目或研究。这种资源整合与合作，能够为学生提供更多元的学习体验和发展空间，进一步推动中华优秀传统文化的传承与推广。

第五节　评价体系迭代优化

一、评价标准的动态更新

随着社会发展和文化需求的变化，高校中华优秀传统文化传承的评价标准需要灵活调整，以适应时代的变迁和学生的成长。传统的评价标准可能过于注重知识掌握，而忽略了学生在文化创新与应用方面的表现。因此，评价体系的迭代优化应将学生在文化认同感、创新能力、实践应用等方面的表现纳入评价标准之中。例如，通过引入多样化的评价维度，涵盖文化传播、创意项目、文化活动参与度等，使得评价更加全面、公正，符合当代文化传承的实际需求。

二、技术支持的升级与智能化

随着信息技术的快速发展，评价体系的迭代优化应充分借助现代科技手段，如大数据、人工智能等，实现评价流程的自动化与智能化。例如，通过引入数据分析工具，可以全面追踪学生的学习轨迹、活动参与情况以及项目完成度，并生成个性化的学习报告。人工智能可以帮助教师更高效地批改作业、分析学生的表现，为每个学生提供个性化的反馈建议。此外，虚拟现实（VR）技术的应用还可以增强文化项目的沉浸感和互动性，推动学生更好地理解和实践中华优秀传统文化。

三、多主体参与的评价机制

评价体系的迭代优化不仅需要教师的参与，还应引入更多评价主体，如学生自评、同伴互评以及专家学者的专业评估。这种多主体参与的评价机制，可以全面反映学生在中华传统文化学习中的多元表现。例如，学生可以通过自我评价，反思自己在文化传承中的认知与责任感；同伴互评则可以提供对他人文化项目的反馈，激发学生之间的文化交流与合作；专家评估则能够为文化项目的专业性提供指导和反馈。这种多层次、多角度的评价机制，能有效提升评价的客观性与公正性。

四、反馈机制的个性化与即时性

评价体系的优化不仅在于评估本身，还需要建立更加个性化和即时的反馈机制。传统的反馈往往过于简单、笼统，难以满足学生的个体需求。通过优化反馈机制，教师可以通过线上平台即时向学生提供详细的反馈，包括他们在文化传承中的优点、不足及改进建议。学生还可以根据这些反馈，进行自我反思和调整。同时，个性化的反馈不仅局限于分数，还应涉及文化认同、社会责任感等软性素质，帮助学生全面提升综合素养。

五、长期跟踪与效果评估

评价体系的迭代优化应考虑到学生在中华优秀传统文化传承中的长期发展。因此，需要建立长期跟踪机制，通过定期评估学生在不同学习阶段的文化素养变化。例如，评价体系可以每学期或每学年对学生的文化知识掌握情况、文化责任感以及文化创新力进行阶段性评估，从而观察学生的成长轨迹。通过这些长期的数据积累，学校可以有效评估中华优秀传统文化传承教育的实际效果，并根据学生的发展情况及时调整课程内容和教学策略，确保文化传承的持续性与深入性。

结语

德育视域下,高校的中华优秀传统文化传承体系研究主要从文化与德育的融合、传承方式的多样性以及评价反馈机制的建设三个方面展开。通过深入分析这些方面,能够为高校文化传承体系提供理论支持,并推动中华优秀传统文化的有效传播与创新发展。

(1)中华优秀传统文化的传承应与高校德育目标紧密结合。德育的核心在于培养学生的思想道德素质,而传统文化蕴含了丰富的道德思想,如儒家的仁爱、忠诚,和道家的自然无为等理念。这些思想可以通过德育体系传递给学生,帮助他们树立正确的价值观和道德观。通过将传统文化的精髓融入德育课程,学生不仅能够了解和传承文化,还能在潜移默化中培养道德素养。例如,学校可以通过开设专门的传统文化课程、文化讲座或活动,将传统文化中的道德教育与现代德育目标有机结合,使学生在理论与实践中感受到文化的力量。

(2)高校的中华优秀传统文化传承体系应体现多样性和创新性,不仅局限于课堂教学,还应通过多种方式开展。例如,文化实践活动、校内文化节、非遗展示等都是有效的传承手段。通过这些丰富的活动形式,学生可以更直观地接触到中华优秀传统文化的精髓,增强文化认同感和责任感。高校还可以通过现代技术手段,如虚拟现实(VR)、数字化平台等,将传统文化内容以互动性强的方式呈现给学生,增强文化传承的趣味性和参与性。此外,校内外的专家讲座、文化论坛等也能够为学生提供更多深入了解和体验传统文化的机会。

(3)在研究高校中华优秀传统文化传承体系时,评价机制的建设与优化至关重要。通过科学、系统的评价体系,学校能够跟踪学生对传统文化的认知、认同以及应用能力的提升情况。评价机制不仅应关注学生在课堂上的表现,还应考察他们在课外文化实践中的参与度与责任感。例如,通过文化项目展示、社会服务、文化传播活动等综合评价学生的文化素养。同时,反馈机制也应及时完善,学校需要通过个性化反馈帮助学生明确自身在文化传承中的优势与不足,促使他们不断改进与成长，从而实现德育目标与文化传承的协同发展。

总而言之，通过德育视域下高校中华优秀传统文化传承体系的研究，不仅能够促进高校德育工作与文化传承的紧密结合，还能通过多样化的传承方式与完善的评价体系，推动文化在高校中的传承与创新发展。

参考文献

[1] 孙剑，梁国初，熊刁婵.文化自信融入大学生思想政治教育路径探析[J].湖北开放职业学院学报，2024，37（10）：114-116，119.

[2] 吴小伟.中华优秀传统文化视域下高校思想政治教育创新[J].西部素质教育，2023，9（15）：75-80.

[3] 熊沂，骆婉婷.中华优秀传统文化融入高校思想政治教育的对策研究[J].学校党建与思想教育，2023（24）：48-50.

[4] 张琴.新媒体环境下中华优秀传统文化融入高职大学生思想政治教育的路径研究[J].教师，2024（10）：9-11.

[5] 贾斌.中华优秀传统文化在大学生思想政治教育中的作用分析[J].北京教育（高教版），2024（3）：87-88.

[6] 付明佳.中华优秀传统文化融入大学生思想政治教育的思考[J].中国军转民，2022（24）：70-71.

[7] 梁月，梁加诚.中华优秀传统文化融入高职院校思想政治教育路径探析[J].新疆职业教育研究，2023，14（3）：25-28.

[8] 魏圆圆.把中华优秀传统文化融入新时代高校思想政治教育[N].新华日报，2023-08-25（16）.

[9] 李颖.中华优秀传统文化纳入大学生思想政治教育的思考[J].时代报告，2023（12）：104-106.

[10] 俞海燕.中华优秀传统文化融入高校思想政治理论课的三重逻辑[J].科学咨询（科技·管理），2023（4）：4-6.

[11] 李英俊.中华优秀传统文化融入高校思想政治教育的有效机制研究[J].人生与伴侣，2023（30）：94-96.

[12] 周春芳.以数字技术推动中华优秀传统文化融入思想政治教育[J].社会科学家，2023（8）：148-154.

[13] 王红. 从文本释读到价值重塑：中华优秀传统文化有效融入现代思想政治教育的实践逻辑[J]. 中国矿业大学学报（社会科学版），2023，25（4）：151-162.

[14] 李影，俞德成. 中华优秀传统文化与思想政治教育的相互契合[J]. 北华大学学报（社会科学版），2023（5）：135-139，155-156.

[15] 金雨晨，张春波，王春梅，等. 中华优秀传统文化融入高校思想政治教育课堂[J]. 理论观察，2023（12）：67-70.

[16] 向盛丽. 中华优秀传统文化融入思想政治教育的价值考量与实践路径[J]. 工业技术与职业教育，2024，22（01）：88-91.

[17] 张明光. 中华优秀传统文化融入高校思想政治教育的意义与路径研究[J]. 吉林工程技术师范学院学报，2023，39（12）：5-8.

[18] 顾珊珊. 中华优秀传统文化融入大学生思想政治教育的价值探析[J]. 大学，2023，（36）：137-140.

[19] 龚雪娇. 遵循"两个结合"推动中华优秀传统文化融入高校思想政治理论课[J]. 学术评论，2023，（06）：85-89.

[20] 徐芸，周秀琴. 中华优秀传统文化融入高校思想政治教育的价值意蕴及实现路径[J]. 大众文艺，2024，（03）：211-213.

[21] 梁旭歌. 中华优秀传统文化融入高校思想政治教育的路径分析[J]. 华章，2024，（02）：6-8.

[22] 孙立艳，陈艳梅，孟庆莹，等. 中华优秀传统体育文化融入高校大学生思想政治教育路径研究[J]. 产业与科技论坛，2023，22（23）：95-97.

[23] 唐倬. 中华优秀传统文化融入高校思想政治教育的路径研究[J]. 公关世界，2022，（20）：34-36.

[24] 刘成菊，刘玉. 中华优秀民族传统体育文化融入高校思想政治教育路径研究[J]. 运动精品，2021，40（09）：1-2+5.